ENZYKLOPÄDIE
DEUTSCHER
GESCHICHTE
BAND 43

ENZYKLOPÄDIE
DEUTSCHER
GESCHICHTE
BAND 43

HERAUSGEGEBEN VON
LOTHAR GALL

IN VERBINDUNG MIT
PETER BLICKLE,
ELISABETH FEHRENBACH,
JOHANNES FRIED,
KLAUS HILDEBRAND,
KARL HEINRICH KAUFHOLD,
HORST MÖLLER,
OTTO GERHARD OEXLE,
KLAUS TENFELDE

DIE DEUTSCHEN JUDEN 1914–1945

VON
MOSHE ZIMMERMANN

R. OLDENBOURG VERLAG
MÜNCHEN 1997

Die Deutsche Bibliothek – CIP-Einheitsaufnahme

Enzyklopädie deutscher Geschichte / hrsg. von Lothar Gall in
Verbindung mit Peter Blickle ... – München : Oldenbourg.

ISBN 3-486-53691-5
NE: Gall, Lothar [Hrsg.]

Bd. 43. Şîmmerman, Moše: Die deutschen Juden 1914 – 1945. –
1997

Şîmmerman, Moše:
Die deutschen Juden 1914 – 1945 / von Moshe Zimmermann. –
München : Oldenbourg, 1997
 (Enzyklopädie deutscher Geschichte ; Bd. 43)
 ISBN 3-486-55080-2 brosch.
 ISBN 3-486-55082-9 Gb.

© 1997 R. Oldenbourg Verlag, München
Rosenheimer Straße 145, D-81671 München
Telefon (089) 45051-0, Internet: http://www.oldenbourg.de

Das Werk einschließlich aller Abbildungen ist urheberrechtlich geschützt. Jede Verwertung außerhalb der Grenzen des Urheberrechtsgesetzes ist ohne Zustimmung des Verlages unzulässig und strafbar. Das gilt insbesondere für Vervielfältigungen, Übersetzungen, Mikroverfilmungen und die Einspeicherung und die Bearbeitung in elektronischen Systemen.

Umschlaggestaltung: Dieter Vollendorf, München

Gedruckt auf säure- und chlorfreiem, alterungsbeständigem Papier.

Gesamtherstellung: R. Oldenbourg Graphische Betriebe GmbH, München

ISBN 3-486-55082-9 geb.
ISBN 3-486-55080-2 brosch.

Vorwort

Die „Enzyklopädie deutscher Geschichte" soll für die Benutzer – Fachhistoriker, Studenten, Geschichtslehrer, Vertreter benachbarter Disziplinen und interessierte Laien – ein Arbeitsinstrument sein, mit dessen Hilfe sie sich rasch und zuverlässig über den gegenwärtigen Stand unserer Kenntnisse und der Forschung in den verschiedenen Bereichen der deutschen Geschichte informieren können.

Geschichte wird dabei in einem umfassenden Sinne verstanden: Der Geschichte in der Gesellschaft, der Wirtschaft, des Staates in seinen inneren und äußeren Verhältnissen wird ebenso ein großes Gewicht beigemessen wie der Geschichte der Religion und der Kirche, der Kultur, der Lebenswelten und der Mentalitäten.

Dieses umfassende Verständnis von Geschichte muß immer wieder Prozesse und Tendenzen einbeziehen, die säkularer Natur sind, nationale und einzelstaatliche Grenzen übergreifen. Ihm entspricht eine eher pragmatische Bestimmung des Begriffs „deutsche Geschichte". Sie orientiert sich sehr bewußt an der jeweiligen zeitgenössischen Auffassung und Definition des Begriffs und sucht ihn von daher zugleich von programmatischen Rückprojektionen zu entlasten, die seine Verwendung in den letzten anderthalb Jahrhunderten immer wieder begleiteten. Was damit an Unschärfen und Problemen, vor allem hinsichtlich des diachronen Vergleichs, verbunden ist, steht in keinem Verhältnis zu den Schwierigkeiten, die sich bei dem Versuch einer zeitübergreifenden Festlegung ergäben, die stets nur mehr oder weniger willkürlicher Art sein könnte. Das heißt freilich nicht, daß der Begriff „deutsche Geschichte" unreflektiert gebraucht werden kann. Eine der Aufgaben der einzelnen Bände ist es vielmehr, den Bereich der Darstellung auch geographisch jeweils genau zu bestimmen.

Das Gesamtwerk wird am Ende rund hundert Bände umfassen. Sie folgen alle einem gleichen Gliederungsschema und sind mit Blick auf die Konzeption der Reihe und die Bedürfnisse des Benutzers in ihrem Umfang jeweils streng begrenzt. Das zwingt vor allem im darstellenden Teil, der den heutigen Stand unserer Kenntnisse auf knappstem Raum zusammenfaßt – ihm schließen sich die Darlegung und Erörterung der Forschungssituation und eine entsprechend gegliederte Auswahlbibliographie an –, zu starker Konzentration und zur Beschränkung auf die zentralen Vorgänge und Entwicklungen. Besonderes Gewicht ist daneben, unter Betonung des systematischen Zusammenhangs, auf die Abstimmung der einzelnen Bände untereinander, in sachlicher Hinsicht, aber auch im Hinblick auf die übergreifenden Fragestellungen, gelegt worden. Aus dem Gesamtwerk lassen sich so auch immer einzelne, den jeweiligen Benutzer besonders interessierende Serien zusammenstellen. Ungeachtet dessen aber bildet jeder Band eine in sich abgeschlossene Einheit – unter der persönlichen Verantwortung des Autors und in völliger Eigenständigkeit gegenüber den benachbarten und verwandten Bänden, auch was den Zeitpunkt des Erscheinens angeht.

Lothar Gall

Inhalt

Vorwort des Verfassers............................	XI
I. Enzyklopädischer Überblick	1
1. Dreißig Jahre „Untergang"	1
2. Das Trauma des Ersten Weltkrieges	2
2.1 Zwischen Burgfrieden und Judenzählung	2
2.2 Akzentuierung der jüdischen Identität	4
3. Die Weimarer Republik	9
3.1 Konsolidierung der Emanzipation	9
3.2 Demographischer Rückgang und wirtschaftliche Dauerkrise................................	12
3.3 Interne Organisierung	16
3.3.1 Jugendorganisationen	19
3.3.2 Frauenorganisationen	20
3.4 Die Stellung der „Ostjuden"	22
3.5 In der Weimarer Politik	25
3.6 Die interne politische Aktivität	28
3.6.1 Der Central Verein (CV)	30
3.6.2 Der Reichsbund jüdischer Frontsoldaten (RjF)	31
3.6.3 Der Verband Nationaldeutscher Juden (NDJ)	32
3.6.4 Die Zionistische Vereinigung (ZVfD)	32
3.6.5 „Brit Shalom"	34
3.7 Vertreter der Weimarer Kultur?	35
3.8 „Jüdische Kultur"	37
3.9 Antisemitismus und Wirtschaftsboykott	39
3.10 „Anti-Anti": Die Abwehr des Antisemitismus	44
4. Der Nationalsozialismus	46
4.1 Zukunftserwartungen	46
4.2 Ausgrenzung und Verdrängung	47
4.2.1 Die gesetzliche Ausgrenzung	47

    4.2.2 Die Verdrängung aus der Wirtschaft 51
    4.2.3 Die Reichspogromnacht 54
  4.3 Ausgegrenzt und verdrängt – Das „neue Ghetto" ... 56
    4.3.1 Zwischen Illusion und Resistenz 57
    4.3.2 Demographischer Untergang 58
    4.3.3 Der „jüdische Wirtschaftssektor" 60
    4.3.4 Zentralisierung 62
    4.3.5 Die politische Haltung 63
    4.3.6 Die sog. „kulturelle Renaissance" 67
    4.3.7 Jüdischer Widerstand gegen das Regime 69
    4.3.8 Im Exil 71
  4.4 Krieg und Shoah 72
  4.5 Die „Stunde Null" 76

II. Grundprobleme und Tendenzen der Forschung 79

  1. Die Definition des „deutschen Judentums" 80
  2. Die jüdisch-deutsche „Symbiose" 84
  3. „Das Goldene Zeitalter der jüdischen Republik" 89
  4. Die Bedeutung der „Ostjuden" 92
  5. Die „Proletarisierung" 95
  6. Die jüdische Frau als Forschungsthema 98
  7. Kontinuitäten im Antisemitismus 100
  8. Der interne Konflikt: Central Verein und Zionismus ... 106
  9. „Wasserkopf" Berlin 110
10. Die Frage der Zukunftserwartung 112
11. Die Periodisierung der NS-Judenpolitik 118
12. Die Planung der „Judenpolitik" 121
13. Das deutsche Kapitel im europäischen Kontext einer „Endlösung der Judenfrage" 125
14. „Positive Aspekte" des Nationalsozialismus 128
15. Kollaboration mit den Nationalsozialisten 130
16. 1945 – das Ende des deutschen Judentums? 134
17. Die Historiographie – ein Blick von „außen" oder von „innen" 136

III. Literatur 141

  1. Übergreifende Einzelstudien und Gesamtdarstellungen .. 141
  2. Erinnerung und Bewertung 145
  3. Erster Weltkrieg und Weimarer Republik 146
  4. Jüdisches Leben im Dritten Reich 150

5. Diskriminierung, Vertreibung, Ermordung: „Judenpolitik"
   im Dritten Reich 153
6. Nach 1945 159

Register.. 161

Themen und Autoren 168

Aus dem Hebräischen übersetzt von
Matthias Schmidt

Vorwort des Verfassers

Kaum ein Thema der deutschen Geschichte ist so heikel und kontrovers wie der qualvolle Abgang des deutschen Judentums zwischen den Weltkriegen auf dem Weg über die Abschaffung der Gleichberechtigung bis hin zur Ermordung – zur Shoah. Die Darstellung dieses Themas erfordert vom Historiker ein besonderes Maß an Feingefühl, um nicht in eine von zwei Fällen zu geraten und entweder unempathisch oder aber apologetisch zu wirken. Hierin liegt bereits für viele Historiker ein ausreichender Grund, um das Thema zu meiden. Daß ein irsaelischer Historiker ein halbes Jahrhundert nach der Shoah es wagt, für eine in Deutschland erscheinenden historiographische Reihe eine systematische Zusammenfassung der Geschichte der deutschen Juden zwischen 1914 und 1945 zu erstellen, ist zugleich ein Zeichen für die Existenz einer gemeinsamen historiographischen Sprache sogar zu diesem Thema, aber auch für die noch vorhandene Zurückhaltung der deutschen „Historikerzunft" in diesem Kontext.

Der in der vorliegenden Darstellung unternommene Versuch, eine historische und historiographische Zwischenbilanz zu ziehen, bemüht sich um Ausgewogenheit, bringt aber dabei eine klare Bewertung der gesamten Entwicklung zum Ausdruck. Der Ansatz, die dreißig Jahre deutsch-jüdischer Geschichte von 1914 bis 1945 – und nicht allein die zwölf Jahre des Dritten Reichs – als facettenreicher „Untergang" zu betrachten, wird nicht unbedingt von allen Lesern akzeptiert werden, möchte aber als Grundlage für eine Diskussion um das noch fehlende Resümee dieser Epoche dienen. Der bereits in der Reihe der EDG erschienene Band der israelischen Historikerin Shulamit Volkov über deutsche Juden im 19. Jahrhundert erhielt wohl zu Recht den Titel „Die Juden in Deutschland", obwohl die Bezeichnung der Zielgruppe als „deutsche Juden" durch die Gründung des Kaiserreichs 1871 und infolge der Judenemanzipation auch für die Zeit des 19. Jahrhunderts allmählich zu einer angemessenen geworden war. In dem nun für den Zeitraum von 1914 bis 1945 vorgelegten Band muß allerdings ganz eindeutig von „deutschen Juden" die Rede sein: Gegenstand der Betrachtung ist eine Bevölkerungsgruppe, die ein integraler Bestandteil der deutschen Gesellschaft, keine Enklave oder Exklave innerhalb dieser Gesellschaft, war und deren Angehörige sich in ihrer Gesinnung und Einstellung als deutsche Bürger begriffen – und es bis 1935 vom legalen Status her auch waren. Erst die nationalsozialistische Gesetzgebung von 1935 hat die deutschen Juden zu „Juden in Deutschland" degradiert. „Die deutschen Juden" – jeder andere Titel ist in diesem Zusammenhang eine Kapitulation vor dem Nationalsozialismus, jeder andere Titel ignoriert darüber hinaus auch die Selbstbestimmung der betroffenen Juden. Eine derartige Kapitulation vor Hitler ist für den Autor dieses Bandes allein schon deswegen ausgeschlossen, weil seine Eltern der deutschen Staatsbürgerschaft per Gesetz im Jahre 1935, der deutschen Staatsangehörigkeit aber per Verordnung aus dem Jahre 1941 – drei Jahre nach der erzwungenen Auswanderung – enthoben wurden und diese nie freiwillig aufgegeben haben. Es muß also bei „deutschen Juden" bleiben – in Entsprechung zu anderen Sektoren der deutschen Gesellschaft wie „deutschen Arbeitern" oder „deutschen Frauen".

Die Tendenz, nicht nur Juden, sondern die jüdische Geschichte insgesamt zu ghettoisieren, muß endlich überwunden werden. Daher ist es unbedingt notwendig, den allgemeinen Kontext zu berücksichtigen und die ständige Wechselbeziehung zwischen Juden und Nicht-Juden als Segmente ein- und derselben Gesellschaft zu verfolgen. Es ist allerdings eine verbreitete Verfahrensweise, Juden und Judentum als Außenseiter oder exotische Exponate zu behandeln. Nicht-jüdische Historiker tendieren in der Regel ebenso zu einer isolierten Betrachtung der Geschichte der Juden wie viele jüdische Historiker, die die allgemeine Geschichte ausblenden und sich exklusiv auf die angeblich autonome jüdische Geschichte konzentrieren. Gegen eine derartige Ghettoisierung der jüdischen Geschichte, die letztlich ja dem Geiste der nationalsozialistischen Auffassung entspricht, wehrt sich der Autor dieses Bandes entschieden.

Die derartig ereignisreichen und dramatischen dreißig Jahre der deutsch-jüdischen Geschichte von 1914 bis 1945 mit ihren vielen zentralen historiographischen Problemen in einem enzyklopädischen Band von relativ geringem Umfang darzustellen, ist nicht leichter als die Zusammenfassung der vorausgegangenen Epoche von mehr als 120 Jahren. Die relevante Passage in Shulamit Volkovs Einleitung zum 16. Band der EDG gilt entsprechend auch für diesen Band. Hinzu kommt die Aufgabe, auf strukturelle und sozio-ökonomische Elemente aus der Zeit vor 1914 zurückzugreifen, um den größeren Rahmen miteinzubeziehen, strukturelle Fundamente nicht außer acht zu lassen und Kontinuitäten aufzuzeigen.

Die zum Thema dieses Bandes existierende Forschungsliteratur ist zu umfangreich, als daß sie hier auch nur im Ansatz vollständig angeführt werden könnte. Die Bibliographie im dritten Teil des vorliegenden Bandes möchte daher nicht mehr bieten als eine aktuelle repräsentative Auswahl.

Am Ende der Zeit steht die Shoah. Sie überschattet den gesamten Verlauf der Geschichte vor und nach 1945, so daß es schwierig ist, die deutsch-jüdische Geschichte seit 1914 nicht nur als Prolegomena zur Shoah zu betrachten. Es ist jedoch angebracht, die Entwicklung auch unter hypothetischen Szenarien zu verfolgen und zu fragen, wie sich die deutsch-jüdische Geschichte entwickelt hätte, wenn Hitler nicht an die Macht gekommen wäre oder der Zweite Weltkrieg hätte verhindert werden können. Wäre die Geschichte der deutschen Juden nach 1914 trotzdem eine Geschichte des Untergangs geblieben?

Moshe Zimmermann   München, im Juni 1996

I. Enzyklopädischer Überblick

1. Dreißig Jahre „Untergang"

Die Geschichte der deutschen Juden vom Ende des 18. Jahrhunderts bis zum Ersten Weltkrieg war durch Modernisierung, Assimilation und Emanzipation geprägt. Der Zeitraum von 1914 bis 1945 stand dagegen unter dem Vorzeichen eines Rückgangs oder sogar Untergangs des deutschen Judentums – ein Untergang, der sich auf quantitative Entwicklungen der Gemeinden, das Gemeindeleben überhaupt und die Beteiligung an Politik und Wirtschaft erstreckte, bevor er zur Aufhebung der Emanzipation und zur physischen Vernichtung führte. Der jüdische Arzt F. Theilhaber bezeichnete wohl als erster bereits 1911 die rückläufigen Tendenzen in der demographischen Entwicklung der deutschen Juden als Untergang. Tatsächlich ging der relative Anteil der jüdischen Bevölkerung an der gesamten Bevölkerung seit Beginn des 20. Jahrhunderts kontinuierlich zurück. Vor dem Ersten Weltkrieg hatte es in Deutschland 2283 jüdische Gemeinden gegeben. 1932 existierten nur noch 1611; 45 Gemeinden waren aufgelöst worden, 627 durch Weltkrieg und Gebietsverluste verlorengegangen. Über 200 Gemeinden konnten jedoch nur an den Hohen Feiertagen zu einem Gottesdienst zusammenkommen. Der Rückgang machte sich allerdings nicht nur in diesem Bereich bemerkbar: Die jüdische Gesellschaft befand sich in einem kontinuierlichen Prozeß der Assimilation, den auch die Bewahrung spezifischer Merkmale, also die Dissimilation, und eine für die Zeit nach dem Ersten Weltkrieg mitunter postulierte jüdische kulturelle Renaissance [114: M. BRENNER: Renaissance] nicht aufhalten konnte. „Mischehen" (zirka ein Drittel aller jüdischen Eheschließungen) waren dafür ein deutliches Zeichen. Auch ohne Hitler, so darf man vermuten, hätte die jüdische Bevölkerung, deren Anteil an der Gesamtbevölkerung bereits auf weniger als 1% herabgesunken war, zunehmend an Gewicht, Bedeutung und Eigenart verloren. Wer die vollständige Assimilation fürchtete, wandte sich hauptsächlich der Alternative des Zionismus zu. Paradox ist, daß das Dritte Reich sich in der jüdischen Bevölkerung eine ohnehin im Rückgang begriffene Gruppe zum „Feind" gesetzt und sie in den physischen Untergang im grausamsten Sinne des Wortes geführt hat.

Eine rein lineare Darstellung von Aufstieg und Untergang des deutschen Judentums kann den historischen Umständen jedoch nicht gerecht werden – im Kaiserreich waren die Charakteristika eines Aufstiegs noch nicht vollständig ausgeprägt. Dagegen traten dann wenigstens in den frühen Jahren der Weimarer Republik nochmals wesentliche Entwicklungsfortschritte auf. Ignoriert man diese Dialektik, so simplifiziert man die Geschichte.

Die hier behandelte Epoche der Jahre 1914–1945 kann in drei Abschnitte eingeteilt werden: 1. Erster Weltkrieg; 2. Weimarer Republik; 3. „Drittes Reich". Wenn diese Einteilung der Geschichte der deutschen Juden der Einteilung der deutschen Geschichte insgesamt entspricht, so sollte dies nicht verwundern: jüdische Geschichte muß stets als ein integraler Bestandteil der Geschichte ihrer Umwelt betrachtet werden.

zeitliche Einteilung

2. Das Trauma des Ersten Weltkrieges

2.1 Zwischen Burgfrieden und Judenzählung

Erster Weltkrieg Der Ausbruch des Ersten Weltkrieges gab der jüdischen Bevölkerung Gelegenheit zu zeigen, wie sehr sie sich als Teil der deutschen Nation im Geiste der feierlichen Deklaration des Kaisers verstand. Während des Krieges und danach wurde stets der „Beitrag" von Juden im Krieg hervorgehoben: mehr als 100 000 jüdische Soldaten dienten in der Armee, etwa 12 000 fanden den Tod auf dem Schlachtfeld. Auch auf individuelle Beiträge wurde wiederholt hingewiesen: Walther Rathenau, der Verantwortliche für die Kriegswirtschaft, und Felix Warburg, der Finanzberater der Regierung, sind nur zwei hervorragende Beispiele.

kollektive und individuelle Beiträge

Zu Beginn des Krieges und nach der Deklaration des „Burgfriedens" waren rückläufige Tendenzen des Antisemitismus zu bemerken. Gleichzeitig wurde der jüdischen Bevölkerung Zugang zu Institutionen gewährt, die ihnen zuvor verschlossen gewesen waren. Unter der jüdischen Öffentlichkeit kam es zu begeisterten Ausdrücken von Loyalität und national-deutscher Verpflichtung. Unter diesem Aspekt können der Aufruf zur freiwilligen Meldung und das Beispiel des SPD-Reichstagsabgeordneten Ludwig Frank, der bereits im September 1914 fiel, als symptomatisch gelten. Dennoch trat die jüdische Wirtschaftselite eher für einen „Vernunftfrieden" als für einen „Siegfrieden" ein.

„Burgfrieden"

Gleichberechtigung

Kriegsenthusiasmus

2. Das Trauma des Ersten Weltkrieges

Das Zusammengehörigkeitsgefühl wurde durch das Bild des russischen Gegners als eines „natürlichen Feindes" aller Richtungen des Judentums gestärkt: von der Orthodoxie, die kontinuierlich über Pogrome gegen jüdische Glaubensbrüder im Osten klagte, bis zu den Liberalen, die prinzipiell gegen das autokratische Regime in Rußland eingestellt waren. Selbst die Zionisten glaubten, Deutschland sei der wahre Schutz Europas gegen das „Barbarentum". Die Identifikation mit dem deutschen Nationalismus ließ eine Atmosphäre entstehen, in der der Internationalismus keine wesentliche Rolle mehr spielte. Doch das Fronterlebnis, das eigentlich die Integration von Juden und Nichtjuden hätte stärken sollen, führte zunehmend zu Entfremdung und Fremdheit. Der Krieg aktivierte unter der deutschen Öffentlichkeit das übliche Arsenal von Vorurteilen, und der Antisemitismus erwachte nach kurzer Unterbrechung erneut. Wucher und Drückebergerei waren die charakteristischen Beschuldigungen gegen die jüdische Bevölkerung im Krieg. Heinrich Class, der Führer der „Alldeutschen", sprach schon am 28. August 1914 von der Notwendigkeit einer „völkischen Feldbereinigung" gegen die Juden. Auf diese Weise zerstörte die antisemitische Rechte den „Burgfrieden". [Feindbild: Rußland] [Nationalismus gegen Internationalismus]

Während des Krieges nahm auch der Antisemitismus innerhalb der Armee zu. Die große Krise trat am 11. Oktober 1916 ein, als der preußische Kriegsminister die Entscheidung traf, eine „Judenzählung" vornehmen zu lassen, während der Finanzausschuß des Reichstags eine auch nach religiösen Kriterien vorzunehmende Untersuchung der Personen forderte, die an den kriegsrelevanten Industrien beteiligt waren. Der Grund für die Zählung von Juden in der Armee kann nicht eindeutig angegeben werden – man darf jedoch annehmen, daß das Motiv antisemitischer Natur gewesen ist, auch wenn ausgerechnet nationalliberale Kreise den Protesten von jüdischer Seite entgegneten, die Zählung werde zur Widerlegung der antisemitischen Behauptungen durchgeführt. [Antisemitismus und Armee] [„Judenzählung"]

Nach der Februarrevolution in Rußland mußte der 1891 gegründete „Abwehrverein gegen den Antisemitismus" vor einer neuen Kampagne der Antisemiten warnen, die nach dem Krieg noch an Schärfe zunehmen sollte. Die Friedensresolution des Reichstags im Juli 1917 führte zu einem Gegenangriff von rechts, der auch antisemitische Elemente gegen den „jüdischen Reichstag" einschloß. Die Bewegung der am 1.8.1917 mit eindeutig antisemitischem Charakter gegründeten „Vaterlandspartei" wurde von mehr als einer Million Anhängern unterstützt. Die Hetze trat zu diesem Zeitpunkt in eine neue Phase; im Oktober 1917 verkündete Heinrich Class, der Kampf der Juden um ihre Existenz habe begonnen. Insbesondere nach dem Mißerfolg der Offensive [russische Revolution]

Kriegsende und Revolution

im Westen (seit April 1918) brachte man gegen Juden vor, sie trügen auch daran Schuld, daß der Krieg zu keinem Ende komme, während unmittelbar gegen Kriegsende dann die Juden sich mit der Beschuldigung konfrontiert sahen, sie würden die Revolution gegen den Kaiser unterstützen. Nach Kriegsende waren diejenigen, die sich nicht mit Niederlage und Revolution abfinden konnten, nur allzu bereit, extremste antisemitische Slogans zu übernehmen.

Reaktionen auf jüdischer Seite

Auf die ersten sporadischen antisemitischen Ausfälle während des Krieges kam es innerhalb des organisierten Judentums zu keiner Antwort. Man glaubte an den Burgfrieden und wollte ein Aufheizen der Atmosphäre verhindern. Die Judenzählung von 1916 ließ jedoch keinen Raum für Zweifel. Der „Central Verein" (CV) organisierte als Antwort im Februar 1917 die erste Generalversammlung seit Ausbruch des Krieges. Die „statistische Erhebung" wurde eindeutig als ein antisemitischer Angriff interpretiert, den die Regierung hätte aufhalten müssen. Doch die kampflose Haltung blieb weiterhin bestehen, obwohl der Antisemitismus bereits ein Maß erreicht hatte, das eigentlich umfassende Reaktionen erfordert hätte. Nachdem jedoch Class als Führer der Alldeutschen im Oktober 1918 öffentlich zum Judenmord aufgerufen hatte, traten Verzweiflung und die Erkenntnis, die Entwicklung könne die jüdische Existenz als solche gefährden, offen zutage.

Verfassungsänderungen?

Zukunftserwartungen

Im letzten Kriegsjahr scheiterten anfängliche Bemühungen um eine Verfassungsänderung zugunsten des Status der jüdischen Bevölkerung, insbesondere in Preußen. Entsprechende Ansätze wurden mit Blick auf das Kriegsende und daher in dem Bewußtsein unternommen, es handele sich um die letzte Gelegenheit, derartige Veränderungen durchzusetzen; denn mehrheitlich vermutete man, eine Nachkriegsregierung werde dem Zwang des „Burgfriedens" nicht standhalten können. Eine derartige Erwartung zeigt, daß Juden nicht mit einer Revolution rechneten, sondern annahmen, die konservative Politik werde sich verstärkt durchsetzen. Dringliche Forderungen nach einer verfassungsrechtlichen Änderung und nach voller Gleichberechtigung kamen erneut erst *nach* der erfolgreichen Revolution auf, zu diesem Zeitpunkt dann allerdings aus allen Richtungen innerhalb der jüdischen Bevölkerung Deutschlands.

2.2 Akzentuierung der jüdischen Identität

„Paria Deutschlands"

Krisenzeiten sind Zeiten der Überprüfung von Selbstbewußtsein und Identität. Daß der Krieg Juden keinen Anlaß zum Jubeln bot, hatte Professor Franz Oppenheimer früh erkannt. Bereits in seiner Gedenkrede

2. Das Trauma des Ersten Weltkrieges

auf den Abgeordneten Ludwig Frank kam er zu der Aussage „Macht Euch keine Hoffnung, Ihr seid und bleibt die Parias Deutschlands" [32: W. JOCHMANN, Gesellschaftskrise, 101]. Auf dem Schlachtfeld selbst reichte das Gefühl der Fremdheit und der Entfremdung aus, um die jüdische Identität zu stärken. Gleichzeitig kam es auch unter den jüdischen Frauen und innerhalb der Frauenbewegung zu einer Stärkung des jüdischen Selbstbewußtseins und der jüdischen Identität. Bertha Pappenheim nahm ihre Kampagne gegen die Führung der allgemeinen Frauenbewegung auf, weil deren Vorsitzende Helene Lange in einer Rede die jüdische Frauenbewegung ignoriert hatte. Letztere wunderte sich denn auch darüber, daß „jetzt plötzlich auch die Jüdinnen ihre Konfessionalität" betonten. *Soldaten*

Frauen

Das Jahr 1916 wurde wegen der Judenzählung zu einem besonderen Krisenjahr. Es kam zu intensiven Aktivitäten im innerjüdischen Rahmen, mit denen man Befürchtungen vor negativen, für die Nachkriegszeit zu erwartenden Entwicklungen entgegenkommen wollte. So wurde 1916 die Jugendorganisation „Deutsch-jüdischer Wanderbund Kameraden" gegründet. 1916 wurden Bubers Zeitschrift „Der Jude" (bis 1927) und auch die „Neuen jüdischen Monatshefte" ins Leben gerufen, die ursprünglich „Ostjüdische Revue" heißen sollten. *Krisenjahr 1916*

In dieser Zeitschrift veröffentlichte der populäre Schriftsteller Georg Hermann im April 1919 einen Artikel, in dem er schrieb, seine deutsche Identität habe infolge des Krieges ab-, seine jüdische Identität hingegen zugenommen. Eine andere Version des gleichen Erlebnisses findet sich bei Ernst Simon. Er berichtete 1919 von seinen Kriegserlebnissen und erklärte, der Krieg habe ihn mit dem wahren Antisemitismus konfrontiert und ihn von einer Situation der „Entjudung" zum Zionismus geführt. Besonders starken Ausdruck fand eine derartige Haltung in einem Aufsatz Arnold Zweigs von 1919, in dem Zweig von der Trennung zweier Völker spricht, auch wenn für ihn durchaus die Möglichkeit einer Versöhnung vorstellbar war. Es entsteht verstärkt der Eindruck, der Krieg habe eine Antithese zu der Illusion der Vorkriegszeit hervorgerufen, ein Aufgehen im Deutschtum sei möglich und lohnend. So entstand insgesamt eine Art dissimilatorischer „jüdischer Renaissance", die jedoch keineswegs zu einer absoluten Trennung vom Deutschtum tendierte. *Georg Hermann*

Ernst Simon

Arnold Zweig

Das Wort „Jude" im Namen der Zeitschrift Bubers zielte nicht auf Juden als Individuen, sondern auf Juden als Angehörige eines Volkstums. Während der Krieg den Liberalen als Beleg dafür galt, daß es kein jüdisches Volk gab, war Buber vom Gegenteil überzeugt. Die Gefahr bestand seiner Ansicht nach darin, daß andere Völker sich im *Bubers Ansatz*

Kriege zusammenschlossen, während es unter Juden zu Trennung und Kampf gekommen war. Gegen Buber vertrat der Philosoph Hermann Cohen die Meinung, eine jüdische Nationalität zu postulieren sei für das Judentum gefährlicher als der Antisemitismus. Beide gingen vom Vorhandensein einer jüdischen Kollektivexistenz aus, waren jedoch im Hinblick auf die Benutzung des Begriffes „Nationalität" unterschiedlicher Meinung.

Hermann Cohen

Sogar innerhalb der Orthodoxie trat infolge des Krieges neben die Definition des Judentums als Religion die Definition des Judentums als Nation. Das Wachsen des jüdischen Selbstbewußtseins führte jedoch nicht notwendigerweise zur Bildung einer jüdischen Einheitsfront. Unter dem Druck des Zionismus, der Orthodoxie und des Antisemitismus geriet das liberale Judentum in den Jahren 1917/18 in eine ausgesprochene Notsituation. Es fehlte eine ideologische Basis für die jüdische Einheit. Die aktuelle Diskussion um die Veränderung des Status der jüdischen Religionsgemeinschaft im Rahmen einer preußischen Verfassungsreform führte nur zu einer Fortsetzung des Konfliktes zwischen Orthodoxen und Liberalen und nicht zur Bildung einer gemeinsamen Front. Im Konsensbereich lag hingegen die Zentralwohlfahrtsstelle der deutschen Juden, die 1917 ins Leben gerufen wurde.

Orthodoxie

Nach der russischen Revolution setzte die Balfour-Deklaration (1917) die nationale Zugehörigkeit der jüdischen Bevölkerung in Deutschland einer neuen Prüfung aus. Denn als deutscher Jude konnte man die nationale Lösung durch die Errichtung einer jüdischen Heimstätte in Palästina keineswegs begrüßen, ganz sicherlich nicht angesichts des zu erwartenden Sieges der Briten über die mit Deutschland verbündete Türkei. Ein vorsichtiger Vorschlag des deutschen Außenministeriums zur Unterstützung der zionistischen Arbeit in Palästina versetzte die zionistische Minderheit in Deutschland gegenüber der liberalen Mehrheit in einen Vorteil. Trotzdem unterstützte sogar der CV *nolens volens* diesen Vorschlag. Maximilian Horwitz (CV) erwartete bereits 1917 eine Zusammenarbeit mit den Zionisten nach dem Krieg. CV und Zionisten versuchten bei der Neustrukturierung jüdischen Lebens in Mitteleuropa nach dem Frieden von Brest-Litowsk zusammenzuarbeiten, nachdem die deutsche Regierung in Reaktion auf die Balfour-Deklaration geäußert hatte, sie unterstütze die Autonomieforderungen der Juden in der Region.

Balfour-Deklaration

Central Verein und Zionisten

„Mit dem Absturz in die neue Verzweiflung nach der großen Illusion des Kriegsausbruchs endete für viele deutsche Juden die Vorstellung, daß die deutsche Welt ein Preis sei, um den es sich noch zu ringen lohnte." Rückblickend konnte man gleicherweise feststellen, „... der

Ende der Illusion

2. Das Trauma des Ersten Weltkrieges

Geist der Zeit trieb von außen und zog nach innen zu(m)... Bewußtsein der Eigenart, das die jüdischen Äußerungen aller Richtungen charakterisiert" [158: E. REICHMANN, Bewußtseinswandel, 607, 611]. Unterschiede zwischen Zionisten und CV blieben trotz der Einheitstendenzen bestehen. Gerschom Scholem meinte zu Recht, der Krieg sei zweifellos eine große Erschütterung gewesen, dessen Erfahrungen jedoch keine einheitlichen Folgen zeigten: aus dem Krieg könne man als Zionist oder als Sozialist hervorgehen, oder aber seine nationaldeutsche Haltung verstärkt beibehalten. Gerschom Scholem

Eine wichtige Rolle bei der Betonung der deutsch-jüdischen Identität spielte die Begegnung mit Polen und mit dem „Ostjudentum". Deutschlands in hohem Maße auf Kosten des geteilten Polens erzielte geographische Lage in Mitteleuropa führte zu besonderen Beziehungen zwischen den Menschen in Deutschland und in „Ost-Mitteleuropa", Beziehungen, die von ganz spezieller Bedeutung für die jüdischen Bevölkerungsgruppen beider Teile des Kontinents waren. Aus diesem Grunde erlangte auch die Diskussion um die sogenannten „Ostjuden" eine so zentrale Stellung. Der schon zu Beginn des 20. Jahrhunderts geprägte Begriff „Ostjude" erhielt erst infolge des Krieges eine spezielle Bedeutung, als man begann, auf die jüdische Bevölkerung in den von Deutschland besetzten Ländern in Osteuropa Bezug zu nehmen.

Da der Begriff „Ostjude" juristisch nicht definierbar war, mußte der Versuch, die Größenordnung dieser Bevölkerungsgruppe vor und nach dem Krieg festzulegen, ohne Erfolg bleiben. Zwar existierte ein „Verband der Ostjuden", aber wegen der definitorischen Unklarheit gibt es trotz statistischer Erhebungen keine sicheren Informationen über die Zahl der „Ostjuden" in Deutschland vor dem Ersten Weltkrieg. Nach vorsichtigen Schätzungen dürften während des Kaiserreiches in Deutschland etwa 70 000 „Ostjuden" gelebt haben. Definitionsversuche

Der Weltkrieg stellte die „Ostjuden" zwischen und an alle Fronten: die in Deutschland lebenden „Ostjuden" wurden je nach nationaler Zugehörigkeit entweder als feindliche Elemente unter Arrest gestellt (russische Juden) oder in die deutsche bzw. österreichisch-ungarische Armee eingezogen (Juden aus der k.u.k.-Monarchie oder den besetzten Gebieten in Polen). Problematik

Die Begegnung mit den „Ostjuden" brachte einen neuen Aspekt in die Frage der deutschen Juden nach ihrer Identität. Die Mehrheit der deutschen Juden versuchte das Beste daraus zu machen, daß eine so große jüdische Bevölkerungsgruppe deutscher Herrschaft unterstellt worden war, und hob die Nähe zwischen Deutschtum und der für die „Ostjuden" typischen Jüdischkeit (und Jiddischkeit) hervor. Auf eine Begegnungen mit „Ostjuden" andere Art, „Ostjuden" „für Deutschland effektiv auszunutzen", weist die Empfehlung des 1915 nach Warschau entsandten Reichstagsreferenten für jüdische Angelegenheiten in Polen, Ludwig Haas. Demnach hätten Juden aus Polen in der deutschen Armee dienen und gemeinsam mit der türkischen Armee gegen Rußland und Rumänien kämpfen sollen.

Meinungsumschwung — Im Laufe der Zeit tauchten Zweifel auf, ob Juden im Osten integrativ zur deutschen Kultur gehörten oder ein Kräftereservoir für das im Krieg kämpfende Deutschland seien. Außerdem führte gerade die Kooperation zwischen der Besatzungsmacht und den Juden in Polen unter der polnischen und ukrainischen Bevölkerung zu Antisemitismus.

Entdeckung des „authentischen Judentums" — Das Zusammentreffen der deutsch-jüdischen Soldaten mit den polnischen Juden führte zur überraschenden Entdeckung eines „authentischen Judentums", die entweder starke Sympathie oder Antipathie erzeugte. Im allgemeinen jedoch verstärkte das Zusammentreffen das jüdische Bewußtsein der deutschen Juden (vgl. Franz Rosenzweig). Die *Funktionalisierung* größte Begeisterung erhob sich innerhalb zionistischer Kreise. Zionisten benutzten das Image des Ostjudentums allerdings auch zur Kritik an der deutsch-jüdischen Assimilation. Ebenso setzte man das Image des „authentischen Juden" im Kampf um die Jugend ein – zur Kritik am *Frauen* bürgerlichen Leben. Die Frage der jüdischen Frau war ebenfalls eng mit dem näheren Kennenlernen des Ostjudentums verknüpft. Innerhalb des orthodoxen Judentums war das Zusammentreffen mit „Ostjuden" von weitreichender Bedeutung: hier erkannte man, daß die Orthodoxie *Orthodoxie* (und auch die neue Orthodoxie) in Deutschland keine Überlebenschance hatte, wenn das Ostjudentum ignoriert wurde. In jedem Fall wurde das Zusammentreffen bzw. die Konfrontation mit den „Ostju*Barometer der* den" zu einem Barometer für die Selbstdefinition der deutschen Juden. *Selbstdefinition* Die Auseinandersetzung mit dieser Problematik während des Krieges bestimmte dann auch nach dem Krieg den Ton der Diskussion.

Position der Nichtjuden — Ein anderer Aspekt der Begegnung mit dem Ostjudentum war die Haltung der nichtjüdischen Gesellschaft. Anfangs hatte das Regime aus Gründen der Kriegsnotwendigkeiten dem Zuzug von mehr als 10 000 Juden aus dem Osten ins Reich als Kriegsarbeiter zugestimmt. Da die antisemitischen Zwischenfälle und Äußerungen zunahmen, fiel am 23. April 1918 die Entscheidung der preußischen Regierung zum Grenzschluß, um den Übertritt jüdischer Arbeiter ins Reich zu unterbinden. Die Betonung der Problematik der „Ostjuden" unter den Antisemiten erfolgte auf theoretischer Basis und setzte die deutschen Juden unter Druck. Die von Georg Fritz 1915 in München publizierte Abhandlung „Die Ostjudenfrage, Zionismus und Grenzschluß" eröffnete die sich während des gesamten Krieges hinziehende Diskussion zu dieser Frage und stellte dabei die deutschen Juden selbst in den Vordergrund. Der liberale Rabbiner Felix Goldmann stimmte prinzipiell den von Fritz gezogenen Schlußfolgerungen zu, eine Einwanderung sei zu verhindern, widersetzte sich aber selbstverständlich der bei Fritz herrschenden antisemitischen Grundhaltung. Ein derartiger innerer Widerspruch war für die Position, die man innerhalb des deutschen Judentums den „Ostjuden" gegenüber bezog, im allgemeinen charakteristisch.

Auf jüdischer Seite wollte man den Grenzschluß bekämpfen, weil die Zustimmung zum Gesetz über die Einwanderungsbeschränkung von „Ostjuden" praktisch einer Zustimmung zu einem Gesetz gleichgekommen wäre, das Juden isoliert erfaßte. Demnach waren es nicht Motive brüderlicher Zuneigung zu den „Ostjuden", aufgrund derer sich die deutschen Juden gezwungen sahen, dem Gesetz zu widersprechen. Noch stärker lehnten die extrem liberalen Kreise die Anwesenheit von „Ostjuden" in Deutschland prinzipiell ab, denn die Assimilierten hielten die „Ostjuden" für den eigentlichen Grund der andauernden „Judenfrage". Insgesamt jedoch – und dies ist der eigentliche Kern der Angelegenheit – verstanden die meisten deutschen Juden sehr wohl, daß sich die Angriffe gegen die „Ostjuden" letztlich gegen sie selbst richteten; die Zielrichtung war allgemein antijüdisch.

<small>Kampf gegen Grenzschluß</small>

<small>Motivation</small>

<small>allgemein antijüdische Zielrichtung</small>

3. Die Weimarer Republik

3.1 Konsolidierung der Emanzipation

Die Weimarer Republik gewährte der jüdischen Bevölkerung volle Gleichberechtigung und ergänzte, was in gesetzlicher Hinsicht oder an den aus dem Kaiserreich übernommenen Verfahrensweisen noch fehlte. Die Paragraphen 109 und 128 der Verfassung verboten eine Diskriminierung aus religiösen Gründen im öffentlichen Dienst. Paragraph 136 bestätigte die bereits 1871 festgelegte Unabhängigkeit der bürgerlichen Rechte vom religiösen Bekenntnis. Darüber hinaus galten die Verfassungsparagraphen bezüglich der Organisierung von Religionsgemeinschaften (Paragraphen 137–138) auch für die jüdischen Gemeinden, die somit als Körperschaften des öffentlichen Rechts anerkannt waren. Dies bedeutete, daß in den zwanziger Jahren die jüdischen Gemeinden den Status von „Kirchen" mit allen sich daraus ergebenden

<small>Verfassungsrechtliche Verankerung der Gleichberechtigung</small>

<small>Körperschaften des öffentlichen Rechts</small>

Rechten besaßen. Dies galt nicht unbedingt für jüdische Organisationen auf Landesebene, ein Faktor, der den Kampf um die Gründung zentraler Verbände entsprechend erschwerte.

Föderalismus — Der föderalistischen Struktur des deutschen Reiches entsprechend besaß die jüdische Bevölkerung keine Zentralorganisation. 1869 war zwar der „Deutsch-israelitische Gemeindebund" gegründet worden, aus dem 1904 der „Verband der deutschen Juden" hervorging. Doch besaß diese Organisation keine Kompetenz als Dachorganisation.

Landesverbände — Allerdings erhielten die Landesverbände und die einzelnen Gemeinden ebenso wie die christlichen Parallelorganisationen erhebliche staatliche Unterstützung. Hier kam es jedoch zu wesentlichen regionalen Unterschieden: der 1920 gegründete bayerische Landesverband hatte das Recht, Steuern zu erheben, die er zur Gründung von Wohlfahrts- und Erziehungseinrichtungen nutzen konnte. Der preußische Landesverband (1922) hingegen konnte derartige Steuern nicht einziehen. *Synagogenverbände* — Eine weitere Ebene der Organisationen war der Synagogen- oder der Kultusverband. Die Gemeindezugehörigkeit als solche war ungleich umfassender als die Zugehörigkeit zu den genannten Verbänden, die im wesentlichen die verschiedenen religiösen Strömungen zwischen Orthodoxie und Reformjudentum repräsentierten.

Paragraph 148 — Paragraph 148 der Weimarer Verfassung hatte für viele Juden entscheidende Bedeutung: hier wurden die pädagogischen Ziele der Pflege eines deutschen nationalen Charakters unter Bewahrung des Pluralismus der Ideen festgelegt. Eugen Fuchs, Leiter des CVs, brachte daher in seinem Aufsatz „Was nun?" vom März 1919 ein Gefühl zum Ausdruck, das von der Mehrheit der jüdischen Bevölkerung geteilt wurde: *Ende der Intoleranz* — die Republik bringe das Ende der Intoleranz. Man war überzeugt, der Antisemitismus werde fortan von allen politischen Parteien nicht mehr akzeptiert. Der neue Geist zeigte sich – im wesentlichen in Preußen und Berlin – durch den Eintritt von Juden in Beamtenberufe auf verschiedenen Ebenen sowie durch die Übernahme von politischen Ämtern und Vollprofessuren an den Universitäten: Juden wurden Minister, Bürgermeister und Beamte. *öffentlicher Dienst und Politik* — Untersucht man jedoch den Umfang dieses Phänomens in seinen verschiedenen Aspekten, so zeigt sich, daß abgesehen vielleicht von der unmittelbaren nachrevolutionären Zeit Juden wesentlich stärker in den öffentlichen Dienst als in die Politik eintraten, eine Tendenz, die sich gegen Ende der Republik noch verstärkte.

gesellschaftliche Kontakte / Vereine — Die neue gesetzliche Situation wirkte sich allerdings nur indirekt auf die sozialen und gesellschaftlichen Verbindungen der jüdischen Bevölkerung aus. In Vereinen bestanden weiterhin deutliche Unterschiede zwischen Juden und Nichtjuden. Dennoch verstärkte sich in den ersten

3. Die Weimarer Republik

Jahren der Weimarer Republik kontinuierlich die deutsch-patriotische Tendenz unter den deutschen Juden.

Die Weimarer Verfassung gewährte erstmals Frauen das Wahlrecht. Dadurch wurde das Fundament für die rechtliche Möglichkeit der jüdischen Frauen gelegt, ebenfalls an allen öffentlichen jüdischen Institutionen und Einrichtungen zu partizipieren. Der Kampf der organisierten jüdischen Frauen wurde zum großen Teil um die Rechte in den Gemeinden geführt. Die Erwartung, die jüdischen Männer würden sich rasch dem Geist der Weimarer Verfassung in den Gemeinden anpassen, wurde allerdings enttäuscht. Anfangs kämpften jüdische Frauen in Preußen mit Hilfe der preußischen Verfassung um die Gleichberechtigung, ein Kampf, der auch in der Zeit der Nationalsozialisten noch andauerte. Natürlich unterstützten die Liberalen die Gewährung des Wahlrechtes an Frauen; doch standen sie im Gegensatz zu den Orthodoxen, die sich dem Frauenwahlrecht widersetzten. Allerdings legte man im Kreis um den orthodoxen Rabbiner Esriel Hildesheimer 1919 fest, daß Frauen das aktive Wahlrecht erhalten dürften, nicht aber das passive. Unterstützung zugunsten des Frauenwahlrechts kam darüber hinaus von der jüdischen Volkspartei (siehe unten 3.6), und zwar im Rahmen ihres Kampfes um das Verhältniswahlrecht.

In Hamburg erhielten Frauen bereits 1919 das Wahlrecht, jedoch erst ab 1929 das Recht, ein Amt zu übernehmen. Frauen in Frankfurt waren ab 1920 wahlberechtigt, Frauen in Berlin bekamen 1925 das aktive und 1928 das passive Wahlrecht. In der Regel erhielten Frauen das Wahlrecht nur in Großstädten, die Hälfte der jüdischen Frauen blieb überhaupt ausgeschlossen. Nur wenige führende Positionen innerhalb der Gemeinden wurden dann auch wirklich von Frauen ausgeübt.

Die Frage nach dem Status der Frau stellte sich darüber hinaus auch im nicht-politischen Bereich: So konnte im allgemeinen eine jüdische Frau in einer „Mischehe" wesentlich leichter die Mitgliedschaft in der Gemeinde oder im Synagogenverband verlieren als ein jüdischer Mann, der eine „Mischehe" einging. In dieser Angelegenheit setzte im Prinzip die religiöse Richtung, zu der die Gemeinde oder die Synagoge gehörten, die Richtlinie fest. Da jedoch Frauen wesentlich weniger „Mischehen" eingingen als Männer, erschien diese Frage den Zeitgenossen nicht unbedingt drängend.

Der neue Status der Frau in der Gesellschaft der Weimarer Republik kam wesentlich in einigen wenigen Persönlichkeiten zum Ausdruck. Hier wären zu nennen: Bertha Pappenheim, die Vorsitzende des JFB (Jüdischer Frauenbund); Ottilie Schönewald, Pappenheims Nachfolgerin im Jahre 1934, die auch in der DDP aktiv war; oder Cora Ber-

Frauenwahlrecht

Liberale
Orthodoxe

jüdische Volkspartei

regionale Unterschiede

allgemeiner Status der Frau

Bertha Pappenheim
Ottilie Schönewald

liner, die einen Lehrstuhl für Volkswirtschaft in Berlin erhielt, nachdem sie im Staatsdienst gearbeitet hatte, und die später im JFB und in der Reichsvertretung der deutschen Juden nach 1933 aktiv werden sollte. Im akademischen Bereich seien zwei Beispiele genannt: die Germanistin Agathe Lasch, Professorin für Niederdeutsch in Hamburg, die 1934 entlassen und 1942 mit einem Transport nach Polen deportiert wurde; sowie Selma Stern, Historikerin für das Judentum Preußens, die rechtzeitig Deutschland verlassen konnte. Als weiteres Zeichen der fortschreitenden Frauenemanzipation innerhalb jüdischer Gemeinden muß Lili Montagu als erste Rabbinerin und Predigerin 1928 in Berlin erwähnt werden.

3.2 Demographischer Rückgang und wirtschaftliche Dauerkrise

Die rückläufige demographische Entwicklung der jüdischen Bevölkerung während der Weimarer Republik wurde schon früh als alarmierend eingeschätzt. Zwar wurden in den Gebieten, die nach 1919 beim Reich verblieben waren und in denen 1910 535 000 Juden gelebt hatten, im Jahre 1925 insgesamt 564 973 Juden gezählt, von denen 71,5% in Preußen lebten. Dieser Zuwachs jedoch war ein Ergebnis des Versailler Vertrages und hatte sich nicht als kontinuierlicher Prozeß vollzogen. Die Zuwachsrate unter der jüdischen Bevölkerung lag vor dem Ersten Weltkrieg bei +0,14% und ging bis zum Vorabend der nationalsozialistischen Machtübernahme auf −0,72% zurück. Für die Allgemeinbevölkerung lagen diese Quoten bei +1,26% bzw. +0,52%. Das Heiratsalter unter der jüdischen Bevölkerung war relativ hoch, während die Kinderzahl pro Familie relativ niedrig blieb. Dies führte letztlich zu einer stetig zunehmenden Überalterung der jüdischen Bevölkerung.

Das deutsche Judentum hatte einen überwiegend urbanen Charakter. Sechzig Prozent der jüdischen Bevölkerung lebten im Jahre 1910 in Großstädten mit mehr als 100 000 Einwohnern. Im Jahre 1933 waren es bereits weit über 70%; dabei konzentrierte sich mehr als die Hälfte der jüdischen Bevölkerung Deutschlands auf zehn Großstädte, während weniger als 10% auf dem Lande lebten.

Aus diesen Tendenzen wird ersichtlich, daß es in jenen Jahren in demographischer Hinsicht zu einer Sonderentwicklung unter der jüdischen Bevölkerung im Vergleich zur übrigen urbanen Bevölkerung gekommen war, ein Umstand, der die These vom „Untergang des deutschen Judentums" noch vor der nationalsozialistischen Machtübernahme stützt. Das Bewußtsein für diese Entwicklung führte 1927 zur Gründung des „Komitees der demographischen Politik" des preußi-

3. Die Weimarer Republik

schen Gemeindeverbandes sowie zu dem Versuch, die Ursachen der „Mischehen" oder den Rückgang der Geburtenquote zu untersuchen und entsprechende Lösungen zu finden, u. a. im Kampf gegen die Ehelosigkeit oder durch die Übersiedlung aufs Land unter der irrtümlichen Annahme, dort sei die Geburtenrate höher.

Lösungsversuche

Zahlenangaben über die jüdische Bevölkerung beziehen sich in der Regel auf Juden, die sich selbst als solche definierten und Mitglieder einer Gemeinde waren. Daher ist die Entwicklung der Austritte aus Gemeinden neben der Relation von Geburten- und Sterberate gesondert zu betrachten. Die Gesetzesrevisionen von 1918 und 1920 hoben die Notwendigkeit einer religiösen Begründung für einen Gemeindeaustritt auf. Da der ursprüngliche Grund für einen Gemeindeaustritt – der Religionswechsel zum Zweck der Erlangung eines öffentlichen Amtes – überflüssig geworden war, erklären sich die Gemeindeaustritte während der Weimarer Republik im wesentlichen durch soziale und wirtschaftliche Faktoren (Gemeindesteuern), insbesondere infolge der Wirtschaftskrise gegen Ende der Republik. Zu Religionswechseln kam es in dieser Zeit unter Umständen jedoch auch wegen der herrschenden Emigrationsbedingungen. So konnten während der Weimarer Epoche noch 500 Konversionen jährlich gezählt werden. Daß in diesem Zusammenhang auch eine Verbindung zur Intensität öffentlicher antisemitischer Äußerungen bestand, belegt die Austrittsquote 1919 oder zwischen 1933 und 1938. Erwägungen, die zu einem Gemeindeaustritt unter dem Nazi-Regime seit 1935 führten, standen darüber hinaus mit den Rechten in Verbindung, die den nicht zur jüdischen Religionsgemeinschaft zählenden „Mischlingen" gewährt wurden. Bis 1941 setzten sich die Gemeindeaustritte fort.

Gemeindeaustritte

Religionswechsel

Daneben entwickelte sich ein Phänomen, das als Amalgamation bezeichnet wird – durch „Mischehen" verursachte Austritte aus der jüdischen Gemeinde. Die Zahl der „Mischehen" zwischen 1920 und 1930 lag bei zirka einem Drittel aller jüdischen Ehen, während sie im Jahre 1908 nur 10% ausgemacht hatte. 1933 erreichte der Anteil der „Mischehen" unter jüdischen Eheschließungen dann 40%. Nur ein Viertel der Kinder aus „Mischehen" wuchsen auch als Juden auf. Insgesamt gab es in Deutschland mindestens 60 000 ethnische Juden, die sich nicht zum Judentum bekannten – oder, wie Niewyck es nennt, „Juden, die keine Juden waren". Dieser Umstand war angesichts der Rassenpolitik im Dritten Reich von besonderer Bedeutung.

Amalgamation

„Mischehen"

Neben den genannten Faktoren beeinflußte die Emigration das demographische Gleichgewicht der jüdischen Bevölkerung bereits vor der Machtübernahme der Nationalsozialisten und der großen Wirt-

Emigration

schaftskrise entscheidend. Die wesentliche Ursache für die Emigration während der Weimarer Republik und besonders in ihren letzten Jahren war die wirtschaftliche Situation. Von 1920 bis Ende 1932 emigrierten schätzungsweise 40000 Juden. Zwischen den Volkszählungen von 1925 und Juni 1933 wurde ein Rückgang der Zahl jüdischer Einwohner um 65000 konstatiert. Verursacht wurde dieser Rückgang u. a. durch zirka 35000–40000 Emigranten, von denen zirka 20000–25000 noch vor der nationalsozialistischen Machtübernahme emigriert waren. Dabei waren während der Weimarer Zeit die bevorzugten Emigrationsziele die USA und Eretz Israel.

Auswanderungsziele

Die wirtschaftliche Struktur der jüdischen Bevölkerung galt seit Generationen als eines ihrer wesentlichen Merkmale. Auch ohne der Gefahr antisemitischer Schlußfolgerungen zu erliegen, ist es möglich, Besonderheiten in der jüdischen Wirtschafts- und Berufsstruktur auszumachen, auch im Vergleich mit der entsprechenden Kontrollgruppe – dem deutschen Bürgertum. Aufgrund der Erhebungen aus den Jahren 1907, 1925 und 1933 ergibt sich eine relativ stabile Berufsstruktur, die als solche für die gesamte Bevölkerung und auch für die urbane und bürgerliche Bevölkerung spezifisch war: mehr als 60% der jüdischen Bevölkerung waren demnach in den Bereichen Handel und Verkehr tätig, gegenüber 12% der allgemeinen Bevölkerung. In der Landwirtschaft fanden sich nur 2% der jüdischen Erwerbstätigen gegenüber rund einem Drittel der Gesamtbevölkerung. Hierin lagen die wesentlichen Unterschiede zwischen beiden Bevölkerungsgruppen. Gut die Hälfte der jüdischen Bevölkerung blieb bis 1933 selbständig – mehr als dreimal soviel wie unter der Allgemeinbevölkerung. Während des gesamten Zeitraums konnte eine Tendenz zur Moderne bemerkt werden: der Anteil der jüdischen Angestellten wuchs zwischen den Jahren 1914 und 1933 um 11% auf 21% der Beschäftigten. Der Prozentsatz der im öffentlichen Dienst und in den freien Berufen erwerbstätigen Juden lag vor dem Krieg bei 7,1% und im Jahre 1933 bei 12,5%; er war demnach mehr als anderthalbmal höher als der Anteil unter der Gesamtbevölkerung. Zwei Drittel der freiberuflichen Juden waren selbständig, d. h. Ärzte (11% der Ärzte im Reich, zirka 15% der Ärzte in Preußen) und Rechtsanwälte (mehr als 23% im Reich, mehr als 28% in Preußen. Noch am 7. Februar 1933 waren 20 der 33 in die Berliner Anwaltskammer gewählten Repräsentanten Juden). Auch in anderen Sektoren war die Präsenz von Juden auffallend. So gehörten 5% der Journalisten und Schriftsteller sowie 3% der Universitätsdozenten in Deutschland zur jüdischen Bevölkerung. Jüdische Frauen hatten unter den Angestellten einen Anteil von 34%, unter den selbständigen Erwerbstätigen jedoch von nur 15% inne.

Merkmale der Wirtschafts- und Berufsstrukturen

öffentlicher Dienst und freie Berufe

3. Die Weimarer Republik

Diese Angaben weisen insgesamt auf eine Stabilität in der Berufsstruktur mit einer Tendenz zur Moderne. Es gibt weder für die „Produktivierung" (obwohl dieser Versuch mit Zielrichtung auf das Handwerk insbesondere als Reaktion auf die Wirtschaftskrise unternommen wurde) noch für die aufgrund der Binnenwanderung in die urbanen Zentren angenommene „Proletarisierung" eindeutige statistische Belege. *Stabilität der Berufsstruktur*

Das Durchschnittseinkommen unter der jüdischen Bevölkerung lag viermal höher als unter der Allgemeinbevölkerung [141: A. MARCUS, Wirtschaftliche Krise]. Doch der rückläufige Anteil der Juden in der Besteuerung, wenigstens in den ersten Jahren der Republik, zeigt wiederum, daß die Tendenz letztlich negativ war. Die Inflation von 1923 traf auch und insbesondere die jüdische Bevölkerung und ihre Institutionen. *Einkommensverhältnisse* *negative Tendenz*

Von einer jüdischen Kontrolle der deutschen Wirtschaft kann in keinem Fall gesprochen werden. In diese Richtung zielende Äußerungen basieren nicht auf wissenschaftlichen Untersuchungen des Gewichts jüdischer Bevölkerungsgruppen in der Wirtschaft, sondern auf antisemitischen Vorurteilen, die als politisches Instrument ausgenutzt wurden. Was allein in begründeter Weise gesagt werden kann, ist, daß Juden überrepräsentativ stark in der Medizin, der Rechtsanwaltschaft, der Konfektion, dem Viehhandel (mehr als die Hälfte der Viehhandelsfirmen waren in jüdischem Besitz) und im privaten Bankwesen vertreten waren. 45% der jüdischen Beschäftigten waren darüber hinaus im Jahre 1925 im Einzelhandel tätig. Sie wurden alsdann von Boykottmaßnahmen besonders hart getroffen. Auffallend war auch der Anteil jüdischer Firmen im Kaufhauswesen (zirka 80% der Firmen in diesem Bereich waren 1932 im Besitz von Juden; insbesondere zu nennen sind Tietz, Wertheim und Schocken). 62% der Kleider-Endprodukte wurden 1932 in jüdischen Geschäften verkauft. Außerdem blieben Juden in Wirtschaftszweigen wie dem Metallhandel oder dem Verlagswesen prominent. Und dennoch – in statistischer Hinsicht war das jüdische Gewicht in der Wirtschaft zu vernachlässigen. *Überrepräsentation* *Einzelhandel* *Kaufhäuser* *Konfektion* *Metallhandel*

Die üblicherweise als sehr hoch angesetzte Beteiligung von Juden am Großunternehmertum erweist sich bei genauerer Betrachtung ebenfalls als eine Übertreibung. Richtig ist, daß es im privaten Bankwesen und überhaupt im Bankbereich zu einer verstärkten Präsenz von Juden kam. Das Maß, in dem jüdische Eliten im Vergleich zu nichtjüdischen von wirtschaftlichen Krisen getroffen wurden, weist auf keine besondere Tendenz hin. Es heißt, bis 1931 sei kein bedeutender Rückgang der jüdischen Position in der Wirtschaft zu beobachten gewesen. Auch von *Bankwesen* der großen Wirtschaftskrise seien jüdische Unternehmen nicht stärker heimgesucht worden als andere. Demgegenüber konnte ein Vergleich auf der Einkommensebene bereits für die Zeit vor dem Krieg einen Rückgang des durchschnittlichen Einkommens von Juden aufzeigen. Diese Tendenz setzte sich dann während der Wirtschaftskrise 1929 fort, von der Juden infolge der geringen Zahl von Arbeitern unter der jüdischen Bevölkerung relativ spät, jedoch um so stärker getroffen wurden. Die Krise von 1929 trug dazu bei, Juden aus verschiedenen Wirtschaftszweigen zu verdrängen, zumal sie mit einer längerfristigen Tendenz von Veränderungen im Wirtschaftssystem verknüpft war. Die Zahl der jüdischen Angestellten, die ihren Arbeitsplatz verloren, war höher als unter der Allgemeinbevölkerung. Da Juden überwiegend Handelsangestellte waren und dieser Sektor schon vor der Krise unter rückläufiger Entwicklung der Einkommen gelitten hatte, ergab sich hier während der Krise eine besonders hohe Arbeitslosenziffer.

negative Einkommensentwicklung

Verdrängung 1929

Angestelltensektor

Die negativen Einflüsse wirtschaftlicher Krisen seit Beginn der Weimarer Republik und die Inflation führten zur Gründung von jüdischen Wohlfahrtsorganisationen, die zur grundlegenden Infrastruktur für das Wohlfahrtswesen im „Dritten Reich" wurden: die Gemeinden richteten Volksküchen, Obdachlosenheime und Arbeitsvermittlungen ein. Unterstützungsempfänger waren jedoch schon zu diesem Zeitpunkt zu etwa einem Drittel deutsche Juden und nicht mehr „Ostjuden" wie noch vor dem Weltkrieg. Die Krise von 1929 führte dann trotz der allgemeinen wirtschaftlichen Notlage der Gemeinden zu einer Intensivierung der Wohlfahrtstätigkeit. So konnte zu dieser Zeit u. a. das jüdische Winterhilfswerk gegründet werden.

Gründung von Wohlfahrtsorganisationen

Die Absicht, Juden aus der deutschen Wirtschaft auszuschließen, wurde bereits von der NSDAP im Januar 1931 formuliert und praktisch seit dieser Zeit in die Tat umgesetzt. Selbst Firmen in jüdischem Besitz stellten nur mit Vorsicht jüdisches Personal ein, um nicht unnötig den Eindruck einer „jüdischen Firma" zu erwecken. Nicht nur der Versuch des offenen Boykotts, sondern auch die verborgenen Seiten wirtschaftlicher Tätigkeit zeigten, daß der Ausschluß von Juden aus der deutschen Wirtschaft bereits vor der Machtübernahme der Nationalsozialisten eingesetzt hatte.

Verdrängung aus der Wirtschaft

3.3 Interne Organisierung

Blütezeit der Gründung jüdischer Verbände und Organisationen im Kaiserreich waren die 90er Jahre des 19. Jahrhunderts. Der „Central Verein deutscher Staatsbürger mosaischen Glaubens" und die Zionistische Bewegung wurden in diesen Jahren ins Leben gerufen. Kontinuierlich folgten weitere Verbandsgründungen: „Hilfsverein der deutschen Juden" (gegr. 1901); „Allgemeiner Deutscher Kantorenverband" (gegr. 1905); „Centralverband jüdischer Handwerker" (gegr. 1909); sowie der „Jüdische Frauenbund", der bereits 1894 als Gegengewicht zu den bestehenden evangelischen und katholischen Frauenorganisationen konzipiert wurde. Er gehörte zu den ersten überregionalen jüdischen Organisationen in Deutschland überhaupt.

Parallel zu dem Jugendverband „Wandervogel" entstanden jüdische Jugendorganisationen. Seit 1912 der Verein „Blau-Weiß" als Sammelbecken der verschiedensten Wandergruppen gegründet worden war, entstand eine Vielfalt an Jugendorganisationen.

In Anlehnung an den Freimaurer-Orden gründeten Juden den Orden „Bnei Brit", dessen 20 000 Mitglieder (um 1914) sich im wesentlichen aus den jüdischen Eliten rekrutierten. — Bnei Brit

Die jüdischen Studenten waren ihren nichtjüdischen Kommilitonen nur in den freien Organisationen, den Lesehallen, gleichgestellt. Da sie von den Burschenschaften ausgeschlossen waren, organisierten sie sich in eigenen „schlagenden" Verbänden, wobei neben die zionistischen Studentenorganisationen die nichtzionistischen traten. Wichtig ist der seit 1886 existierende „Kartell-Convent" der jüdischen Studenten, der später den Central Verein im Kampf gegen den Antisemitismus unterstützte. — Studentenverbände

Die religiösen Strömungen waren in der Regel zentral organisiert: die „Vereinigung für das liberale Judentum in Deutschland" existierte seit 1908. Ihr stand die „Freie Vereinigung für die Interessen der orthodoxen Juden" gegenüber. Darüber hinaus wurden die „Vereinigung der liberalen Rabbiner Deutschlands" und die Organisation der orthodoxen Rabbiner gegründet. Seit 1896 bestand der „Allgemeine Rabbinerverband in Deutschland", der Reformierte und Orthodoxe unter einem Dach vereinigte. — Rabbinerverbände

Insgesamt läßt sich erkennen, daß dort, wo Juden der Zutritt zu einem allgemeinen Verband erschwert oder verweigert wurde, ein entsprechender jüdischer Verband gegründet wurde.

Ein wesentliches Problem der jüdischen Gemeinden in Deutschland war das Fehlen einer zentralen Dachorganisation, selbst auf föderalistischer Basis, wie sie durch die politische deutsche Tradition gegeben gewesen wäre. Der „Verband der deutschen Juden" (1904) war kein Gemeindebund, sondern ein Verband einiger jüdischer Organisationen. 1917 wurde aus praktischen Gründen die „Zentralwohlfahrtsstelle" gegründet, die 1926 von der Regierung der Republik als zentrale — Zentralwohlfahrtsstelle

Organisation für Wohlfahrt und Wohltätigkeit anerkannt wurde. Der Druck zur Gründung einer allgemeinen, zentralisierten Organisation erfolgte zunehmend aufgrund der wirtschaftlichen Schwierigkeiten, in die die einzelnen Gemeinden geraten waren, und auch infolge der durch die Weimarer Verfassung gegebenen Möglichkeiten, derartige Organisationen ins Leben zu rufen. Der konzeptuelle Entwurf des Historikers Ismar Freund für eine Zentralorganisation – letztlich eine Weiterentwicklung des „Deutsch-Israelitischen Gemeindebundes" – scheiterte daran, daß die Orthodoxie fürchtete, in einer demokratischen Institution werde die Macht der liberalen Mehrheit wachsen, sowie an Forderungen der Zionisten und an dem Versuch, eine preußische Hegemonie durch die Gründung des „Verbandes Bayerischer Israelitischer Gemeinden" im April 1920 zu verhindern. Der „Verband der deutschen Juden" andererseits löste sich 1921 auf. Den Vertretern der preußischen Gemeinden blieb somit nichts anderes übrig, als am 25.6.1922

Preußischer Landesverband durch die Errichtung des „Preußischen Landesverbandes jüdischer Gemeinden" zu reagieren, zu dem zirka 70% der deutschen Juden und mehr als 700 Gemeinden gehörten. Nur die Austrittsorthodoxie, also jene orthodoxen Gemeinden, die den allgemeinen Gemeinderahmen verlassen und ihre eigenen Gemeinden gegründet hatten, beteiligte sich nicht an diesem Verband und rief ihre eigene preußische Zentralorganisation mit ungefähr 130 Gemeinden ins Leben, um ebenfalls die Anerkennung der Regierungsbehörden zu erlangen und entsprechende Unterstützung zu erhalten. Als 1926 ein weiterer Versuch unternommen wurde, eine Zentralorganisation zu errichten, ging es bereits nicht mehr um eine Organisation von Gemeinden, sondern von Regionalorganisationen.

1928 wurde schließlich die „Arbeitsgemeinschaft der jüdischen Landesverbände" gegründet, die hauptsächlich im Bereich der Koordination in religiösen und pädagogischen Fragen wirkte. Diese Arbeitsgemeinschaft wurde im Januar 1932 zur „Reichsvertretung der Landes-

Reichsvertretung der Landesverbände der deutschen Juden verbände der deutschen Juden", die fortan die jüdischen Angelegenheiten auch gegenüber der Regierung vertreten konnte. Diese Organisation war die Grundlage für die im September 1933 gegründete Organisation der „Reichsvertretung der deutschen Juden", bei der es sich um die erste die deutschen Juden repräsentierende Organisation handelte. Deutlich wird bei dieser Entwicklung, daß es der zunehmend auf die jüdische Minderheit ausgeübte Druck und letztlich die Gründung des Dritten Reiches waren, die den traditionellen Widerstand gegen eine Zentralorganisation überwanden.

Sieht man von dem Scheitern einer Zentralorganisation einmal ab,

3. Die Weimarer Republik

so kam es mit Beginn der Weimarer Republik zu einer Blütezeit gesamtdeutscher jüdischer Organisationen der verschiedensten Art. Eine für diese Zeit charakteristische Organisation war der „Reichsbund jüdischer Frontsoldaten" (RjF) – eine Organisation, die (1919 gegründet) sowohl eine Folge des Ersten Weltkrieges als auch der Notwendigkeit war, sich parallel zu ähnlichen Bewegungen der allgemeinen Bevölkerung zu organisieren und sich auf dem Hintergrund der während des Krieges gemachten Erfahrung vor Diskriminierung zu schützen. allgemeine Organisationen
Reichsbund jüdischer Frontsoldaten

Eine weitere Zentralorganisation, und zwar im religiösen Bereich, war der „Bund gesetzestreuer jüdischer Gemeinden Deutschlands", der 1920 von der antiliberalen Austrittsorthodoxie ins Leben gerufen wurde. 1923 wurde die Organisation „Achdut" gegründet, die die sogenannten gesetzestreuen Juden, d. h. weniger streng orthodoxe Juden als die Austrittsorthodoxen, repräsentierte. Ihr Zentrum war Frankfurt. Bund gesetzestreuer jüdischer Gemeinden Deutschlands
Achdut

Organisationen ganz anderer Art – nämlich in jeder Hinsicht Berufsverbände – waren der 1922 gegründete „Jüdische Beamtenbund", der „Herzlbund" für jüdische Kaufleute und der „Zentrale Verband selbständiger jüdischer Handwerker". weitere Verbände

Das exemplarisch aufgezeigte, relativ breite Spektrum der Organisationen weist im wesentlichen auf zwei Umstände hin – zum einen auf die Intensität jüdischen Lebens auf allen Ebenen und zum anderen auf den Handlungsspielraum, den die Weimarer Verfassung der jüdischen Minderheit prinzipiell gewährte. Intensität und Handlungsspielraum

Auch stützten sich jüdische Organisationen auf ein verzweigtes Zeitungswesen. Neben den zentralen, gesamtdeutschen Zeitungen stieg die Verbreitung der regionalen Zeitungen erheblich. So erreichte das Gemeindeblatt der Berliner Gemeinde im Jahre 1931 eine Verbreitung von 90 000 Exemplaren, das Blatt der Gemeinde zu Breslau erschien in 10 000, das der Frankfurter Gemeinde in 8000 Exemplaren. Zeitungswesen

3.3.1 Jugendorganisationen

Da das jüdische Bürgertum im wesentlichen ein Spiegelbild des deutschen Bürgertums war, darf es nicht verwundern, daß die für diese Gesellschaftsgruppe typischen Jugendorganisationen und -bewegungen auch für das jüdische Bürgertum charakteristisch wurden. Jüdische Jugendorganisationen sollten in der jüdischen Bevölkerung verschiedene, teilweise allein für diese Bevölkerungsgruppe verbindliche Aufgaben erfüllen – hier ging es z. B. um die Förderung und Beachtung jüdischer Sexualmoral oder den Kampf gegen die Ehelosigkeit, um der negativen demographischen Entwicklung entgegenzuwirken. Diese Jugendorga- Spiegel des Bürgertums
Ziele

nisationen waren vor allem durch den inneren Kampf zwischen Zionisten und Nichtzionisten geprägt.

verschiedene Jugendorganisationen

Die wichtigste unter den jüdischen Jugendorganisationen war der „Wanderbund Blau-Weiß", der, 1912 gegründet, eine quasi-jüdisch-völkische Ideologie angenommen hatte, zu der die Rückkehr zum Boden und die Erziehung zur spartanischen Lebensweise gehörten. Die Auflösung des Wanderbundes im Jahre 1926 war eine Folge des Scheiterns seiner Siedlungsversuche in Palästina. Aus den Überresten des „Blau-Weiß" entstand die Bewegung „Kadima" („Vorwärts").

Die Zahl der Vereine und Verbände war ebenso groß wie die der Aufspaltungen und Fusionen. Unter den zionistischen Verbänden sind insbesondere der zunehmend sozialistisch orientierte „Jung-Jüdische Wanderbund" (1920), dem sich im Laufe der Zeit andere sozialistische Jugendverbände anschlossen, „Betar" (1929) und die „Brit Haluzim Datiim" (Bund religiöser Pioniere; 1928) zu nennen; zu den nicht zionistischen Verbänden zählten der liberale „Deutsch-jüdische Wanderbund Kameraden" (1916) und „Esra", der jüdisch-orthodoxe Jugendbund (1915), sowie der „Bund jüdischer Pfadfinder" (1931).

Nachfolgeorganisationen

Die Auflösung des Wanderbundes „Kameraden" im Jahre 1932 hinterließ ein breites Spektrum von Nachfolgeorganisationen. Außer dem Bund der „Werkleute" mit 1600 Mitgliedern und zunehmend jüdisch-nationaler Orientierung wurde das „Schwarze Fähnlein" (zirka 400 Mitglieder) gegründet, das die deutsch-romantischen Parolen übernahm. Ein Import aus dem Osten war die sozialistisch-zionistische Bewegung „HaShomer Hazair" (1931).

Reichsausschuß jüd. Jugendverbände

Auf Initiative der Zentralwohlfahrtsstelle wurde 1920 auch der Reichsausschuß der jüdischen Jugendverbände ins Leben gerufen. Hier wurde die Arbeit im administrativen Bereich konzentriert wie z. B. die Mitgliedschaft in den Jugendherbergen.

Niedergang

Die Erschütterungen in den Jugendbewegungen waren besonders in den letzten Jahren der Republik zu spüren. Die Gründung des „Vortrupps" unter der Führung von H. J. Schoeps mit deutschnationalem, autoritärem Charakter, jedoch mit nur ungefähr 150 Mitgliedern, symbolisierte ebenso wie das „Schwarze Fähnlein" die Radikalisierung innerhalb dieser Jugend.

3.3.2 Frauenorganisationen

Aufgaben der Frauenbewegung

Die Weimarer Epoche bot der jüdischen Frauenbewegung nicht nur auf politischem Gebiet neue Ziele. Die Rolle der Frau in der jüdischen Gesellschaft überhaupt und insbesondere im Zusammenhang der Aufrechterhaltung des demographischen Gleichgewichts innerhalb der jü-

3. Die Weimarer Republik

dischen Bevölkerung steckten in hohem Maße den inhaltlichen Rahmen der Arbeit in der Frauenorganisation ab. Die Frauenbewegung initiierte nicht nur Fürsorgeprogramme für vom Schicksal verfolgte Frauen oder für Prostituierte, sondern entwarf auch politische Konzepte zur Hygiene und Sexualmoral, wie z. B. die Diskussion um den Paragraphen 218 und die Schwangerschaftsabbrüche aus dem Jahre 1930 zeigte. Am Vorabend des Ersten Weltkrieges gehörten bereits 35 000 Frauen zum Jüdischen Frauenbund (JFB). Der Weltkrieg ließ die Zahl der Mitglieder auf 44 000 steigen. Die Mehrheit der im JFB organisierten Frauen waren Hausfrauen aus dem liberalen Judentum, verheiratet in traditionellen Ehen; relativ wenige „Ostjüdinnen" waren hier vertreten. Die im JFB herrschende Betonung der Familie und der Rolle der Frau als Erzieherin war für unverheiratete und außerhalb des Hauses arbeitende Frauen wenig attraktiv. Sie zogen es vor, sich je nach Herkunftsschicht den allgemeinen deutschen Frauenverbänden des Bürgertums oder der Arbeiterschaft anzuschließen. Da junge Frauen sich eher in Berufsorganisationen oder in Jugendgruppen organisierten, stieg das Durchschnittsalter der Frauen im Jüdischen Frauenbund während der Weimarer Republik an. Der JFB widmete sich der Sozialarbeit (wie z. B. im Neu-Isenburg-Heim für „moralisch gefährdete Frauen"), rang aber auch um die politischen Rechte innerhalb der jüdischen Gemeinden. Während der Weimarer Zeit setzten die organisierten Frauen den Akzent stärker auf die jüdischen Angelegenheiten, intern oder international. Auch der Kampf gegen den Antisemitismus gehörte zu den Zielen des Frauenbundes. Eines der großen Probleme des Frauenbundes vor dem Krieg – der Mädchenhandel – kehrte nach dem Krieg als zentrales Thema wieder zurück. Da jedoch viele der im Mädchenhandel tätigen Personen Juden waren, entstand für den Frauenbund ein besonderes Problem: unter allen Umständen sollte es vermieden werden, mit dem Thema den Antisemiten Argumente in die Hände zu spielen.

Jüdischer Frauenbund

Mitgliederstruktur

Aufgabenbereiche

Eine offene Frage ist, ob der Frauenbund nicht gerade in der Weimarer Zeit seine Bedeutung verloren hatte und sich in den dreißiger Jahren folglich aufgelöst hätte, wenn nicht die Nationalsozialisten an die Regierung gekommen wären. Mit anderen Worten: ob der Untergang des deutschen Judentums nicht auch in diesem spezifischen Bereich zum Ausdruck gekommen ist?

Untergang?

Die Haltung zum zionistischen Gedanken in den Frauenorganisationen war differenziert: Bertha Pappenheim, im Vorstand des Bundes Deutscher Frauenvereine, sah in Deutschland ihre Heimat und blieb der zionistischen Bewegung gegenüber skeptisch. Aber für den JFB an sich spielte das Thema „Palästina" während der Weimarer Republik eine

Zionismus und Frauenbewegungen

zentrale Rolle, auch wenn man sich von den national-jüdischen Aspekten distanzierte. In der Weimarer Zeit insgesamt war das Gewicht der Frauenorganisationen für die zionistische Sache jedoch gering.

<small>Wirtschaftskrise und Frauenpolitik</small>
Die Wirtschaftskrise stellte infolge der Politik Brünings gegen arbeitende, verheiratete Frauen natürlich auch ein Problem für jüdische Frauen dar; Probleme der Arbeitslosigkeit überhaupt und später die schwerwiegende Beeinträchtigung durch die nationalsozialistische Gesetzgebung gegen Frauen, die 1914 nicht gearbeitet hatten und natürlich nicht an der Front gewesen waren, waren hier wichtige Faktoren.

3.4 Die Stellung der „Ostjuden"

Die „Ostjuden" zogen während der Weimarer Zeit sowohl infolge ihres sozioökonomischen Profils als auch wegen ihrer kulturell-politischen Bedeutung die Aufmerksamkeit auf sich.

<small>statistische Befunde</small>
Folgende statistische Daten seien angeführt: Nach Angaben der Zählung von 1910 hatten 13% der Juden in Deutschland eine ausländische Staatsangehörigkeit. 1925 lag der Anteil bei 19%, 1933 bei 20%. Nicht bei allen handelte es sich um „Ostjuden". Ungefähr 80% im Jahr 1925 (zirka 85 000) und 90% im Jahre 1933 der fremden Juden in Deutschland waren „Ostjuden", wobei mehr als die Hälfte aus Polen stammte.

<small>Migration</small>
Die genannten Veränderungen waren im wesentlichen die Folge der Migrationsbewegung. Nach dem Krieg trafen Immigranten aus den von Deutschland abgetrennten Gebieten ein, zusammen mit den Überlebenden der Pogrome und den Flüchtlingen aus dem ukrainischen und sowjetischen Machtbereich. Nach Schätzungen des Arbeitsfürsorgeamtes kamen zwischen 1914 und 1921 zirka 100 000 Juden nach Deutschland (30 000 Kriegsarbeiter eingeschlossen). Von ihnen verblieben höchstens 55 000–60 000, die registriert werden konnten, und weitere 10 000, die sich nicht um Registration bemühten.

Schon 1920 verließen monatlich 1500 „Ostjuden" Deutschland Richtung Westen (mehrheitlich in die Vereinigten Staaten) und 12 000 kehrten zurück in den Osten, so daß die obengenannte Nettozahl zurückblieb. Zwei Krisen führten im wesentlichen zu dieser Rückwanderung: die Ruhrkrise von 1923 (zirka 9000 Personen) und der Aufstieg der Nationalsozialisten (im ersten Jahr zirka 12 000).

<small>geographische Konzentration</small>
Die ostjüdische Bevölkerung konzentrierte sich im wesentlichen im Ruhrgebiet (zirka 12 000–15 000 „Ostjuden"); in Mitteldeutschland (zirka 10 000); in Bayern (zirka 4000); in Baden (zirka 2000) und in Berlin (zirka 20 000). In der rheinisch-westfälischen Industrieregion

3. Die Weimarer Republik

wurden 16 000 Juden aufgenommen, davon rund ein Viertel von den Bergwerken.

Der Vergleich mit der jüdischen Bevölkerung in Deutschland insgesamt zeigt, daß die Konzentration von „Ostjuden" in den Städten besonders hoch war: in Großstädten stellten sie im Durchschnitt ein Viertel der jüdischen Bevölkerung, ungefähr doppelt so viel wie in der Vorkriegszeit. Relativ viele Arbeiter und Handwerker gehörten zur ostjüdischen Bevölkerung (63% waren in Industrie und Handwerk erwerbstätig). *urbane Bevölkerung*

Berufsstruktur

Für den gesetzlichen und politischen Status der „Ostjuden" galt: in Preußen, wo 71% der fremden Juden lebten, gab die sozialdemokratische Regierung am 1.11.1919 einen Erlaß heraus, der es Juden aus dem Osten gestattete, im Land zu bleiben und Sozialunterstützung vom Arbeiterfürsorgeamt zu empfangen, auch wenn sie keine Dokumente über eine legale Einreise nach Deutschland vorweisen konnten. *Status*

Wanderfürsorge

Die Behandlung des Themas „Ostjuden" als politisches Thema war stark vom stereotypen Image des „Ostjuden" beeinflußt. Der „Ostjude" galt demnach als das genaue Gegenteil des deutschen bzw. des assimilierten Juden: faul und unproduktiv, verschmutzt und Krankheitsüberträger, Verbrecher von Geburt an, Asiat und Revolutionär. Man darf in diesem Zusammenhang nicht vergessen, daß „Ostjuden" nur ein Zehntel aller Ausländer in Deutschland ausmachten und daß die Einstellung der Bevölkerung ihnen gegenüber sich infolge des herrschenden Stereotyps von der Einstellung gegenüber anderen Ausländergruppen unterschied. *Stereotyp und Vorurteile*

Vor diesem Hintergrund wurde das Problem der Einwanderung von „Ostjuden" trotz des geringen Umfangs dieser Migration auch zum Wahlkampfthema. Im allgemeinen gingen die Konservativen, in erster Linie die DNVP, den Nationalsozialisten in diesem Punkte voran: sie waren es, die ein Einwanderungsverbot verlangten. In Preußen (1922), in Bayern (1923) und in anderen Regionen wurde der Versuch unternommen, „Ostjuden", die nach 1914 oder sogar davor nach Deutschland gekommen waren, in Lagern unterzubringen oder auszuweisen. Das Thema der jüdischen Kriegsgefangenen, die nicht in den Osten zurückkehren wollten, wurde ebenfalls als ein Problem dargestellt. In der ersten Hälfte des Jahres 1923 war die Ausweisungstätigkeit besonders intensiv (ungefähr 500 Juden), ebenso nach 1929 infolge der großen Wirtschaftskrise. In den zehn Jahren zwischen 1922 und 1932 waren zirka 15% der aus dem Reich ausgewiesenen Personen (39 000) „Ostjuden". *Einwanderung als Wahlkampfthema*

Einwanderungsverbote

Internierungen

Ausweisungen

Der Versuch der Regierung, sich dem „Problem der Ostjuden" zu stellen, wurde von Versuchen „von unten" begleitet: Ausschreitungen *Ausschreitungen* gab es in Oberschlesien kurz vor der Übergabe eines Teils der Region an Polen 1922 sowie im Berliner Scheunenviertel 1923. Zur gleichen Zeit kam es auch zu Übergriffen in Erfurt, Nürnberg und anderen Orten. In den letzten Jahren der Republik kehrten die Übergriffe auf „Ostjuden", zumeist von nationalsozialistischer Seite, wieder. Im Januar 1930 wurden acht Menschen in Berlin getötet, im September 78 verletzt. Ein pogromartiger Zwischenfall erfolgte auch in Frankfurt. 1932 wurden zahlreiche Überfälle auf Geschäfte und die Legung eines Sprengsatzes registriert.

<small>Ostjuden und deutsche Juden</small>
<small>Romantisierung</small>
<small>Distanzierung</small>
<small>Central Verein</small>

Das Image der „Ostjuden" bereitete nicht nur der nichtjüdischen Bevölkerung ein Problem. So gab es unter der jüdischen Bevölkerung, wie oben bereits erwähnt, auf der einen Seite zunächst ein durchaus positives Image der „Ostjuden". Nicht nur Zionisten, sondern auch Orthodoxe hatten dem Zusammentreffen mit Juden aus Osteuropa und dem Kennenlernen ihres Judentums höchste Bedeutung zugemessen. Doch die romantische Einstellung aus den Kriegstagen gegenüber dem „authentischen Juden" vertrug sich kaum mit der Distanzierung in der Praxis des Alltags. Innerhalb des Central Vereins wurde dieser Sachverhalt ganz besonders deutlich: Eugen Fuchs hob hervor, der Unterschied zum Ostjudentum, das die jüdische Nationalität betone, bestehe darin, daß sich das Westjudentum allein in Religion und Herkunft vom deutschen Volk unterscheide. Doch auch die Zionisten bezogen diese Position bei direkten Kontakten. Sogar die Zeitschrift „Der Jude" versuchte, das Image der „Ostjuden" in eine realistischere, nicht glorifizierende Richtung zu wenden, und es gab etliche Juden, die keinerlei Gefühl der Brüderlichkeit für „Ostjuden" empfinden konnten und dies auch öffentlich zum Ausdruck brachten.

<small>„Ursache des Antisemitismus"</small>

Das negative Image der „Ostjuden" veranlaßte die Mehrheit der deutschen Juden zur Unterstützung der verbreiteten Behauptung, „Ostjuden" seien die Ursache des deutschen Antisemitismus. Als die bayerische Regierung 1920 „Ostjuden" auswies, sah die jüdische Gemeinde darin keinerlei Grund für einen offenen Kampf. Illegales Treiben innerhalb der Bevölkerungsgruppe der „Ostjuden" – insbesondere die Prostitution – hatte eine deutliche Distanzierung der alteingesessenen deutschen Juden zur Folge.

<small>Verweigerung des Wahlrechts</small>

Die Identifizierung, die teilweise zwischen den „Ostjuden" und den „Ausländern" nach der Definition des deutschen Innenministeriums vorgenommen wurde, führte zusammen mit den Befürchtungen der alteingesessenen deutsch-jüdischen und der liberalen Bevölkerung vor einer national-jüdischen Tendenz zu dem Versuch, denjenigen, die nicht die deutsche Staatsbürgerschaft besaßen, das Wahlrecht innerhalb der jüdischen Institutionen zu verweigern. In Regionen, in denen der Zustrom „ostjüdischer" Einwanderer besonders stark war wie etwa in Berlin und Sachsen, versuchte man das Recht auf Amtsübernahme zu verwehren oder das Wahlrecht von einem Zensus abhängig zu machen.

Geistige Unterstützung für die „Ostjuden" kam nicht nur aus den Reihen der Chassidismusforscher um Martin Buber. Albert Einstein ist hierin ebenso wie Arnold Zweig ein Beispiel für eine Solidarität, die über alle Bedenken hinweg dennoch mit den „Ostjuden" bestand. „Ostjuden" waren Mittelpunkt zahlreicher kultureller Aktivitäten, gleichermaßen als deren Subjekt und Objekt. Die Historiker Dubnow, Tscherikover und Lestchinsky, die Schriftsteller Salman Schneur und Saul Tschernichowski, die Maler Marc Chagall, Henryk Glicenstein und Moses Lilien sind als herausragende Repräsentanten des osteuropäischen Judentums in Deutschland zu nennen. „Ostjuden" stellten 1925 zwischen 20% und 40% der jüdischen Künstler und Schriftsteller in Preußen. Das beliebte Kabarett „Kaftan", das von 1930 bis 1933 in Berlin arbeitete, war osteuropäischen Ursprungs und sprach teilweise jiddisch. Die „Ostjuden" entwickelten also durchaus ein eigenes Selbstbewußtsein. Sie organisierten sich 1919 im „Verband der ‚Ostjuden'", in dem 1930 rund 100 Einzelverbände mit 20 000 Mitgliedern vereinigt waren.

Unterstützung

kulturelle Aktivitäten

Verband der Ostjuden

3.5 In der Weimarer Politik

Im Gegensatz zu den Behauptungen der Antisemiten während und nach der Revolution konnte unter der jüdischen Öffentlichkeit keine übermäßige Begeisterung für Veränderungen verzeichnet werden. Die imaginäre Identifizierung von Juden mit der Linken war einer der Faktoren, die dazu führten, daß sich die jüdische Mehrheit von der Linken absetzte: man wollte nicht mit den bolschewistischen Revolutionären und „Staatsfeinden" identifiziert werden. Doch diese Einstellung konnte kaum etwas an dem jüdischen Image ändern.

Juden und Revolution

Noch während der stürmischen Phase der Revolution entstand der Eindruck, Juden würden sich am extremen Ende der linken Szene konzentrieren. In der ersten Regierung waren von sechs „Volksbeauftragten" zwei Juden: Otto Landsberg und Hugo Haase, der Ende 1919 ermordet wurde. Auch unter den Volksbeauftragten Preußens befanden sich zwei Juden, Paul Hirsch und Kurt Rosenfeld. Auffällig war auch die Präsenz von Juden im Spartakusbund und unter den führenden Kommunisten – u.a. Rosa Luxemburg, die am 15. Januar 1919 ermordet wurde, und Paul Levy. Als ein weiterer Beleg für die radikale jüdische Linke galt die Position und Entwicklung von Juden in Bayern

Juden und Linksextremismus

nach der Revolution: Kurt Eisner, Regierungspräsident aus der USPD (1919 ermordet); Eugen Levine, zwei Monate lang an der Spitze der bayerischen Räterepublik (1919 ermordet); Gustav Landauer, bis zu seiner Ermordung am 2. Mai 1919 kommunistischer Propagandaminister in Bayern. Das gewaltsame Ende dieser kommunistischen Führer trug zur Festigung der assoziativen Verknüpfung von Juden und radikaler Linken unter der Bevölkerung bei.

tatsächliche politische Orientierung   Eine gründliche Analyse der politischen Tätigkeit der Juden beweist, daß diese Assoziation ein Irrtum war. Erstens standen Juden eher auf der gemäßigteren Seite der revolutionären Linken, und manche gingen sogar so weit, daß sie auf die Seite der Freikorps oder der Bürgerwehr traten. Zweitens fanden sich Juden auch in herausragenden Positionen in der bürgerlichen Linken und der politischen Mitte. Die Unterstützung der DDP war die natürliche Fortsetzung der Unterstützung der Linksliberalen im Kaiserreich. Der bekannteste Name in diesem Kontext ist wohl Hugo Preuß von der DDP, Staatssekretär im Innenministerium, der für die Formulierung der Weimarer Verfassung im wesentlichen verantwortlich war. Unter den 75 Reichstagsabgeordneten dieser Partei bei den ersten Wahlen waren vier Juden und sechs Personen jüdischer Herkunft. In den Wahlen 1928 und 1930 waren 20% der Reichstagsabgeordneten der DDP Juden oder jüdischer Herkunft. Hervorragende jüdische Persönlichkeiten waren Walther Rathenau, bis zu seiner Ermordung 1922 Außenminister der Republik; Bernhard Weiß, stellvertretender Polizeipräsident in Berlin; und Bernhard Dernburg, Reichstagsabgeordneter und für kurze Zeit Minister. Ottilie Schönewald, die in der Zeit der Nationalsozialisten die Führung des JFB übernehmen sollte, war Abgeordnete im Stadtparlament von Berlin. Die DDP wurde auch von Zeitungen in jüdischem Besitz unterstützt und erhielt daher von ihren Konkurrenten die Bezeichnung „jüdische Partei". Die Mehrheit der Juden sah ihre politische Heimat bei dieser Partei. Als die DDP 1930 nach rechts abdriftete und sich zur „Staatspartei" entwickelte, wurde sie weiterhin vom Central Verein unterstützt. Trotz der sich von Juden distanzierenden Haltung des Parteivorsitzenden Mahraun blieben jüdische Wähler bis 1932 der Partei zunächst treu.

DVP   Die DVP stellte nur konvertierte Juden als Kandidaten auf (wie z. B. Jakob Riesser 1928), doch Stresemann galt in „jüdischen Fragen" als tolerant. Jüdische Wähler zählten jedoch kaum zu den Schichten, die die Partei bis Anfang der dreißiger Jahre unterstützten, von den Anhängern Max Naumanns einmal abgesehen.

DNVP   Die DNVP stellte im besten Falle einen Kandidaten jüdischer Herkunft auf. Daß die Partei bis 1932 keine bedeutende Unterstützung

3. Die Weimarer Republik

von jüdischen Wählern erhalten konnte, darf aufgrund ihres Antisemitismus nicht verwundern.

Politiker der katholischen Zentrumspartei nahmen nach dem Abflauen der Revolution eine gegen den Antisemitismus gerichtete Haltung ein (so die beiden Kanzler Fehrenbach und Wirth). Sie erfreuten sich wachsender Unterstützung der jüdischen Bevölkerung trotz der konservativen und antijüdischen Elemente innerhalb der Partei. Selbst die bayerische Schwesterpartei des Zentrums, die BVP, hatte jüdische Anhänger, obwohl hier die antisemitischen Stimmen stärker vertreten waren. In der Zeit der ausgehenden Republik wurde das Zentrum sogar einer der letzten politischen Zufluchtsorte für Juden. *Zentrum*

BVP

Betont werden muß in diesem Zusammenhang, daß die SPD infolge ihrer sozialen Struktur anfangs weniger attraktiv für die jüdische Bevölkerung war als die bürgerliche DDP. Dies stand in keinerlei Zusammenhang mit der Rolle, die Juden in der Führung der SPD und der USPD spielten. Auch in der sozialistischen Presse hatten Juden ein bedeutendes Gewicht. Es war jedoch wesentlich die Absage der SPD an den Antisemitismus, die ihr dann jüdische Wähler zuführte. *SPD*

Auch die Kommunistische Partei galt der Rechten prinzipiell als „jüdische" Partei. Jedoch hatten unter der kommunistischen Führung Juden anfangs ein größeres Gewicht als unter der Wählerschaft. Nachdem sich 1922 die „Unabhängigen" den Kommunisten angeschlossen hatten, wuchs die jüdische Präsenz auf allen Ebenen. Doch während 1924 noch sechs von 62 Reichstagsabgeordneten der Partei Juden waren, gab es unter den 89 Abgeordneten im Jahre 1932 keinen einzigen Juden mehr. Die Kommunistische Partei bezog darüber hinaus bisweilen auch antisemitische Positionen im Zusammenhang antikapitalistischer Slogans. Trotz alledem kam es in der letzten Phase der Republik zu einer Unterstützung der Kommunisten durch die jüdische Bevölkerung, die in dieser Partei ein Gegengewicht gegen die Nationalsozialisten erkannten. *KPD*

Aus diesen knappen Ausführungen wird auch deutlich, daß die Behauptung, Juden hätten das politische Leben in Deutschland dominierend bestimmt, jeglicher Grundlage entbehrt. Man muß in jedem Fall beachten, von welcher Phase der Weimarer Republik gesprochen wird. Juden waren im Laufe der Zeit immer weniger in der politischen Führung anzutreffen. Finanzminister Hilferding (SPD) war der einzige Minister, der bis 1929 in seinem Amt blieb. *Gesamtposition*

Die Frage der politischen Stellung von Juden darf nicht an der Führung, sondern muß an der Wählerschaft gemessen werden. Aufgrund verschiedener Indikatoren ergibt sich, daß die Mehrheit der jüdi- *Wählerschaft* schen Bevölkerung anfangs die DDP oder die SPD gewählt hatte, seit 1930 aber außerdem immer stärker das Zentrum und sogar die BVP elektoral unterstützte. Da aber hierzu die entscheidenden Angaben nur indirekt erschlossen werden können, sind die Schätzungen der Historiker entsprechend unterschiedlich.

<small>Unterstützung der Weimarer Republik</small>

Insgesamt wird deutlich, daß Juden die Parteien der Republik und die Republik als solche unterstützten. Letztlich war es ja die Republik, die die Rechte ihrer jüdischen Bürger garantierte. Daher organisierten jüdische Verbände vor Wahlen besonders in den frühen dreißiger Jahren Sympathiekundgebungen für die Parteien der Republik. Natürlich

<small>Dilemma</small>

entstand hier ein Dilemma: derartige Versammlungen konnten die Meinung bestärken, die Republik läge in den Händen der Juden; dies wiederum brachte die Parteien der Republik unter Umständen in den Ruf, „jüdische Parteien" zu sein, ein Eindruck, den diese Parteien in der damaligen Atmosphäre jedoch unbedingt vermeiden wollten. Hier wird insgesamt der *Circulus vitiosus* deutlich, in dem sich Juden innerhalb der damaligen deutschen Gesellschaft befanden.

3.6 Die interne politische Aktivität

Deutsche Juden waren nach der Emanzipation äußerst zurückhaltend

<small>politische Verbände</small>

bei der Gründung politischer Organisationen. Im Gegensatz zu der großen katholischen Minderheit wagte man es nicht, eine Partei nach dem Beispiel des „Zentrums" zur Vertretung der eigenen Interessen im Parlament zu gründen. Die Diskussionen um die Errichtung eines „jüdischen Kongresses", der außerhalb des politisch-jüdischen Forums tätig werden sollte, trug keine Früchte. Juden nahmen also entweder an dem allgemeinen politischen System in Deutschland teil oder waren im internen jüdischen Rahmen politisch aktiv. Die größte und wichtigste Organisation, die man als politische Organisation bezeichnen könnte, war

<small>Central Verein</small>

der Central Verein, der bereits 1893 zu dem Zweck gegründet worden war, die Interessen der jüdischen Bevölkerung im Kampf um die Bewahrung der Emanzipation und gegen den Antisemitismus zu vertreten. Kurz darauf entstand die Zionistische Organisation. Der Begriff „Zio-

<small>Zionisten</small>

nisten" löste ganz bewußt die Bezeichnung „nationale Juden" ab, da man bestrebt war, ein neutrales Wort anstelle einer Wendung zu benutzen, die die Frage nach der nationalen Loyalität der deutschen bzw. der europäischen Juden aufzuwerfen drohte.

<small>„jüdische Politik"</small>

Die Politik der Weimarer Republik als „jüdische Politik" zu deklarieren ist ein antisemitischer Slogan. Jüdische Politik gab es nur *innerhalb* der Gemeinden und Vereine. Hier waren jüdische Organisationen

3. Die Weimarer Republik

und Verbände entweder mit einer politischen Richtung zu identifizieren, oder sie standen in einem Rahmen, in dem bestimmte jüdische politische Tendenzen zum Ausdruck oder zur Herrschaft gelangen wollten. Letzteres war auch in der jüdischen Gemeinde der Fall: der Kampf zwischen den jüdischen politischen Parteien um die politische Macht in der Gemeinde war ein Kampf, in dem eine außerordentlich große öffentliche Beteiligung zu erkennen war (50%–90% Wahlbeteiligung). {Gemeindepolitik}

Drei wesentliche politische Richtungen repräsentierten drei Gruppen mit eindeutig definierter religiös-gesellschaftlicher Orientierung: 1. die Mehrheitsgruppe der Liberalen; 2. die Minderheitsgruppe der Orthodoxen; 3. die Gruppe der Vertreter eines jüdischen Nationalismus, die sich in entscheidendem Maße auf die ostjüdische Bevölkerung stützte. Die Liberalen und Orthodoxen definierten die Gemeinde im wesentlichen – und ganz bestimmt während der Weimarer Zeit – als religiöse Gemeinde. Die jüdischen Nationalisten suchten einen geeigneten Ausdruck für ihr Streben nach jüdischer Autonomie und jüdischem Volkstum. Sie gründeten die „Volkspartei", die trotz auffälliger Nähe zu den Zionisten nicht mit diesen vollständig identifiziert werden darf. (Es existierten Gemeinden, in denen die Zionisten als gesonderte Partei auftraten.) Gleichermaßen unangebracht ist es, die Liberalen mit dem Central Verein zu identifizieren, in dem sich auch Orthodoxe und Autonomisten befanden. Neben dieser ersten parteipolitischen Aufteilung gab es weitere Parteien, deren Programme stärker politisch als religiös orientiert waren: „Poale Zion" (Arbeiter Zions), gewissermaßen eine zionistische, sozialdemokratische Partei; und der „Verband Nationaldeutscher Juden" Max Naumanns, der einen deutschen Patriotismus vertreten wollte, gegen das Ostjudentum Position bezog und insgesamt eine jüdische Parallele zur DNVP darstellte. {politische Richtungen und Gruppierungen; Zionisten und Volkspartei; weitere Parteien}

Quantitativ war deutlich, daß das liberale Judentum die absolute Mehrheit der jüdischen Bevölkerung darstellte, während die Nationaljüdischen einerseits und die jüdischen Nationaldeutschen andererseits nicht mehr als 10%, die Orthodoxen nicht mehr als 15% ausmachten. Zionisten und Orthodoxe agierten meistens gemeinsam in Opposition gegen die Liberalen. Diese Verhältnisse sicherten die Überlegenheit der liberalen Partei gegenüber jeglichem Oppositionssystem, bis die jüdische „Volkspartei" 1926 dieses Gleichgewicht stören konnte. {Koalitionen}

Die jüdische „Volkspartei" war als neue Partei im Spektrum jüdischer Parteien im August 1919 gegründet worden, um die jüdisch-nationalen Interessen in den Gemeinden zu vertreten. Die führenden Persönlichkeiten dieser Partei – Kareski, Kollenscher, Sandler und Klee – kamen alle aus dem Osten oder waren im traditionellen Geiste erzogen {jüdische Volkspartei; führende Persönlichkeiten} worden. Mit Hilfe einer Koalition gelang es der „Volkspartei" zweimal, die politische Macht in jüdischen Gemeinden zu übernehmen: in Berlin 1926 und in Duisburg 1928. Im aggressiven Berliner Wahlkampf von 1930 konnten die Liberalen jedoch ihre ehemalige Position wiedererlangen und eine absolute Mehrheit von 53% gegenüber 36% der „Volkspartei" gewinnen. Auch in diesem Zusammenhang war die Dauer der Weimarer Republik zu kurz, um nachträglich beurteilen zu können, welche Tendenz sich langfristig durchgesetzt hätte.

Die Erklärung für den Wandel im Kräfteverhältnis findet sich teilweise in einer Veränderung des Wahlsystems, das zunächst das traditionelle Mehrheits- und Zensuswahlrecht war. Als dieses Wahlrecht auf Initiative der „Volkspartei" im Rahmen des Weimarer Wahlsystems durch das Verhältniswahlrecht ersetzt wurde, erlitten die Liberalen Niederlagen. Der anhaltende Widerstand der Liberalen gegen die Verleihung des Wahlrechts an Nicht-Staatsbürger führte bisweilen wiederum zu einer nicht proportionalen Repräsentation, wenn eine Minderheit deutscher Juden die Mehrheit der Vertreter im Gemeinderat bestimmte und somit ein künstlicher Vorteil für die Liberalen entstand.

Neben der wesentlichen Konfrontation zwischen den Liberalen und der „Volkspartei" kam es auch zur Konfrontation zwischen „Volkspartei" und Zionisten, d. h. zwischen autonomistischer, jüdischer Nationalität und palästinozentrischem Zionismus. Hintergrund des Konflikts war die Auseinandersetzung über die nationale Frage in Europa allgemein und insbesondere über die Stellung der Juden im Rahmen der nationalen Selbstbestimmung der Völker. Erst 1925 kam man zu einer geregelten Arbeitsteilung zwischen den beiden Gruppen. Infolge der palästinozentrischen Konzentration erkannten die Zionisten erst nach den Erfolgen der „Volkspartei" 1926 die Notwendigkeit einer innergemeindlichen Arbeit, ohne von der Betonung der Notwendigkeit einer Emigration nach Palästina abzuweichen. Die Konkurrenz zwischen den Zionisten und der „Volkspartei" trug zu einer Wiederbelebung der Liberalen bei und verhinderte letztlich den Zusammenbruch des alten politischen Systems des deutschen Judentums.

3.6.1 Der Central Verein (CV)

Die Organisation des Central Vereins stand über dem parteipolitischen Machtkampf in der Gemeinde, vertrat jedoch die Position der Mehrheit des deutschen Judentums gegenüber der zionistischen Lösung. Der CV agierte bis 1919 unter der Führung von Eugen Fuchs, dann unter Ludwig Holländer. Die vorrangige Aufgabe des CVs bestand im konzentrierten Kampf gegen den Antisemitismus. Wesentliche Bemühungen richteten sich gegen die Aufhetzung zum Rassenhaß. Der CV ging auch juristisch gegen den Wirtschaftsboykott vor (1932 kam es in 200 Fällen zu Gerichtsurteilen gegen den Boykott). Auch bei Synagogen- oder Friedhofsschändungen reichte der CV gerichtliche Klagen ein. Derartige Gerichtsverfahren führten zu Haft- oder Geldstrafen gegen Fritsch, Goebbels, Strasser und andere.

Im Hinblick auf Mitgliederzahl und Aktivitäten waren die „guten Jahre" der Republik der Höhepunkt für den CV. In den Krisenjahren hingegen ging die Mitgliederzahl zurück (1927 insgesamt 70 000 Mitglieder, 1932 nur noch 60 000, in mehr als 600 Ortsgruppen). Doch der CV vertrat durch die korporative Mitgliedschaft vieler Gemeinden ungefähr 300 000 Juden. Die Zeitung der Organisation, deren Titel statt „Im Deutschen Reich" ab 1922 einfach „CV-Zeitung" lautete, erreichte 1926 eine Verbreitung in 73 000 Exemplaren. Diese Zahl ging bis 1932 auf 60 000 zurück. Neben der CV-Zeitung gab der CV von 1925 bis 1938 die elitäre Zeitung Julius Goldsteins „Der Morgen" heraus. Die wesentlichen Beiträge aus der CV-Zeitung erschienen außerdem in einer Monatsausgabe mit der Intention, nichtjüdische Multiplikatoren zu erreichen. Im eigenen Pressedienst wurden Informationen an die Presse weitergeleitet. Hervorragendste Publikation war ein Kompendium mit dem Titel „Anti-Anti", das bis 1932 in 30 000 Exemplaren verkauft werden konnte. Doch Bemühungen, das regionale Zeitungswesen zu beeinflussen, scheiterten.

Mitglieder und Aktivitäten

Publikationen

3.6.2 Der Reichsbund jüdischer Frontsoldaten (RjF)

Auch beim „Reichsbund jüdischer Frontsoldaten" handelte es sich um eine überparteiliche, jedoch eindeutig politische Organisation. 1921 hatte der RjF 15 000 Mitglieder. Diese Zahl erreichte 1926 die Höhe von 40 000 und ging gegen Ende der Weimarer Republik ebenfalls leicht zurück. Die RjF-Zeitung „Der Schild" erreichte 1928 eine Auflage von 10 000 Exemplaren, die auf 12 000 im Jahre 1932 gehoben werden konnte. Der Bund trat für Verteidigungsaktivitäten ein und errichtete in einigen Städten Einheiten von Selbstschutzgruppen. Bisweilen kam es zur Kooperation mit dem „Reichsbanner", das auch die Verbindung zum Ministerium der Reichswehr herstellte. Der RjF arbeitete unter der Führung L. Löwensteins und setzte sich dafür ein, daß eine Gruppe, die 12 000 Soldaten als Kriegsopfer zu verzeichnen hatte, mit der „Rückkehr zum Boden" einen Beweis für die Zugehörigkeit zum Deutschtum erbringen sollte. Daher stand die Organisation hinter dem Versuch, Juden zur Landwirtschaft zurückzuführen. 1928 wurde in diesem Zusammenhang die Jüdische Landarbeit GmbH gegründet.

Mitglieder

Publikationen

Zielsetzungen

3.6.3 Der Verband Nationaldeutscher Juden (NDJ)

Während der RjF eine Stütze des CV darstellte, trennte sich der von Max Naumann im März 1921 gegründete „Verband Nationaldeutscher Juden" vom CV und siedelte sich in politischer Hinsicht auf der Rechten an: der Verband mit 3000 Mitgliedern nahm als Partei an den Gemeindewahlen teil. Auf den Umfang seines Einflusses kann die Verbreitung seiner Zeitung hinweisen, die im Jahre 1927 eine Auflage von 6000 Exemplaren erreichte.

Mitglieder und Publikationen

Nach Max Naumanns Ansicht, der während des Krieges in der bayerischen Armee als Offizier gedient hatte, bewegte sich das Spektrum der jüdischen Gesellschaft zwischen Juden, die nationaldeutsch orientiert waren, und Juden, die nationaljüdisch dachten, während in der Mitte die „Zwischenschichtler" standen – die liberalen, im CV organisierten Juden. Der CV bekämpfte den Verband mit aller Ernsthaftigkeit bis 1925. Naumann verließ die Führung des Verbandes zwischen 1926 und 1933, einer Zeit, in der der Einfluß des Verbandes ohnehin schwächer wurde (in Berlin erreichte er in den Wahlen von 1930 weniger als 2% der Wählerstimmen). Der Extremismus des Verbandes kam 1932 nicht nur darin zum Ausdruck, daß er die DNVP unterstützte, sondern auch darin, daß er den Antisemitismus der Nationalsozialisten aus Hochachtung vor ihrem Beitrag zur Auffrischung der deutschen Politik unterschätzte.

ideologische Grundzüge

politischer Einfluß

extreme Positionen

3.6.4 Die Zionistische Vereinigung (ZVfD)

Die Bedeutung der zionistischen Bewegung in Deutschland im allgemeinen zionistischen Kontext war bereits während des Ersten Weltkrieges zurückgegangen, als Berlin seine Position als Zentrum der weltweiten zionistischen Aktivität verloren hatte. Mittelpunkt der Bewegung wurde allmählich London. Die Balfour-Deklaration vom 2. November 1917 kam aus Britannien, eine entsprechende öffentliche Erklärung aus Deutschland erfolgte nicht.

allgemeiner zionistischer Kontext

Gering war das Gewicht des deutschen Zionismus innerhalb der Gesamtbewegung. Demgegenüber war die relative Bedeutung der Zionistischen Vereinigung seit dem Krieg im Vergleich zu anderen jüdischen Bewegungen *in* Deutschland gestiegen. Die Kraft der nationalen Idee und ihr Einfluß auf eine Zunahme des Antisemitismus führten zum Aufblühen der deutschen zionistischen Bewegung. Die Mitgliederzahl der Zionistischen Vereinigung verdoppelte sich nach dem Krieg, lag in den Nachkriegsjahren bei ungefähr 20000 und stieg im Kongreßjahr 1923 auf 33000 an. Die Zeitung der Vereinigung, die „Jüdische Rund-

Bedeutung

Entwicklung der Mitgliederzahl

schau", wurde von zirka 10 000 Personen abonniert. Doch seit 1929 bis zum Vorabend der nationalsozialistischen Machtergreifung ging die Mitgliederzahl auf 7500 zurück. Diese Entwicklung belegt, daß die These, der Erfolg des Zionismus habe in direkter Relation zum Antisemitismus gestanden, der Realität nicht entsprach.

Der deutsche Zionismus nach dem Krieg stand im Zeichen des Erfolges der palästinozentrischen Richtung, die 1912 angenommen worden war. Bis 1928 war das zentrale und nahezu ausschließliche Thema der Bewegung die Errichtung einer nationalen jüdischen Heimstätte in Palästina. Die praktischen Ergebnisse in Form einer Einwanderung nach Eretz Israel hatten jedoch begrenzten Umfang: nur 3300 Juden emigrierten bis Anfang 1933 nach Eretz Israel, also nur 8% aller jüdischen Emigranten aus Deutschland in jener Zeit. Erst die Wirtschaftskrise Anfang der dreißiger Jahre und der Aufstieg der Nationalsozialisten trugen zu einer Zunahme des Interesses für eine Auswanderung nach Eretz Israel bei – letztlich ein Beleg für die Effektivität der Arbeit der Zionistischen Bewegung. Die Kooperation mit Nichtzionisten kam in der Gründung des deutschen „Pro-Palästina-Komitees" zum Ausdruck, dem auch Albert Einstein, Leo Baeck und Thomas Mann angehörten. *Palästinozentrismus* *praktische Konsequenzen*

Trotz der oder auch mit der palästinozentrischen Rhetorik bestand die wahre Intention des deutschen Zionismus darin, die Assimilationsbewegung in Deutschland umzukehren und das Wohlwollen derjenigen zu gewinnen, die zu einem neuen jüdischen Selbstbewußtsein gelangt waren. Ein auffallendes Zeichen dafür war der Vorschlag der Gründung eines deutsch-jüdischen Kongresses, der das jüdische Volk in Deutschland repräsentieren sollte, ein Gambit, der vom CV zurückgewiesen wurde. *anti-assimilatorische Tendenzen*

Zur Verbindung von Palästinaarbeit und Gemeindearbeit kam es in der „jüdischen Volkspartei". Die alte zionistische Führung (Klee, Kollenscher u. a.) trat für eine Arbeit im Rahmen der Gemeinde ein und stand hinter der „jüdischen Volkspartei". Demgegenüber schätzte die junge, palästinozentrisch orientierte Führung unter Alfred Landsberg und Felix Rosenblütt (bis 1924) oder Kurt Blumenfeld (1924 bis 1933) in hohem Maße die Arbeit innerhalb der Gemeinden, abgesehen von der Aktivität unter den „Ostjuden", als gering ein. Auf diesem Wege entstand die ambivalente Beziehung zwischen den Zionisten und der Volkspartei. *Zionisten und „jüd. Volkspartei"*

Die wesentliche Konfrontation innerhalb des deutschen Zionismus bestand zwischen der allgemeinen zionistischen Richtung, die Weizmann unterstützte und eine eher nach links tendierende Koopera-

Revisionismus tion bevorzugte, und den Revisionisten (Grinbaum, Goldmann, Klatzkin und seit 1926 vor allem Lichtheim). Der Revisionismus unter der Führung S. Jabotinskys war eine rechtsorientierte Bewegung mit antibritischem und antiarabischem Charakter, die sich vor allem in Polen entwickelt hatte. Ungefähr 5% der Mitglieder der zionistischen Bewegung unterstützten in Deutschland die revisionistische Richtung. Der Revisionismus in Deutschland war nicht nur vernachlässigbar schwach, sondern auch intern in die Anhänger Jabotinskys und seiner Gegner gespalten.

linker Flügel des Zionismus Auf dem linken Flügel des deutschen Zionismus befanden sich seit 1917 sozialistische Gruppierungen wie „HaPoel Hazair" (unter Leitung von Chajim Arlosoroff) und „Poale Zion", die sich 1932 zusammenschlossen. Die Mehrheit der Zionisten war eher „sozial" als sozialistisch orientiert und stand unter dem Einfluß bedeutender Professoren wie A. Weber oder W. Sombart. Daneben gab es die nicht-palästinozentrische Fraktion der „Freizionisten" und die religiöse, in der Opposition stehende „Misrachi"-Gruppe.

ideologisches Spektrum In ideologischer Hinsicht bewegte sich der deutsche Zionismus zwischen zwei Polen – einem national-liberalen und einer Richtung unter Einfluß deutsch-völkischen Denkens, die in der einen oder anderen Form auch Gustav Krojanker und Martin Buber zum Ausdruck brachten. Es war aber die Palästina-Lösung, nicht die völkische Komponente des Zionismus, die dann die Nationalsozialisten dazu führen sollte, die zionistische Aktivität während der Weimarer Republik intensiv zu beobachten und wenigstens in der Propaganda die Auswanderung von Juden nach Palästina zu unterstützen.

3.6.5 „Brit Shalom"

Innerhalb des deutschen Zionismus existierte eine starke Strömung der *geistige Erneuerung* „geistigen Erneuerung" – Martin Buber, Hans Kohn, Robert Weltsch und Hugo Bergmann wären hier einzuordnen. Diese Persönlichkeiten erhielten ein besonderes Gewicht innerhalb des Zionismus im allgemeinen, weil sie sich vom gewaltsamen Kampf gegen die Araber in Eretz Israel distanzierten und die Idee eines bi-nationalen Staates in Pa*Idee eines bi-natio-* lästina entwickelten. 1925 wurde als *Gegenreaktion* zum Revisionis*nalen Staates in* mus die „Brit Shalom" (Bund des Friedens) in Eretz Israel gegründet, *Palästina* deren Ziel die Gleichberechtigung von Juden und Arabern in einem binationalen Staat war. Hauptsprecher dieser Richtung war Arthur Rup*Arthur Ruppin* pin, ein deutscher Jude, der bereits in Palästina lebte, während in Deutschland in erster Linie Robert Weltsch und die „Jüdische Rundschau" die wesentlichen Träger der Idee waren. 1929 wurde in Deutschland eine der „Brit Shalom" entsprechende Organisation ins Leben gerufen. Die im deutschen Zionismus auch nach den Unruhen in Palästina herrschende Richtung war gemäßigt, vielleicht infolge der Lektion, die man in Deutschland aus der Begeisterung von 1914 gelernt hatte. Deutschland war das einzige Land, in dem eine Unterstützung im Geiste der „Brit Shalom" innerhalb der nationalen zionistischen Führung gegen die internationale Führung gewonnen werden konnte und in dem die aggressive revisionistische Richtung nur begrenzte Erfolge verzeichnete.

Unterstützung in Deutschland

3.7 Vertreter der Weimarer Kultur?

Die Kultur der Weimarer Republik galt noch stärker als die Weimarer Politik als „Gewächshaus", in dem Juden ihr wirkliches Zuhause fanden. Auch in der Gegenwartsliteratur findet man immer noch die Ansicht, Juden hätten bei der Gestaltung des Geistes von Weimar eine herausragende Rolle gespielt. Bisweilen ging man dabei sogar so weit, die Kultur der Weimarer Republik als einen „innerjüdischen Dialog" zu bezeichnen.

der Geist von Weimar

Juden trugen nun ohne Zweifel zur Weimarer Kultur bei und stellten tatsächlich herausragende Repräsentanten deutscher Bildung; an die Kraft der Bildung glaubten sie auch angesichts der Schwierigkeiten der Weimarer Republik. Dabei meinten sie, die Essenz des Deutschtums seien Aufklärung, Toleranz und Humanismus. Da die Säkularisierung der jüdischen Religion Juden einem liberalen Humanismus zugeführt hatte, war man davon überzeugt, es bestünde kein Widerspruch zwischen Deutschtum und Judentum. Daher war Moses Mendelssohn das symbolische Aushängeschild des deutsch-jüdischen Bewußtseins. Auf der Suche nach dem deutschen Archetypus, mit dem man sich hätte identifizieren können, stieß man auf Lessing, Schiller und Goethe. In der Weimarer Republik sahen Juden (auch infolge der begrifflichen Identität) die Republik dieser Denker und Persönlichkeiten. Im Versuch, eine ethnische Definition des Deutschtums zu vermeiden, folgte man Julius Goldstein, nach dem die Kultur den gemeinsamen Hauptnenner darstellte, durch den Juden zu Deutschen wurden.

Repräsentanten deutscher Bildung

liberaler Humanismus

Intensiv beschäftigte man sich mit dem Beitrag von Juden zur Kultur der Weimarer Republik. Die Gebiete waren in der Tat zahlreich. Zu den auffallendsten Beispielen gehören: Theater – Max Reinhardt; Kritik – Alfred Kerr; Schauspiel – Elisabeth Bergner; Konzert – Otto Klemperer; Oper – Paul Abraham; Streichmusik – Fritz Kreisler; Komposition – Arnold Schönberg; Malerei – Max Liebermann; Regie –

jüdische Beiträge zur Kultur der Republik

Fritz Lang; Schriftstellerei – Franz Werfel, Jakob Wassermann, Alfred Döblin, Ernst Toller und Kurt Tucholsky. Doch erst die Zahlen zeigen die richtige Proportion: 1930 waren nur 2,5% der dem Theater und der Musik zuzurechnenden Persönlichkeiten und der bekannten Schriftsteller Juden. Nichtjuden waren zahlreicher und populärer. Darüber hinaus ist Vorsicht im Umgang mit dem Begriff „jüdisch" geboten. Ein Teil dieser Persönlichkeiten war der Herkunft oder „Rasse" nach jüdisch, d. h. nach der Definition der Nationalsozialisten, nicht nach dem eigenen Selbstverständnis.

Einschränkungen

Oft wird auch der jüdische Charakter des Journalismus hervorgehoben. Doch gerade das als „jüdisch" geltende Zeitungswesen war in seiner Art ein Beispiel des allgemeinen, liberalen Zeitungswesens, in dem Juden zwar als Journalisten oder Redakteure tätig waren, doch gerade versuchten, eine jüdische Position zu vermeiden. Man muß darüber hinaus wissen, daß nur 8% der Zeitungen liberale und linke Zeitungen waren, in denen Juden überhaupt beschäftigt wurden.

Literatur und Journalismus

Nicht die gesamte „allgemeine" jüdische Kultur identifizierte sich mit dem Deutschtum. Lion Feuchtwangers Ansatz zielte auf eine europäische oder universale Kultur. Emil Ludwig drückte die jüdische Verpflichtung für eine europäische Einheit aus. Schönberg wollte als europäischer Künstler tätig sein. Er schloß den Kreis, als er während der Weimarer Republik zu der Schlußfolgerung kam, er habe sich jüdisch zu definieren.

deutsche und europäische Kultur

Jüdische Künstler fühlten sich tendenziell der Linken und der Avantgarde zugehörig. Schriftsteller wie Emil Ludwig oder Stefan Zweig waren äußerst populär und verbreiteten eine liberale Botschaft. Diejenigen, die mit der Linken identifiziert wurden, unterstützten auch eine universale, radikale oder sozialistische Kultur wie z.B. die Mitarbeiter der *Weltbühne* (hier waren zwei Drittel der Autoren Juden). Diejenigen, die der doktrinären Richtung zuneigten, wie Otto Heller (Untergang des Judentums, 1931) oder Alfred Kantorowicz (Liquidation der Judenfrage, 1932), sahen in der sozialistischen Kultur eine Lösung der Judenfrage. Doch trotz dieser Umstände war die Identifizierung, die die Nationalsozialisten zwischen Juden und der linken, revolutionären und modernistischen Kultur vornahmen, ein reines Konstrukt. Juden stellten auch nicht unbedingt nur avantgardistische Pioniere auf ihren Gebieten – gegenüber Schönberg in der Musik stand Liebermann in der Malerei. Im Gegensatz zu den Bilanzen, die unmittelbar nach dem Zweiten Weltkrieg aufgestellt wurden, betonen gegenwärtige Überblicksstudien eine andere Kategorie jüdischer Kulturträger – die Frankfurter Schule (= Institut für Sozialforschung, 1923) mit Theodor

politische Orientierung der Intellektuellen

Avantgarde und Konventionalismus

Frankfurter Schule

Adorno, Max Horkheimer, Erich Fromm, Herbert Marcuse oder Ernst Bloch und Walter Benjamin. Gegen linke jüdische Denker und Philosophen ließ sich vorbringen, daß auch sie durch ihren Kulturbeitrag zu den Erschütterungen der Republik beitrugen, wodurch es ihren Gegner ermöglicht wurde, ihnen den Boden unter den Füßen zu entziehen.

Selbst die Vertretung von Juden in der Wissenschaft kann zu übereilten Schlußfolgerungen führen. Zwar ging etwa ein Drittel der Nobelpreise, die während der Zeit der Weimarer Republik an Deutsche verliehen wurden, an Juden (darunter Albert Einstein als hervorragendstes Beispiel); der Chemiker Otto Stern aus Hamburg gewann den Preis erst 1943. Auch der Philosoph Ernst Cassirer und der Soziologe Karl Mannheim erlangten große internationale Bedeutung. Ebenso läßt der Ausschluß etlicher Professoren deutscher Universitäten aus dem Lehrbetrieb nach 1933 auf eine überproportionale Präsenz schließen. Im Hinblick auf das wissenschaftliche Feld insgesamt war das Gewicht von Juden in der Wissenschaft, auch wenn es über dem proportionalen Bevölkerungsanteil lag, jedoch letztlich begrenzt. _{Wissenschaft}

3.8 „Jüdische Kultur"

Die jüdische Kultur in der Weimarer Republik war janusköpfig. Das nach innen gekehrte Gesicht erfordert daher eine nicht weniger intensive Untersuchung als der nach außen gerichtete, oben dargestellte „Beitrag". Aber in beiden Fällen bleibt es schwierig, zu definieren, was an dieser Kultur „jüdisch" war. _{Formen jüdischer Kultur}

Bis in die Neuzeit hinein war die jüdische Kultur mit der jüdischen Religion identifiziert worden. In dieser Hinsicht stand ohne Zweifel alles, was als traditionelle jüdische Lebensweise galt, im Zeichen des Niedergangs. Am Shabbat oder an den Feiertagen geschlossene Geschäfte waren im Laufe der Zeit eine Seltenheit geworden. Die jüdischen Gemeinden selbst fanden sich in einer Situation des Zusammenbruchs: Von zirka 900 Gemeinden in Preußen im Jahre 1925 hatten nur 63 einen Rabbiner, 285 einen Lehrer, und nur die Hälfte besaß eine Synagoge oder einen Friedhof. Rabbinatsstudien waren nur für ein Promille der jüdischen Studenten attraktiv, und ohne den Einfluß des Zusammentreffens mit Juden aus dem Osten hätte auch die Orthodoxie noch stärker ihre Position eingebüßt. So beharrte z.B. die Orthodoxie auf der koscheren Schlachtung in jüdischen Institutionen, obwohl man daran allgemein praktisch nur sehr wenig interessiert war. Die orthodoxe, jüdische Kultur insgesamt profitierte stark durch die Verbindung mit Osteuropa. Die Leiter des Rabbinerseminars in Berlin kamen aus _{Kultur und Religion} _{Gemeindesituation} _{orthodoxe Kultur}

Osteuropa. Demgegenüber verlor die eher deutsch eingestellte Richtung der Kulturorthodoxie an Bedeutung, wofür das Ableben des Rabbiners Nehemia Nobel 1922 ein Symbol war. Daß Buber den Akzent auf den Chassidismus setzte, kann als ein Ersatz für die Orthodoxie innerhalb des säkularen Judentums gewertet werden.

<small>Säkularisierung und Neudefinition der jüdischen Kultur</small>

Die Säkularisierungstendenz erforderte eine neue Definition des Judentums: Ist Judentum Religion, Schicksalsgemeinschaft, Nationalität, Stamm oder Rasse? Unter diesem Aspekt wurde eine neue Definition des Begriffes „jüdische Kultur" notwendig. Selbst den religiösen Liberalen reichte die bestehende religiöse Definition nicht aus; zudem wurde es unter dem Einfluß der Terminologie der deutschen Umgebung erforderlich, sich auch auf die Frage des „Stamms" bzw. der „Volksgemeinschaft" einzulassen. Doch die Angelegenheit hatte zwei Seiten – man konnte durchaus zu der Schlußfolgerung kommen, der Stamm sei ein objektives Merkmal, das keinerlei Einfluß auf die subjektiv-bewußte, nationale Zugehörigkeit habe; ebenso zulässig und möglich war jedoch auch die Schlußfolgerung der Zionisten, nach der es sich beim Judentum sehr wohl um ein Volkstum in Entsprechung zum deutschen Volkstum mit allen seinen romantischen und irrationalen Elementen handele. Hieraus ergab sich die schwierige Auseinandersetzung um die jüdische Kultur: alle Richtungen des organisierten Judentums unterstützten eine Art jüdischer Kultur und versuchten, sie vor dem Untergang zu retten bzw. eine Renaissance einzuleiten.

<small>pädagogische Institutionen</small>

Die verschiedenen herkömmlichen religiösen Richtungen – liberal, konservativ (gesetzestreu), orthodox – existierten während der Republik weiter und bewahrten ihre pädagogischen Institutionen: eine liberale Hochschule für die Wissenschaft des Judentums in Berlin, ein konservatives Rabbinerseminar in Breslau und die orthodoxe Hochschule Esriel Hildesheimers in Berlin.

<small>Erziehungssystem</small>

Die traditionelle jüdische Kultur war durch ein umfassendes Erziehungssystem charakterisiert gewesen. Die Tendenz während der Weimarer Zeit zielte auf eine Volkserziehung in gemeinsamer Planung mit der allgemeinen, nichtjüdischen Bevölkerung. Die beiden jüdischen Lehrerseminare in Köln und Würzburg verloren daher an Bedeutung. 1932 gab es an diesen Schulen nur 29 Studenten. Die Orthodoxen errichteten ebenso wie die Zionisten private Schulen: In den zionistischen Schulen lag der Akzent allerdings auf säkularen jüdischen Studien und nicht allein auf den religiösen Interessen. Entsprechend verringerte sich die Zahl der jüdischen Volksschulen während der Weimarer Zeit im Vergleich zur Vorkriegszeit um die Hälfte. 1932 gab es 148 private und öffentliche Volksschulen, wobei die Zahl der öffentlichen

Schulen von 207 im Jahre 1921 auf allein 79 im Jahre 1932 zurückgegangen war. Nur ein Drittel der jüdischen Schüler genoß eine jüdische Volksschulerziehung. Dieser Rückgang wäre noch beträchtlicher gewesen, wenn innerhalb der ostjüdischen Bevölkerung nicht die Tendenz zum Besuch jüdischer Schulen bestanden hätte. Im Erziehungssystem waren Juden gerade in *nichtjüdischen* Institutionen stark repräsentiert. In Gymnasien und Real-Gymnasien waren jüdische Schüler dreimal höher vertreten, unter den Abiturienten sogar viermal höher, als es ihrem Anteil an der Bevölkerung entsprochen hätte. Ihre Quote unter den Studenten lag 1932 bei 4,7%, was jedoch einem Rückgang gegenüber der Situation vor dem Krieg (8%) entsprach.

Betrachtet man nicht die Studentenzahlen, sondern die Inhalte – so waren die jüdischen Studien im Bereich der Hochschulerziehung relativ stark repräsentiert: In Berlin gab es die Akademie für die Wissenschaft des Judentums unter der Leitung E. Täublers. Selma Stern untersuchte in diesem Rahmen seit 1919 die Geschichte der Juden in Preußen. 1923 wurde in Frankfurt zum ersten Mal ein Lehrstuhl für jüdische Religionsphilosophie errichtet, an dem Martin Buber tätig war. An den Universitäten Gießen und Leipzig wurde ein Lektorat für rabbinische Literatur eingerichtet. 1920 erhob ein Beschluß des preußischen Erziehungsministers Becker die Lehranstalt für die Wissenschaft des Judentums zu einer Hochschule; diesen Status konnte sie jedoch nur bis 1934 halten. *[jüdische Studien im Hochschulrahmen]*

Parallel zur akademischen Erziehung entwickelte sich die Volkserziehung: Rabbiner Nehemia Nobel gründete zusammen mit Franz Rosenzweig 1919 das Frankfurter Freie jüdische Lehrhaus, ein Institut für jüdische Erziehung. Neben Franz Oppenheimer, Martin Buber und Ernst Simon unterrichtete an dieser Institution auch Bertha Pappenheim über die Ethik der Sozialarbeit. *[Volkserziehung]*

Eine rege akademische Aktivität und Verbandsarbeit stand auch hinter den jüdischen Publikationen: In der Weimarer Zeit erschienen zirka 175 jüdische Zeitschriften und Beihefte. Der CV gründete das Verlagshaus „Philo", welches das gleichnamige Lexikon herausgab. Ebenso erschienen in den Jahren 1927 bis 1930 das „Jüdische Lexikon" und seit 1927 die „Enzyclopaedia Judaica", von der bis 1934 zehn Bände publiziert werden konnten. Dann mußte das Erscheinen der Enzyklopädie eingestellt werden. *[wissenschaftliche Publikationen]*

3.9 Antisemitismus und Wirtschaftsboykott

Die Bereiche, mit denen sich der Antisemitismus während der Weimarer Republik verknüpfte, entsprachen den bereits im Kaiserreich übli-

Kontinuität und Wandel chen Themen. Hinzu kamen allerdings der spezifische Hintergrund und die Verunsicherung der Gesellschaft nach dem Krieg: Im wirtschaftlichen Bereich wurden Juden als Ausbeuter und Kriegsgewinnler dargestellt und gleichzeitig der Kollaboration mit den Kommunisten und Revolutionären bezichtigt. Im kulturellen Bereich galten sie als Repräsentanten einer dekadenten und bedrohlich modernen Kultur. Hetzschriften wie das Buch „Die Sünde gegen das Blut" von A. Dinter trugen zur Vertiefung antijüdischer Gefühle auf der Basis rassistischer Positionen bei.

Hetzschriften

Das galt auch für die „Protokolle der Weisen vom Zion", die nach dem Krieg aus Rußland nach Deutschland gelangt waren. Das während des Weltkrieges entstandene Problem der „Ostjuden" verlieh ungehindert gewalttätigen antisemitischen Ausbrüchen, die man zuvor gegen deutsche Juden nicht gerichtet hätte, eine Scheinlegitimation.

Ausschreitungen

Zu Beginn der Weimarer Epoche existierten zirka 400 völkische Organisationen und 700 antisemitische Zeitungen, die sich einer nichtparteilichen, propagandistischen Tätigkeit verschrieben hatten. Im „Schutz- und Trutzbund", der im Februar 1919 von den Anführern des „Alldeutschen Verbandes" gegründet worden war und sich im Oktober 1919 mit dem „Reichshammerbund" (Th. Fritsch) und später mit dem deutschvölkischen Bund zusammenschließen sollte, verzeichnete man 1922 rund 200 000 Mitglieder, darunter zahlreiche Angestellte, Beamte, Lehrer und Akademiker, Ärzte und Anwälte sowie kleine und mittlere Handwerker und Händler. Nach der Ermordnung Rathenaus 1922 wurde zwar die Tätigkeit dieser Organisation verboten, doch das antisemitische Potential konnte durch dieses Verbot nicht beseitigt werden.

antisemitische Gruppen und Publikationen

Im Prinzip hätte es keiner besonderen antisemitischen Partei bedurft, solange klar war, daß die DNVP den Antisemitismus unterstützte. Doch diese Partei blieb „respektabel", und die konsequenten Rassisten innerhalb der Partei waren in der Minderheit. Nach der Ermordung Rathenaus wurde der Versuch unternommen, Äußerungen der Rassisten innerhalb der Partei zu unterbinden. Diese trennten sich daher im Dezember 1922 von der DNVP und gründeten die Deutschvölkische Freiheitspartei. Trotzdem versuchte die DNVP, die Mehrheit der Völkischen innerhalb der eigenen Reihen zu halten.

antisemitische Parteien

Darüber hinaus wurden weitere antisemitische Parteien gegründet: die Deutsche Sozialistische Partei Alfred Brunners, zu der anfangs auch Julius Streicher gehörte, und die NSDAP. Dennoch konnten alle diese Parteien, die DNVP eingeschlossen, zwischen 1924 und 1929 nicht mehr als 8% der Wählerstimmen auf sich vereinigen, also nicht mehr als die Koalition antisemitischer Parteien mit den Konservativen zur Zeit des Kaiserreichs.

Doch wenn auch der Antisemitismus in politischer und organisatorischer Hinsicht Mitte der zwanziger Jahre an Bedeutung verlor, so blieb er doch gesellschaftlich und kulturell weiterhin relevant: Die Zustimmung zu antisemitischen Anschauungen innerhalb einer bisher respektablen Bevölkerung nahm zu. So konnte gerade in den „ruhigen Jahren" nach 1924 der Boden für eine Ausgrenzung der Juden mit zunehmendem Erfolg unter der gebildeten Mittelschicht vorbereitet werden. Ein Beispiel: Die „Kaiser-Wilhelm-Gesellschaft" für wissenschaftliche Forschung nahm nach 1927 keine Juden mehr in ihre Reihen auf. gesellschaftlicher und kultureller Antisemitismus

Der Antisemitismus war unter den Studenten besonders laut. Aus dem Kyffhäuserverband erwuchsen die deutschvölkischen Studentenverbände, die sich bemühten, eine *Numerus-clausus*-Politik durchzusetzen oder Demonstrationen gegen jüdische Professoren zu organisieren. Seit Juli 1931 beherrschte der nationalsozialistische Studentenbund die allgemeine Organisation der deutschen Studentenschaft, und hier war die antisemitische Tendenz demnach entsprechend auffallend und zentral. Auch wenn bis 1933 die offizielle Position der Universitätsrektoren im allgemeinen gegen den Antisemitismus gerichtet war, zeigte das akademische Leben doch auch antisemitische Züge. Personen mit einer akademischen Ausbildung oder einer sonstigen Berufsausbildung spielten während der Weimarer Republik eine nicht unwichtige Rolle bei dem Prozeß, ihre Organisationen und Berufsverbände für den Nationalsozialismus allgemein und den Antisemitismus insbesondere zu gewinnen. Studenten und Antisemitismus

Dies war wohl symptomatisch: Es gibt Anhaltspunkte für die Behauptung, die Intelligenz sei bereit gewesen, sich noch vor 1933 dem neuen Zeitgeist anzupassen. Eine entsprechende Einstellung breitete sich auch im Beamtentum aus.

Das eindeutigste Zeugnis für die stete Präsenz des Antisemitismus während der Weimarer Zeit war der Umstand, daß unter Rücksichtnahme auf die öffentliche Meinung selbst die demokratischen Kräfte nicht (über die eigenen Parteimitglieder hinaus) für die jüdische Bevölkerung eintraten. Als es 1929 zur großen Krise kam, war man bereit, unter dem Druck und angesichts der vermehrten Fronten auf der jüdischen Linie den Rückzug anzutreten. Auch in der Frauenorganisation wurde der Vorschlag, Alice Salomon als Nachfolgerin von Gertrud Bäumer in die Führung des BDF zu rufen, abgelehnt, da man eine Frau mit jüdischem Namen nicht in eine führende Position setzen wollte. Zurückhaltung der demokratischen Kräfte

NSDAP und Antisemitismus

Die relative *politische* Erfolgslosigkeit der antisemitischen Verbände und Parteien führte letztlich dazu, daß die Nationalsozialisten sich des Themas bemächtigten, und erst ihr Erfolg war es, der den Antisemitismus von 1930 an in der deutschen Politik auf die oberste Bedeutungsebene hob. In jenen Jahren gelang es allein Hitler erfolgreich, alle Antisemiten auf sich zu konzentrieren und die jüdische Bevölkerung zu einem zentralen, politischen Ziel werden zu lassen, das an die Stelle anderer, kontroverser Ziele trat. Im nationalsozialistischen Parteiprogramm vom 24. Februar 1920 handelten drei Paragraphen von Juden: Hier wurde gefordert, die Staatsbürgerschaft nur Personen „deutschen Blutes" zuzusprechen und „Nichtdeutsche", die nach Kriegsbeginn nach Deutschland gekommen waren, mittels entsprechender Gesetzgebung auszuweisen. Aber weder dieses Programm noch die in Hitlers Buch „Mein Kampf" implizierte Lösung der Judenfrage waren an sich radikaler als die Programme der antisemitischen Parteien vor dem Krieg; diese Punkte sind also nicht die Ursache des Erfolgs der NSDAP. Man kann auf der Basis der gegenwärtigen Forschungslage davon ausgehen, daß der Erfolg der NSDAP eher den Antisemitismus förderte, als daß der Antisemitismus den Erfolg der NSDAP begründete. Damit erklärt sich der Umstand, daß in den frühen dreißiger Jahren der Antisemitismus in der Parteipropaganda keine tragende Rolle spielte und für die Mobilisierung der Wählerstimmen für die NSDAP nicht zentral war, und zwar nicht nur, weil die Partei während jener Phase sich um Kräfte bemühte, für die ein virulenter Antisemitismus nicht sonderlich attraktiv war, sondern auch, weil keine Notwendigkeit bestand, in jener Zeit vor einem weitgehend antisemitischen Wählerpotential ein Element des Parteiprogramms zu betonen, das in der deutschen Öffentlichkeit bereits selbstverständlich geworden war.

politische Linke und Antisemitismus

Antisemitismus blieb nicht nur ein Monopol der politischen Rechten. Äußerungen gegen „Ostjuden" zumindest fanden sich auch bei den liberalen und sozialistischen Parteien. Der Grund für den Antisemitismus auf der Linken lag wohl in einer Position des Mißtrauens auf seiten der Arbeiter gegenüber den Intellektuellen, die so häufig mit den *jüdischen* Intellektuellen identifiziert wurden. Doch Fälle wie die Zustimmung der bayerischen SPD zu einer gegen die jüdische rituelle Schlachtung gerichteten Gesetzgebung bildeten die Ausnahme von der Regel (1930). Im Hinblick auf die Parteien der „Weimarer Koalition" ist festzuhalten, daß hier antisemitische Äußerungen nicht zu einer systematisch antisemitischen Politik führten.

kirchliche Positionen

Die Religion blieb ein schwerwiegender Faktor auch im Antisemitismus der Weimarer Zeit: die Position der Kirche war zudem nicht frei von antisemitischen Tönen, und zwar sowohl auf dem Hintergrund der Konfrontation mit dem „alten Judentum" als auch angesichts der Auseinandersetzung mit dem Unglauben der Sozialisten und Kommunisten, die auch hier mit Juden assoziiert wurden. Tendenziell darf man allerdings davon ausgehen, daß Protestanten eher als Katholiken dazu neigten, radikale Ideen oder wenigstens einen gemäßigten konservativen Antisemitismus anzunehmen.

Anitsemitismus in der Weimarer Republik äußerte sich unter Umständen auch in gewalttätigen Zwischenfällen: zu Beginn der zwanziger Jahre kam es infolge der Wirtschaftskrise in Oberschlesien zu Ausschreitungen; die Ermordung Rathenaus, der Mordversuch gegen M. Harden, der Pogrom im Berliner Scheunenviertel im November 1923, bei dem zirka hundert Geschäfte beschädigt und zahlreiche Juden verletzt und neun Personen getötet wurden, wären in diesem Kontext zu nennen. Insgesamt jedoch war derartige Gewalt für den Antisemitismus während dieser Zeit nicht charakteristisch, ganz sicher nicht in der zweiten Hälfte der zwanziger Jahre, in denen sich antisemitische Gewalt im wesentlichen gegen Gebäude und Friedhöfe richtete. Die Gewalttätigkeit gewann erst wieder zu Beginn der dreißiger Jahre durch die Nationalsozialisten an Bedeutung, u. a. als die Nazis Ausschreitungen am jüdischen Neujahrsfest im September 1931 in Berlin organisierten, die jedoch auf die Intervention der Polizei stießen. Gewalt in ihren verschiedenen Formen ist also kein brauchbarer Maßstab für die Frage nach einer Zunahme der Intensität des Antisemitismus. Hierfür eignen sich eher die Aussagen in den zahlreichen Abhandlungen über die „Judenfrage" und das breite Meinungsspektrum zu diesem Thema am Vorabend der nationalsozialistischen Machtübernahme. antisemitische Gewalt

Eine der programmatischen Forderungen der Antisemiten war die nach dem Ausschluß der Juden aus der Wirtschaft. Zum Versuch eines Wirtschaftsboykotts gegen Juden, sprich: zur Nichtbeschäftigung von Juden und zum Boykott jüdischer Unternehmen, kam es im organisierten Antisemitismus bereits vor dem Ersten Weltkrieg. Boykottmaßnahmen gewannen in Krisentagen – während der Inflation und der große Wirtschaftskrise – besondere Unterstützung. Die großen Propagandisten der Idee eines Boykotts fanden sich zu Beginn der Republik in den Reihen des „Schutz- und Trutzbundes". Die Nationalsozialisten begannen mit der Organisierung von Boykotten ab 1927, wobei sie sich auf Organisationen des Mittelstandes stützten, die gegen jüdische Konkurrenz mobilisiert werden konnten. In den Städten und Ländern, in denen die Nationalsozialisten bereits vor 1932 an der Macht waren, wie z. B. in Thüringen, wurde der Boykott sogar offiziell eingesetzt. In der zwei-

Marginalien: Wirtschaft, Boykott

ten Hälfte des Jahres 1932 stand also die Infrastruktur für die Maßnahmen, die im April 1933 eingesetzt werden sollten, schon bereit, auch wenn Aufrufen zum Boykott vorerst wenig entsprochen wurde.

Ein Boykott war in kleinen Ortschaften von vornherein effektiver: entsprechend wurde die Idee in Kleinstädten bereits ab 1925 in die Tat umgesetzt. Ausgewählte Ziele waren zunächst auffällige Berufe oder Wirtschaftssektoren wie der Viehhandel, die Kleiderkonfektion und der Kaufhaussektor. Erst später griff man zu Boykottmaßnahmen auch gegen Ärzte und Rechtsanwälte.

<small>Kleinstädte</small>
<small>Zielgruppen</small>

<small>Widerstand gegen Wirtschaftsboykotte</small>

Widerstand gegen den Boykott wurde vom „Abwehrverein" und vor allem vom Central Verein organisiert. Die Regierungen intervenierten nicht, solange keine Störung der öffentlichen Ordnung befürchtet werden mußte – wie bei dem Einsatz von Stinkbomben in Mainz Ende 1932. Der CV forderte präsidiale Notstandsverordnungen. Versuche eines Gegenboykotts von seiten der diskriminierten Minderheit waren natürlich weniger effektiv als der Boykott durch die diskriminierende Mehrheit. In diesem Sinne waren auch hier die Zeichen eines wirtschaftlichen Untergangs bereits vor 1933 zu bemerken.

3.10 „Anti-Anti": Die Abwehr des Antisemitismus

<small>prinzipielle Schwierigkeiten des Abwehrkampfes</small>

Die Reaktionen auf tätliche Schritte wie Boykott oder wirtschaftliche Diskriminierung blieben eine deutliche Aufgabe der jüdischen Abwehrverbände oder jüdischer Einzelpersonen. Schwieriger dagegen war es, eine Politik gegen die politischen Äußerungen und sozialen Auswirkungen des Phänomens festzulegen. Der Konflikt bestand stets zwischen schriftlichen (z. B. die Schrift „Anti-Anti") oder juristischen Reaktionen auf der einen und einem Versuch des „Totschweigens" auf der anderen Seite. Juden stellten sich die prinzipielle Frage, inwieweit die Deutschen wirklich antisemitisch seien und inwieweit es sich überhaupt lohne, auf den Antisemitismus zu reagieren. Trotz der Erfolge der Nationalsozialisten von 1929, 1930 und selbst von 1932 blieb genügend Raum für Stimmen, die überzeugt waren, das wirkliche Deutschland sei nicht antisemitisch, oder meinten, die Abwehr gegen den Antisemitismus hätte keinerlei Erfolgschancen.

<small>institutioneller Abwehrkampf</small>

In institutioneller Hinsicht wurde der Abwehrkampf gegen den Antisemitismus in Kontinuität mit den Einrichtungen der Kaiserzeit und des Krieges geführt: der Abwehrverein und der CV trugen die Hauptlast. Die deutsche Menschenrechtsliga ging ebenfalls gegen Antisemitismus vor, doch in diesem Zusammenhang fürchtete sich der CV

3. Die Weimarer Republik

vor einer allzu offenen Zusammenarbeit, um den Vorwurf einer „kommunistisch-jüdischen Kooperation" zu vermeiden.

Eines der Paradoxa in diesem Zusammenhang war die Konkurrenz zwischen dem Abwehrverein und dem CV, unter anderem um Gelder der Anhänger. Der Abwehrverein, eine formal „nicht-jüdische" Organisation mit massiver jüdischer Beteiligung, setzte seine Arbeit aus der Zeit des Kaiserreichs fort. Unter der Führung Gotheins, Minister (DDP) in der Regierung Scheidemann, wurde die politische Basis des Vereins erweitert. 1929 konnten die „Abwehrblätter" an 350 000 Haushalte verschickt werden. Bis 1930, dem Höhepunkt der Vereinsarbeit, wurden 21 Ortsgruppen gegründet. Dann schränkte der Verein seine Aktivität ein, denn seine sachliche Arbeitsmethode hatte bereits keinerlei Chance mehr.   *Konkurrenzverhalten*

Gegenpublikation

Seine Erfolge im Kaiserreich fortsetzend, war der CV weiterhin die zentrale Organisation im Kampf gegen den Antisemitismus. Schon 1919 verteilte er täglich 10 000 Flugblätter und verschickte seine Zeitung an zahlreiche Multiplikatoren. Darüber hinaus trat der CV auch mit Hilfe des Justizwesens dem Antisemitismus entgegen und unterstützte Parteien finanziell, die gegen den Antisemitismus kämpften. Hier war die Unterstützung für die DDP und die SPD (bzw. „Reichsbanner"), aber auch für die DVP besonders intensiv.

Es gab zahlreiche Erfolge, zu denen der CV stark beigetragen hatte. Im Brennpunkt dieser „Kleinarbeit" stand außer dem Vorgehen gegen den Wirtschaftsboykott auch die Aktivität gegen die Versuche, das Schächten zu limitieren, oder gegen die Anordnungen des NS-Innen- und Erziehungsministers Frick in Thüringen von 1930. Es kam bisweilen zur Zusammenarbeit zwischen CV und den Regierungsbehörden: effektiv war die Kooperation im wesentlichen mit dem Reichsinnenministerium, aber auch mit der Polizei, der man Informationen über nationalsozialistische Aktivitäten hauptsächlich in der Provinz vermitteln konnte.   *Erfolge in Strafrechtsverfahren*

Kooperation mit den Regierungsbehörden

Die Position des „RjF" (siehe oben 3.6.2) war dagegen zumeist eher passiv: durch Vermeiden jeglichen Aufsehens versuchte man indirekt den „gerechtfertigten" Behauptungen der Antisemiten die Wirkung zu entziehen. Zum anderen schützte man sich in aggressiverer Form. Man betonte die Soldatenehre und aktivierte in verschiedenen Städten Schutzeinheiten, die sich gegen Pogrome oder Anschläge auf Synagogen organisatorisch vorbereiten sollten. Nach den Ausschreitungen in Berlin im Jahre 1927 gründete man z. B. zusammen mit den jüdischen Sportvereinen „Makkabi" und „Bar Kochba" den Jüdischen Abwehrdienst, der bei den Ausschreitungen in Berlin von 1931 tätig wurde.   *RjF*

Jüdischer Abwehrdienst

Zionisten im Abwehrkampf

Die Zionisten waren in ihrer Haltung gegenüber dem Antisemitismus ambivalent: einerseits wurde ihre Position durch ihre Ideologie bestimmt, nach der Antisemitismus ein Problem sei, das man allein durch die Unterstützung der jüdischen Nationalität und ihrer Verwirklichung in Palästina lösen könne. Anderereits gibt es ausreichend Belege dafür, daß auch Zionisten den Antisemitismus systematisch bekämpft haben. Doch Mangel an Konsequenz in der zionistischen Position überhaupt führte zu Defiziten im Kampf gegen den Antisemitismus.

Aussichtslosigkeit des Abwehrkampfes

Die „Anti-Anti"-Arbeit stand im Schatten der Aussichtslosigkeit: Da das Weimarer System auf ein Vorgehen gegen den Antisemitismus infolge der Priorität eines Eintretens gegen die Nationalsozialisten verzichtet hatte, konnten Juden mit ihrem Kampf gegen den Antisemitismus nichts Wesentliches an der Situation verändern. Letztlich spitzte sich die Angelegenheit auf die Frage zu, ob die Nationalsozialisten die Herrschaft wirklich erlangen würden oder nicht. In dieser Hinsicht hatte die jüdische Bevölkerung – weniger als 1% der deutschen Staatsbürger – keine Bedeutung.

4. Der Nationalsozialismus

4.1 Zukunftserwartungen

Die nationalsozialistische Machtübernahme war für die Emanzipation der Juden die Verwirklichung des negativsten Szenarios, das man sich vorstellen konnte. Doch so absurd es auch klingen mag – es gab in Deutschland Juden, die eine kommunistische Machtübernahme für eine

erwartete Alternativen

nicht weniger schreckliche Vorstellung hielten oder die aus unterschiedlichen Gründen nicht den vollen Umfang der hereinbrechenden Katastrophe erkannten, die sich Anfang 1933 mit der nationalsozialistischen Machtübernahme abzuzeichnen begann. Dabei waren die praktischen Bedeutungen und Konsequenzen der nationalsozialistischen Re-

nicht absehbare Konsequenzen

volution am 30. Januar 1933 in der Tat nicht unbedingt absehbar – nicht für Juden, aber auch nicht für Nationalsozialisten. Viele Juden fürchteten sich im wesentlichen vor den Ausschreitungen der SA, die ihrerseits überzeugt war, sie könne im Dritten Reich völlig ungehindert auch

falsche Schlußfolgerungen

gegen Juden vorgehen. Anderersits waren zahlreiche Juden aufgrund der Erfahrungen, die sie in der Vergangenheit mit einer erfolgreichen Bekämpfung des Antisemitismus gemacht hatten, überzeugt, daß auch

4. Der Nationalsozialismus 47

der nationalsozialistische Antisemitismus kontrollierbar und Hitler letztlich an den Weg der Gesetze gebunden sei. Die Pessimisten unter der jüdischen Bevölkerung glaubten, im ärgsten Fall sei eine Rückkehr ins Mittelalter oder eventuell zu einer postliberalen Apartheidspolitik zu erwarten. Auf beiden Seiten müssen in diesem Zusammenhang Irrtümer bei der kurzfristigen und der langfristigen Diagnose der Situation festgestellt werden. Eines der paradoxen Ergebnisse: Bereits im ersten Jahr nach der Machtübernahme kam es für die SA zu einer klaren „Enttäuschung"; die Pessimisten unter den Juden dagegen spürten eine Erleichterung. Doch wichtiger war, daß aus den Entwicklungen des ersten Jahres der NS-Herrschaft in Deutschland keine der beiden Seiten eindeutig erkennen konnte, was sich in den folgenden Jahren ereignen würde. Die akkumulierenden, überraschenden Entwicklungen ergaben sich teilweise aus dem Umstand, daß die Nationalsozialisten die Judenpolitik nicht allein bestimmten. Hitler und sein Regime beschleunigten oder verzögerten und improvisierten ihre Maßnahmen je nach den Bedürfnissen, die sich für sie ergaben, und kooperierten dabei nach innen und nach außen. So wurde in den entsprechenden Gesetzesvorschlägen von 1933 die Mitarbeit Papens, Hugenbergs und Seldtes neben Hitler, Goebbels oder Streicher deutlich. Der Umfang der Tragödie resultierte nicht allein aus den Illusionen der Juden oder der Tarnung der Politik, durch die diese Illusionen entstehen konnten, sondern im wesentlichen daraus, daß die verschiedenen Faktoren, die in Opposition zu diesem Schreckensszenario hätten stehen können, überhaupt illusorisch waren oder sich relativ schnell auflösten.

Rückkehr ins Mittelalter

Beteiligung der Konservativen

Auflösung jeglichen Widerstandes

4.2 Ausgrenzung und Verdrängung

4.2.1 Die gesetzliche Ausgrenzung

Die Politik, die das neue Regime gegen die jüdische Bevölkerung einsetzte, war nach dem Programm der NSDAP eine Diskriminierungspolitik; sie entwickelte sich in Abhängigkeit von den herrschenden äußeren Bedingungen. Traditionelle und neue Methoden gelangten gleichzeitig und durcheinander zur Anwendung. Die antisemitische Gesetzgebung gegen das koschere Schlachten (in Sachsen bereits am 22.3. 1933) kam keineswegs überraschend. Neu dagegen war eine Politik, die Juden als Geiseln zum Zwecke der Erpressung einsetzte. So mißbrauchte man die jüdische Bevölkerung bereits seit der Machtergreifung als Instrument gegen „Greuelpropaganda" im Ausland. Allgemein läßt sich feststellen, daß die Politik zunächst auf Diskriminierung, Aus-

Diskriminierungspolitik

alte und neue Maßnahmen

grenzung, Isolation und Verdrängung abzielte; in einer späteren Phase richtete sie sich auf Auswanderung und Vertreibung.

Gesetze und Ergänzungsverordnungen

Insgesamt wurden im Dritten Reich von April 1933 an ungefähr 2000 antijüdische Gesetze oder Ergänzungsverordnungen erlassen. Politik und Gesetzgebung arbeiteten unter Berücksichtigung von Interessen oder Umständen, die Intensität und Tempo der Maßnahmen festlegten.

Wirtschaftsboykott 1. April 1933

Am Anfang des Weges stand der Boykott gegen jüdische Unternehmen am 1. April 1933, dessen Initiatoren und Organisatoren aus den Reihen der Partei kamen. Aus Furcht vor einer internationalen Isolation blieb er auf einen Tag begrenzt. Die Idee zum Erlaß des Gesetzes „zur Wiederherstellung des Berufsbeamtentums" (7. April 1933) – das nicht die Wirtschaft schädigte und daher weniger Vorsicht erforderte – kam von seiten der Partei als Reaktion auf Druck von unten; die Idee wurde von Papen aufgegriffen, von Hitler persönlich vorangetrieben, jedoch von Hindenburg als dem bremsenden Faktor verzögert.

„Wiederherstellung des Berufsbeamtentums"

1. Phase der antijüdischen Gesetzgebung

Die erste Phase der antisemitischen Politik war die intensivste: am 7. April wurde neben dem Gesetz zur „Wiederherstellung des Berufsbeamtentums" auch das Gesetz zur Begrenzung jüdischer Beschäftigung im Rechtsanwaltswesen erlassen. Am 23. April wurde die Beschäftigung jüdischer Ärzte im staatlichen Gesundheitswesen eingeschränkt. Am 25. April nahm das Kabinett die Entscheidung über das Gesetz „gegen die Überfüllung deutscher Schulen und Hochschulen" an, das einen Numerus clausus von 1,5% für Juden an den höheren Schulen und Universitäten festlegte. Die Regierung, gefangen in antisemitischen Stereotypen, beeilte sich, bereits am 23. März 1934 ein Gesetz zur Aufhebung der Staatsbürgerschaft von Personen, die die Staatsbürgerschaft erst während der Weimarer Republik erhalten hatten, und für deren Ausweisung zu verabschieden: Hitler selbst stimmte in diesem Zusammenhang der konservativen Position zu, die den Kampf gegen die „Ostjuden" dem Kampf gegen die deutschen Juden vorzog.

Aufhebung der Staatsbürgerschaft von „Ostjuden"

2. Phase

In den Jahren 1934 und 1935 verringerte sich das Tempo antijüdischer Gesetzgebung hauptsächlich aus wirtschaftlichen Erwägungen und aus Rücksicht auf außenpolitische Interessen, auch wenn die radikalen Elemente unter den Nationalsozialisten ungeduldig ein rascheres Vorgehen forderten. Die radikalen Führer unterstützten die antijüdischen Aktionen der Straße seit Beginn des Jahres 1935. Dazu gehörten die Ausschreitungen in Bayern im Mai und auf dem Berliner Kurfürstendamm im Juli. Diese Aktivitäten führten, wenn auch indirekt, zu den Nürnberger Gesetzen. Zu ihnen gehörten das „Gesetz zum Schutze des deutschen Blutes" als Verbot der „Mischehen" und das Reichsbürgergergesetz, das Juden zu „Staatsangehörigen" degradierte.

antijüdische Aktionen von unten

Die Entscheidung zum Erlaß dieser radikalen Gesetze fiel jedoch letztlich auch erst am 13. September. Die Art und Weise, in der die Begründung für die Verabschiedung dieser Gesetze nach außen hin dargestellt wurde, war zynisch – es gehe darum, so hieß es, Juden vor dem Zorn der Massen zu schützen. Auf Anordnung hin wurden in aller Eile die beiden oben erwähnten Gesetze vorbereitet, die von Hitler als *endgültige* Regelung der Judenfrage dargestellt wurden. Dadurch täuschte man erfolgreich auch die jüdische Bevölkerung und verleitete sie zu der Ansicht, es handele sich um den Tiefpunkt der Diskriminierung. Im Gegensatz zu einigen Historikern, die Hitler als „Improvisator" darstellen, sind andere davon überzeugt, Hitler habe die Gesetze im Laufe des Jahres gezielt vorbereitet – treu der Ideologie, jedoch unter anfänglicher Zurückhaltung bei der Verwirklichung, um Gegendruck zu vermeiden. Der Druck von unten in Verbindung mit der Kooperationsbereitschaft des Beamtentums während der Vorbereitung der Gesetze, die breite Akzeptanz der nationalsozialistischen Politik und das Fehlen von Widerstand bei den Kirchen – dies alles machte für Hitler deutlich, daß es im Reich eine Unterstützung für die antijüdische Politik gab, so daß ein entsprechender Schritt ihm wenig schädlich erschien. Die Gesetze schufen jedoch keine einheitliche Judenpolitik. Sie definierten nicht, wer Jude sei, und der Vorschlag, die Verordnungen nur auf „vollblütige Juden" anzuwenden, erging praktisch erst während der Verlesung der Gesetze auf der Versammlung in Nürnberg. Die bürokratische Diskussion über die Definition von Juden und die Kategorisierung von „Mischlingen" vollzog sich in jedem Ministerium oder in jeder Organisation gemäß der jeweiligen Position zur Rassenfrage. Die Zahl der Instanzen, die für die „Judenpolitik" zuständig waren, nahm stetig zu. Verordnung 1 des neuen Gesetzes vom 14. November setzte schließlich fest, daß derjenige, der drei jüdische Großeltern oder zwei (neben einem jüdischen Partner) besaß, als Jude zu gelten habe. Darüber hinaus wurde ein „Halbjude" als „Mischling" definiert. Wichtiger als die theoretisch-bürokratische Diskussion war vielleicht jedoch, daß die Bevölkerung über diese Gesetze hinweg sehr rasch zur Tagesordnung überging.

Im Jahre 1936 stagnierte die antijüdische Politik, weil es notwendig war, überflüssige Komplikationen während der Rheinlandbesetzung (März) und der Olympiade (Juli – August) zu vermeiden. Nach dieser kurzen Atempause erging im Februar 1937 unter dem Druck Hitlers das Gesetz „über den Ausgleich von Schäden, die dem deutschen Reich von Juden zugefügt werden". Dieses Gesetz bildete die Basis der antijüdischen Maßnahmen nach der Reichspogromnacht.

Marginalien:

der Weg zu den „Nürnberger Gesetzen"

Mangel an Widerstand in allen Sektoren der Gesellschaft

Uneinheitlichkeit und bürokratische Implementierung

3. Phase 1936

der Weg zur Reichspogromnacht

Im Jahre 1938 bereitete man sich allmählich darauf vor, die Rechte der jüdischen Bevölkerung so weit wie möglich einzuschränken. Der Anschluß Österreichs beeinflußte in entscheidender Weise die Politik des Regimes gegenüber der jüdischen Bevölkerung (seit dem 20. Mai 1938 galten die Nürnberger Gesetze auch für österreichische Juden). Im März wurde es Juden verboten, Waffen oder Munition herzustellen. Am 28. März erging das Gesetz, das den Status der jüdischen Gemeinden als Körperschaften des öffentlichen Rechts aufhob. Dabei ging es in erster Linie darum, die jüdische Bevölkerung zu demütigen: In jenem Jahr erschienen auf den öffentlichen Parkbänken Hinweisschilder, die Juden die Benutzung dieser Bänke verboten. Außerdem erhielten die nach Juden benannten Straßen neue Namen. Am 17. August erließ man die Verordnung, Juden, deren Vornamen nicht ihr Judentum zeigten, hätten den Namen Israel oder Sarah anzunehmen. Auch diese Verschärfung in der Gesetzgebung trat infolge der persönlichen Intervention Hitlers ein.

Anschluß

Demütigungen

Entscheidende Bedeutung kam der Organisierung der Polizei, der SS und des SD (Sicherheitsdienst) in Angelegenheiten der jüdischen Bevölkerung zu. Im Innenministerium wurde ebenso wie in den meisten anderen Ministerien ein Judenreferat eingerichtet. Insgesamt jedoch herrschte ein auffallender Mangel an Koordination, und letztlich bildeten Gestapo und SD das zentrale System zur Behandlung der jüdischen Angelegenheit.

Zuständigkeitsfragen

Während die Mehrheit der Ministerien das Thema des gesetzlichen Status von Juden behandelten, beschäftigte sich der SD seit 1935 in systematischer Weise mit dem Programm zur Verdrängung und Vertreibung der jüdischen Bevölkerung. Der Anschluß Österreichs bot die erste Gelegenheit für den Polizeiapparat, antijüdische Maßnahmen mit dem einzigen Ziel der Auswanderung zu übernehmen – dies war die Aufgabe des Auswanderungsamtes unter Eichmann. Auch die Erfolglosigkeit der von Roosevelt initiierten Evian-Konferenz im Juli 1938 zum Problem der jüdischen Flüchtlinge zeigte, wer die Judenpolitik in Deutschland bestimmte: Der SD verlangte um jeden Preis eine Auswanderung und war im Gegensatz zum Außenministerium in diesem Zusammenhang auch bereit, eine Auswanderung nach Palästina zu akzeptieren. Die Auswanderung als „Lösung der Judenfrage" behielt bis 1940 eine vorrangige Position. Organisatorisches Paradox war jedoch, daß die Frage der Auswanderung erst im Janur 1940 in der Abteilung IVB4 des Reichssicherheitshauptamtes konzentriert wurde, d.h. erst nach Beginn des Krieges, als die Auswanderung bereits eine neue Bedeutung erhalten hatte.

Programme zur Verdrängung und Vertreibung beim SD

Evian-Konferenz

Auswanderung als „Lösung der Judenfrage" bis 1940

4.2.2 Die Verdrängung aus der Wirtschaft

Die wirtschaftliche Situation der jüdischen Bevölkerung stand, wie bereits betont, schon vor der Machtübernahme der Nationalsozialisten im Zeichen des Untergangs. Die nationalsozialistische Regierung fand daher einen bequemen Ausgangspunkt zur Verdrängung und Isolierung der Juden vor. Nach den Angaben der Volkszählung vom Juni 1933 gab es in Deutschland 240 000 jüdische Erwerbstätige. Auf eine zunehmende Verschlechterung der Situation weist der Anstieg des Anteils der jüdischen Arbeitslosen von 12% im Jahre 1925 auf 17% im Jahre 1933 hin, der nicht allein auf Kosten des neuen Regimes verbucht werden kann. Die Politik der wirtschaftlichen Isolation erfolgte nicht allein durch diskriminierende Maßnahmen, sondern auch durch die Unterstützung von jüdischen Aktivitäten, die Juden von ihrer allgemeinen Umgebung und dem wirtschaftlichen Kontakt mit ihr lösten. *[Ausgangspunkt / Arbeitslosigkeit 1933 / steigende Arbeitslosenraten]*

Schon Ende März 1933 gab es sporadisch Versuche, jüdische und besonders „ostjüdische" Unternehmen anzugreifen. Doch derartige Aktionen bildeten ebenso wie die Angriffe der SA gegen Rechtsanwälte und Richter am 11. März 1933 Ausnahmen; denn sowohl Hugenberg als auch Hitler befürworteten eine Einschränkung entsprechender Aktionen. Die Regel sollte eine vorsichtig vorbereitete, gesetzliche Verdrängung sein. Es darf nicht verwundern, daß Kleinhandel, Ärztewesen und Rechtsanwaltschaft die Ziele der ersten Angriffe waren, obwohl man in der nationalsozialistischen Propaganda vom Kampf gegen die „jüdische Hochfinanz" sprach. *[erste Angriffe / Vorbereitung einer gesetzlichen Verdrängung]*

Der erste eindeutige Schlag zielte dann auf den Unternehmerbereich: Der im März 1933 beschlossene Boykott erfolgte in Wirklichkeit, um Juden von der Konkurrenz mit „Ariern" auszuschließen. Mit der Durchführung des Boykotts war Julius Streicher beauftragt worden. In Deutschland und im Ausland entstand der richtige Eindruck, die jüdische Bevölkerung werde ins Mittelalter zurückversetzt. Der Boykott war ein Startzeichen für die Verdrängung der Juden aus der Wirtschaft. Fortan wurde die Politik unter Berücksichtigung des Schaden- und Nutzenverhältnisses abgewogen und durchgeführt, z. B. wurden zunächst keine auf die großen, in jüdischem Besitz befindlichen Kaufhäuser zielenden Maßnahmen ergriffen, da von diesen Unternehmen zahlreiche Beschäftigte abhängig waren. Dennoch wurden bis 1935 bereits 25% der jüdischen Unternehmen aufgelöst oder in „arischen Besitz" überführt, darunter große Verlagshäuser wie Ullstein oder Mosse. Die „Arisierung" ließ also nach der Machtübernahme nicht lange auf sich warten. Zu erwähnen ist in diesem Zusammenhang auch das sog. „Transferabkommen" (Mai 1933) zwischen der deutschen Regierung *[Boykott / Auflösung jüdischer Unternehmen und „Arisierung"]* und den Zionisten, das Auswanderungswilligen die teilweise Übertragung ihres Vermögens nach Palästina ermöglichen sollte (siehe dazu 5.3.3).

„Wiederherstellung des Berufsbeamtentums"

Das Gesetz „zur Wiederherstellung des Berufsbeamtentums" war das erste umfassende Gesetz zur beruflichen Diskriminierung von Juden. In den ersten Wochen nach dem Erlaß des Gesetzes setzte man ähnliche Methoden in vielen Berufssektoren ein, u. a. gegen Universitätsassistenten oder Apotheker. Doch dieses Gesetz zeigte auch die Schwäche des Vorgehens: Da es zur Zeit der Inkraftsetzung des Gesetzes nur relativ wenige jüdische Beamte gab (5000) und das Gesetz nicht diejenigen erfaßte, die bereits vor 1914 im Beamtenstand oder die an der Front gewesen waren, wurden aufgrund der Bestimmungen „nur" 2500 Beamte aus dem Dienst entlassen.

Beamte

Rechtsanwälte

Noch auffallender war das Ergebnis in Hinblick auf die Rechtsanwaltschaft: Da das Gesetz über die Zulassung zur Rechtsanwaltschaft vom 7. April 1933 die oben genannten Ausnahmen berücksichtigte, verblieben zunächst 70% der Rechtsanwälte im Amt. Doch das Regime fand Mittel und Wege, diese Schwierigkeit zu überwinden. Innerhalb eines Jahres wurde weiteren 40% der jüdischen Rechtsanwälte die Ausübung ihre Berufes untersagt. Das Paradox, daß gerade die Zahl derjenigen, die ihre eigenen Rechte und die Rechte ihrer Kollegen hätten verteidigen können, so stark eingeschränkt wurde, zeigte die Bedeutung des nationalsozialistischen Erfolges bereits in dieser frühen Phase.

Verhältnisse in Österreich

Der Anschluß Österreichs bot eine neue Auflage des Kampfes gegen jüdische Rechtsanwälte, die in Wien mehr als 75% der Rechtsanwaltschaft ausmachten. Am 27. September 1938 unterzeichnete Hitler die Anordnung über den Ausschluß nahezu aller noch verbliebenen Juden aus ihrem Beruf, so daß nur noch 172 Rechtsanwälte übrigblieben.

Mediziner

Die medizinischen Berufe boten eine weitere deutliche Zielgruppe: In diesem Zweig waren zirka 8000 Juden beschäftigt, rund 10% der in diesem Sektor Erwerbstätigen. Der erste Schritt erfolgte von seiten des „Stahlhelm"-Ministers Seldte am 22. April 1933: Juden wurden aus den Krankenkassen ausgeschlossen. Bis Mitte 1933 mußte mehr als die Hälfte der jüdischen Ärzte infolge von Verordnungen oder Boykott ihren Beruf aufgeben. Am 30. September 1938 wurde dann allen jüdischen Ärzten die Approbation entzogen. Fortan gab es keine jüdischen Ärzte oder Rechtsanwälte mehr, sondern nur noch „Krankenbehandler und Rechtskonsulenten".

Akademiker, Freiberufler, Künstler, Journalisten

Im Hinblick auf die 5000 Akademiker und Freiberufler – 800 Dozenten, 800 Schriftsteller und rund 3000 Künstler – sahen die Verhältnisse wie folgt aus: 200 Dozenten emigrierten ins Ausland, während etwa 350 ohne Arbeit verblieben. Am 22. September 1933 trat das Reichskulturkammergesetz, am 4. Oktober das Reichsschriftleitergesetz in Kraft, die beide praktisch die Beschäftigung von Juden im Zeitungswesen, am Theater und im Musikbetrieb verhinderten.

In den Jahren 1934–1935 bis zur neuen Boykottwelle im Sommer 1935 stockte die Gesetzgebung zur Beschränkung jüdischer Wirtschaftsaktivitäten. Die Nürnberger Gesetze hatten allerdings in wirtschaftlicher Hinsicht keine direkte Bedeutung.

Die Entscheidung, die wirtschaftliche Verdrängung von Juden zu beschleunigen, stand im Zusammenhang mit der 1936 nahezu erreichten Vollbeschäftigung. Vorbereitet durch die Parteibüros und unterstützt von der Verwaltung, wurde ein gemeinsames Boykottsystem eingeführt. Auch die „Arisierung" großer, jüdischer Betriebe schritt weiter voran. Interessenten waren große deutsche Konzerne (Krupp, Thyssen, Kirdorf, Flick u.a.) und deren Direktorien. Ob Wirtschaftsminister Schacht während dieser Zeit Juden protektionierte, bleibt zweifelhaft. Deutlich ist jedenfalls, daß die Übernahme des Reichswirtschaftsministeriums durch Göring Ende 1937 eine extremere Phase der Verdrängung der Juden aus der Wirtschaft einleitete. Gleichzeitig setzte die SS Gewalt ein, um Juden zum Verzicht auf ihre Unternehmen zu zwingen.

Vorbereitung eines umfangreichen Boykottsystems

„Arisierungen"

Je später Juden ihre Unternehmen aufgaben, desto größer waren ihre finanziellen Verluste. Anfang 1938 war nur noch rund ein Drittel der ursprünglich jüdischen Unternehmen in jüdischem Besitz, und nur 9000 von mehr als 50 000 Einzelhandelsgeschäften aus der Zeit vor 1933 bestanden noch. Am 22. April 1938 verbot ein Erlaß die „Unterstützung der Tarnung jüdischer Gewerbebetriebe". Außerdem entzog man Juden am 7. Juli weitere Berufszweige als Beschäftigungssektoren. So wurden 1938 60 000 jüdische Erwerbslose gezählt. Der Verlust von Arbeitsplätzen machte zum Beispiel den Hausierhandel von Tür zu Tür zu einem verbreiteten Beruf, bis auch diese Erwerbstätigkeit 1938 der jüdischen Bevölkerung verboten wurde.

weitere Maßnahmen

wachsende Arbeitslosigkeit

Am 26. April 1938 erging die Verordnung über Anmeldung des Vermögens von Juden in Deutschland und im Ausland. Am 29. April fand eine Aussprache auf Ministerialebene über die Erdrosselung der jüdischen Wirtschaft statt. Man kann daher durchaus sagen, daß eine prinzipielle Entscheidung bereits zu diesem Zeitpunkt bestanden hat. Seit Juni 1938 war in Kreisen des Regimes klar, daß die Verdrängung der Juden aus der Wirtschaft, sofern dies noch nicht geschehen war, zwangsweise zu erfolgen habe. Bereits zu diesem Zeitpunkt, am 18. August 1938, gelangte Schacht zu der Schlußfolgerung, daß „ihr Einfluß ein für allemal vorbei ist". Mitte Oktober setzte Göring fest, man müsse

Vermögensanmeldung

beschleunigte Verdrängung ab 1938

die Juden völlig aus der Wirtschaft vertreiben, und das Attentat auf den Gesandtschaftsrat vom Rath bot dann hierzu die Gelegenheit.

4.2.3 Die Reichspogromnacht

Behandlung der „Ostjuden"

Es lag eine gewisse Ironie darin, daß „Ostjuden", die keine deutschen Staatsbürger waren, bisweilen von seiten des nationalsozialistischen Regimes aufgrund ihres Status als Bürger ausländischer Staaten privilegiert behandelt wurden. Doch wenn es dem Regime gelegen kam, wurde diese Bevölkerungsgruppe dann wiederum schlechter als die deutschen Juden behandelt. Die seit 1933 erfolgenden Ausweisungen von „Ostjuden" häuften sich mehr und mehr. Das Dritte Reich wagte es auch, zu der bisher nicht angewandten Maßnahme der Massenausweisung zu greifen.

Evian-Konferenz

Der Mißerfolg der oben erwähnten Evian-Konferenz im Juli 1938 zeigte der Reichsregierung, daß der internationale Widerstand gegen extreme Schritte gegenüber der jüdischen Bevölkerung äußerst gering war. Der an der Konferenz teilnehmende Leiter der Schweizer Fremdenpolizei enthüllte, daß er eine Regelung zur Kennzeichnung jüdischer Pässe durch ein „J" vorbereite. Die Verordnung über Reisepässe von Juden vom 5. Oktober 1938, nach der die Reisepässe durch den Buchstaben „J" gekennzeichnet werden mußten, war eine Folge dieser Schweizer Forderung und setzte – ebenso wie der Erfolg der Außenpolitik in München – zugleich ein Signal für die nächste Stufe der Judenpolitik.

Kennzeichnung der Reisepässe

Ausweisung polnischer Juden

Am 28. Oktober 1938 begann man mit der Ausweisung von 18 000 Juden polnischer Staatsangehörigkeit nach Polen. Unter den Ausgewiesenen befand sich die Familie Grynzpan aus Hannover; ihr Sohn Herschel wollte am 7. November als Reaktion auf die Ausweisung ein Attentat auf den deutschen Botschafter in Paris verüben. Bei dem Attentatsversuch erschoß er den Gesandtschaftsrat vom Rath. Dies war der Hintergrund der „Reichspogromnacht". Die Nachricht vom Tod des Gesandtschaftsrates vom Rath erreichte Hitler am 9. November unmittelbar vor Eröffnung des Kameradschaftsabends zur Erinnerung an den Putschversuch von 1923. Ein Gespräch zwischen Goebbels und Hitler zu eben jener Stunde gab Goebbels grünes Licht für eine antisemitische Rede, die von den Gauleitern und SA-Führern als ein Aufruf zum Pogrom verstanden wurde. Himmler gab die Anweisung, Goebbels Folge zu leisten, jedoch Raubzüge zu vermeiden. In der Nacht vom 9. auf den 10. November begannen gegen Mitternacht die von den Parteiinstitutionen und der SA unter Kooperation mit der SS, der Polizei und der Feuerwehr organisierten Pogrome, die sich an eini-

Herschel Grynzpan

Verantwortlichkeit des Propagandaministeriums

Reichspogromnacht

gen Orten bis zum 13. November fortsetzten. Beschädigt oder zerstört wurde die Mehrheit der Synagogengebäude (nahezu 400) sowie 7500 jüdische Unternehmen bzw. Geschäfte. Mindestens 96 Juden wurden ermordet, zirka 30000 in Konzentrationslager geschickt. Die Bezeichnung „Reichskristallnacht" erhielt das Ereignis infolge der Menge zerbrochenen Schaufensterglases, worüber insbesondere Göring, Heydrich und Himmler erzürnt waren, denn derartiges Schaufensterglas wurde importiert, und innerhalb einer Nacht war gut die Hälfte des belgischen Jahresexports nach Deutschland zerstört worden. {Schäden / „Reichskristallnacht"}

Der bei den Pogromen verursachte wirtschaftliche Schaden wurde auf die jüdische Bevölkerung abgewälzt. Noch am 10. November kam es zu einem Treffen Goebbels' und Görings bei Hitler, auf dem über die von der jüdischen Bevölkerung zu leistenden „Sühnezahlungen" entschieden wurde. Zwei Tage später fand auf Initiative Görings ein Treffen mit zirka hundert Staats- und Parteivertretern statt. Man entschloß sich, von der jüdischen Bevölkerung eine Strafe von einer Milliarde Reichsmark zu fordern. Tatsächlich war die in Form einer Besitzsteuer von 20% erhobene Summe wesentlich höher (einschließlich der Versicherungsleistungen, auf die zu verzichten die jüdische Bevölkerung gezwungen wurde). Da die Zahl der Juden, die Deutschland verlassen mußten, um den Konzentrationslagern zu entkommen, stetig wuchs, erreichte allein die Summe der Reichsfluchtsteuer, die jeder auswanderungswillige Jude zu zahlen hatte, im Jahr nach der Reichspogromnacht nahezu eine Höhe von einer Milliarde Reichsmark. So verließen in jenem Jahr 120000 Juden praktisch mittellos Deutschland, nachdem sie Sperrkonten und selbst „Geschenke" in Form von Personenkraftwagen, Immobilien oder Bargeld an die Partei oder an Parteiführer zurücklassen mußten. Die Schätzung jüdischen Vermögens in „Großdeutschland" Ende 1938 belief sich auf 8531 Millionen Reichsmark. Ein Drittel davon war Grundbesitz, während 1933 der Besitz im Altreich, der sich bereits zur Zeit des Anschlusses Österreichs um die Hälfte verringert hatte, allein auf 10 bis 12 Milliarden Reichsmark geschätzt worden war.

Der Pogrom, die Verhaftungen, das Verbot des Tragens von Waffen (11. November) und deutschen Uniformen (16. November) sowie die Diskussion am 12. November unter der Leitung Görings zeigten, daß das Ziel nicht allein wirtschaftlicher, sondern auch psychologischer Natur war – Demütigung der jüdischen Bevölkerung. Der Pogrom selbst war keineswegs spontan gewesen und hatte auch nicht die Unterstützung der Massen gewonnen; daraus zog man die Lektion, daß man eine „Endlösung" heimlich vorbereiten mußte. Hitler war in diesem Zusammenhang Taktiker – er akzeptierte nicht die extremen Vorschläge, widersetzte sich ihnen aber auch nicht, und auf diese Art und Weise wurde fortan die gesamte Politik gegen die jüdische Bevölkerung geführt.

Zwangsemigration   Eine Politik der Zwangsemigration war der Punkt, an dem man ansetzen konnte. Am 12. November genehmigte Göring die Einrichtung einer Auswanderungsbehörde nach Wiener Vorbild für das gesamte Reich. Am 24. Januar 1939 eröffnete Göring dann im Innenministerium die Zentralstelle für jüdische Auswanderung. In einem vom selben Tag datierten Brief Görings heißt es, die „*Auswanderung der Juden aus Deutschland ist mit allen Mitteln zu fördern*". An der Spitze der Reichszentrale stand der Leiter der Sicherheitspolizei. Die Zentralstelle arbeitete von Berlin aus und unterhielt Zweigstellen in Wien, Prag und später im Haag.

„Madagaskar"   Die Idee der Ausweisung der jüdischen Bevölkerung nach Madagaskar wurde vom französischen Außenminister noch vor seinem deutschen Amtskollegen im Dezember 1938 aufgebracht. Sie hätte infolge des Kriegsausbruches und der Besetzung Frankreichs implementiert werden können. Heydrich trat an die Ausführung des Plans unter der Annahme heran, es handle sich um die Emigration von vier Millionen Juden. Infolge des Widerstandes von seiten der Vichy-Regierung wurde der Madagaskar-Plan jedoch aufgegeben.

Vertreibung   In der Zwischenzeit war man von einer erzwungenen Emigration zu einer Vertreibung gen Osten übergegangen: Juden wurden im Oktober 1940 aus Baden zunächst in das besetzte Frankreich ausgewiesen, die in den annektierten Ostgebieten lebenden Juden konzentrierte man im „Generalgouvernement Polen". Im März 1941 sprach Rosenberg zwar noch immer von der „Insellösung", doch man hielt an der Methode der Vertreibung der jüdischen Bevölkerung nach Osten fest. Im August 1941 richtete Hitler an Goebbels das Versprechen, die Berliner Juden würden nach Osten ausgewiesen werden, ohne dabei deren Ermordung zu erwähnen. Doch im selben Monat hatte Eichmann bereits

Unterbindung der Auswanderung   dem Außenministerium gemeldet, die Auswanderung von Juden ins Ausland sei zu unterbinden. Die erzwungene Emigration und Vertreibung der deutschen Juden wurde von Oktober 1941 an ersetzt durch die Deportation zur Ermordung zusammen mit allen europäischen Juden.

4.3 Ausgegrenzt und verdrängt – das „neue Ghetto"

Es entspricht nicht den Tatsachen, wenn das jüdische Verhalten unter der nationalsozialistischen Herrschaft allein als passiv beschrieben wird, denn jede jüdische Aktivität, auch im wirtschaftlichen Bereich, muß mindestens als Reaktion auf die von außen aufgezwungene Politik verstanden werden. Das Spektrum jüdischen Verhaltens zeigte eine Reihe von Abwehrreaktionen und Überlebensstrategien: Anpassung und Kollaboration, Emigration und Flucht, Untertauchen und Freitod. Einige dieser Verhaltensweisen können unter der Kategorie des Widerstandes zusammengefaßt werden. Welches Verhalten jeweils ergriffen wurde, hing ebenso von Stand und organisatorischer Zugehörigkeit wie von der Zeit oder der Sensibilität für die Situation ab; so reagierten z. B. Frauen oft mit besonderer Wachsamkeit, da sie dem betroffenen sozialen Gefüge näher standen und den gesellschaftlichen Antisemitismus stärker spürten. Das assimilierte Judentum versuchte lange Zeit, möglichst umfangreich seine Rechte, jüdisches Leben und jüdische Aktivität aufrechtzuerhalten. Die Zionisten dagegen reagierten im wesentlichen mit einer verstärkten Auswanderung nach Eretz Israel, verbunden mit einer Anhebung des jüdischen Nationalbewußtseins in Deutschland. Die jüdischen Deutschnationalen im Umfeld von Naumann und Schoeps versuchten, das Gefühl deutscher Nationalität zu stärken und zwischen deutschen Juden und nichtdeutschen Juden zu unterscheiden. Die Tatsache, daß das NS-Regime hauptsächlich die Zionisten und ihr Programm der Auswanderung und Trennung unterstützte, verschob das relative Kräfteverhältnis der einzelnen Gruppen innerhalb des deutschen Judentums. Das Ergebnis war ein neues, internes System innerhalb der jüdischen Gesellschaft, das erst unter den Ereignissen der Shoah zusammenbrach.

Spektrum jüdischen Verhaltens

Verschiebung des Kräfteverhältnisses innerhalb der jüdischen Bevölkerung

4.3.1 Zwischen Illusion und Resistenz

Die jüdische Minderheit war unter den Bedingungen einer NS-Diktatur von vornherein einer Einschränkung ihrer öffentlichen Äußerungen ausgesetzt. Nach den Wahlen im März neigte man gezwungenermaßen zu einer Kooperation mit der „nationalen Revolution". So ist zum Beispiel der Aufruf des CVs, die innovativen Anstrengungen der neuen Regierung zu unterstützen, im Rahmen des Bemühens deutscher Juden zu verstehen, die Vorwürfe zu entkräften, sie förderten die Propaganda gegen das Regime. Darüber hinaus betonte man die Loyalität zu Deutschland und das eigene Deutschsein. Doch die Erklärung Leo Baecks bei der Gründung der Reichsvertretung, die Beseitigung der Weimarer Republik sei das Ende der tausendjährigen Epoche jüdischen Lebens in Deutschland, zeigt deutlich, daß man sich bewußt war, daß es letztlich nur um Illusionen ging, die durch die Langsamkeit des Ausgrenzungsprozesses verstärkt und erneuert wurden: Die Antwort der

Einschränkung der Meinungsäußerungen

Leo Baeck

Illusionen

Nürnberger Gesetze als Modus vivendi Reichsvertretung auf die Nürnberger Gesetze, die diese Gesetzgebung für eine mögliche Basis eines erträglichen *Modus vivendi* hielt, auf der vielleicht sogar das Ende von Boykott und Verfolgung eingeleitet werden könnte, ist ein Beispiel für eine solche Illusion. Noch absurder war die Illusion allerdings innerhalb der Orthodoxie und unter Zionisten, die jeweils aufgrund ihrer inneren, anti-assimilatorischen Anschauung den Nürnberger Gesetzen zustimmen konnten.

Es ist unbedingt erforderlich, die jeweiligen Äußerungen aufmerksam zu hören und die Verlautbarungen einfühlsam zu lesen. Die damaligen Formulierungen waren vielschichtig und vieldeutig. So kann man in den Wortreaktionen in Zeitungen oder auch in Äußerungen der Rabbiner nicht nur Zustimmung und Unterwerfung dem Regime gegenüber finden, sondern auch Widerstand und versteckte Kritik.

Widerstand und Kritik

4.3.2 Demographischer Untergang

Das auffällige und beabsichtigte Ergebnis der Machtübernahme war die immer deutlicher werdende Tendenz eines demographischen Untergangs der deutschen Juden. Nach der Volkszählung vom 16. Juni 1933 lebten zu jenem Zeitpunkt in Deutschland 499 700 Juden gegenüber 520 000 am Vorabend der Machtübernahme und 564 000 im Jahre 1925 – 0,77% der Gesamtbevölkerung gegenüber 0,9%. In den Jahren 1933–1939 verließen mehr als 200 000 Juden das Land. Die negative Bevölkerungsentwicklung aufgrund der Differenz von Sterbe- und Geburtenrate trug zusätzlich zum Rückgang der jüdischen Bevölkerung bei. Nach Kriegsausbruch und noch vor der Entscheidung, die Auswanderungs- durch die Vernichtungslösung zu ersetzen, emigrierten ungefähr weitere 20 000 Juden.

Bevölkerungsrückgang

Geburten- und Sterberaten

Die Zionisten waren die ersten, die unter dem Druck des neuen Regimes mit der Planung einer Auswanderung begannen. Nach dem Erlaß der Nürnberger Gesetze machten auch Nichtzionisten derartige Planungsversuche. Die Auswanderung wurde im wesentlichen von drei Organisationen durchgeführt: (1) „Esra", 1901 ursprünglich zur Unterstützung von Juden aus Osteuropa gegründet, organisierte nun die Auswanderung von Juden nach Übersee und in europäische Länder; (2) Palästina-Amt der *Jewish Agency,* das die Auswanderung nach Palästina durchführte; sowie (3) die Hauptstelle für Wanderfürsorge (gegr. 1917), die im wesentlichen bei der Auswanderung nach Osteuropa tätig wurde.

Emigration und Emigranten

Bei den Emigranten handelte es sich überwiegend um männliche Jugendliche, die sich teilweise im „Hachschara"-Programm (Vorberei-

Hachschara

tungsprogramm) organisiert und auf die Einwanderung nach Eretz Israel vorbereitet hatten. Daher verschob sich die Relation zwischen Frauen und Männern innerhalb der jüdischen Bevölkerung im Jahre 1939 auf 1366 zu 1000 im Vergleich zu einer Relation von 1093 zu 1000 im Jahre 1933. Kinder bis zum Alter von 14 Jahren stellten 1939 7,5% der jüdischen Bevölkerung gegenüber 16% im Jahre 1933. Der Anteil der Personen über 65 Jahre betrug dagegen 21% gegenüber 10,5% im Jahre 1933. 1939 zählten weniger als 20% zur Gruppe der bis zu Dreißigjährigen. Relation Frauen – Männer

Anteil der Alten

Unter den Emigranten waren bedeutende Persönlichkeiten wie der Physiker Albert Einstein oder der Regisseur Max Reinhardt und viele andere, durch deren Emigration Deutschland zahlreiche Intellektuelle und Talente verlor.

Zielländer der Emigranten waren: Palästina – rund 55 000 Personen; USA – 132 000; England – 40 000; Brasilien – 10 000; Argentinien – 10 000; Shanghai – 9000; Australien – 7000; Süd-Afrika – 5000. 1938 war das Jahr der Wende in der Art und Weise der Auswanderung: Zu diesem Zeitpunkt begann aus der Sicht der jüdischen Bevölkerung die Fluchtauswanderung. Nach dem Anschluß Österreichs bildete die Errichtung der Auswanderungszentralstelle unter Eichmann in Wien den Präzedenzfall für eine vom Staat organisierte Auswanderung. Das erwartungsgemäße Scheitern der Evian-Konferenz signalisierte der deutschen Regierung, daß eine Radikalisierung der Ausweisung von Juden aus Deutschland keine heftigen Reaktionen hervorrufen werde. Das Schicksal des Flüchtlingsschiffes „St. Louis", das Richtung Kuba in See stach und im Mai 1939 gezwungen wurde, mit seinen jüdischen Passagieren nach Europa zurückzukehren, war ein Beispiel für den Mangel an Bereitschaft, jüdische Flüchtlinge aus Deutschland aufzunehmen. Zielländer

Evian-Konferenz und ihre Konsequenzen

Auch die Entwicklung der Gemeindezahlen war rückläufig: Anfang 1938 verteilte sich die jüdische Bevölkerung noch über 1400 Gemeinden, von denen die Hälfte allerdings kurz vor der Auflösung stand. Mitglieder der ländlichen Gemeinden zogen verstärkt in die Großstädte. Die Berliner Gemeinde nahm monatlich 7000 Neuzugänge auf, entließ jedoch jährlich 10 000 Mitglieder ins Ausland. Anfang Oktober 1941 – also vor den Deportationen in die Ermordung – lebten in Berlin 73 000 Juden. Rückläufige Entwicklung der Gemeinden

Binnenwanderung

Charakteristisches Element für den demographischen Untergang war die Suizid-Rate: Sie stieg in Korrelation zu den dramatischen Ereignissen des Boykotts oder der Reichspogromnacht, insbesondere aber während des Krieges. Schätzungsweise unternahmen bis zu 10 000 Suizid-Rate

Juden Suizidversuche bzw. begingen Suizid, darunter etwa 3000 während der Ausweisung im Krieg.

„Mischlinge" Da Juden nicht nach religiösen, sondern nach rassischen Gesichtspunkten definiert wurden und „Mischlinge" demnach in der Statistik von 1939 im Gegensatz zu den Angaben von 1933 erschienen, ist auch diese Gruppe im Rahmen der Erörterung des demographischen Untergangs zu erwähnen: Die Zahl der „Mischlinge ersten Grades" lag 1939 in Deutschland bei 52 000, in Österreich bei 17 000, die Zahl der „Mischlinge zweiten Grades" bei 33 000 bzw. 7400. Ihnen sind zirka 15 000 jüdische Personen zuzurechnen, die mit arischen Partnern verheiratet waren. Alle diese Fälle stellten die Planer der Ausweisung und der Ermordnung während des Krieges vor ein besonderes Problem, wie die Diskussion auf der Wannsee-Konferenz am 20. Januar 1942 zeigte. Als solche nahmen die „Mischlinge" ebenfalls am Untergang der deutschen Juden teil.

4.3.3 Der „jüdische Wirtschaftssektor"

Entwicklung eines getrennten Wirtschaftssektors
Bis 1936 wurde von jüdischer Seite noch versucht, gegen die Ghettoisierung und die Ausgrenzung des jüdischen Wirtschaftsbereichs vorzugehen. Doch Boykott und „Arisierung" waren zu intensiv. Unternehmen in jüdischem Besitz waren zunehmend allein für jüdische Kunden tätig, da „Ariern" die Benutzung jüdischer Einrichtungen verboten war. Auch die jüdischen Zeitungen, deren Redaktionen jüdische Journalisten aufnahmen, veröffentlichten Anzeigen von Juden ausschließlich für Juden. Spätestens seit Anfang 1939 befand sich die jüdische Bevölkerung praktisch in einem wirtschaftlichen Ghetto.

Umschulungen
Um sich der neuen Situation zu stellen, versuchte man zunächst Umschulungen auf Berufe in der Landwirtschaft, im Handwerk oder in anderen neuen Zweigen durchzuführen – eine alte Idee unter neuen Bedingungen. Zum Teil wurden diese Umschulungen in der „Hachschara"
„Hachschara" vorgenommen. 1936 unterhielt die „Hachschara" 139 verschiedene Einrichtungen, in denen jährlich bis zu 5000 Personen ausgebildet wurden. Diese Einrichtungen verzehrten mehr als ein Viertel des Jahresetats der Reichsvertretung, obwohl höchstens 15% der jüdischen Jugendlichen in Deutschland überhaupt in die „Hachschara" aufgenommen wurden. Die bekannteste Institution in diesem Bereich war die
„Jugendaliyah" „Jugendaliyah", die von Recha Freier schon 1932 in der Absicht organisiert worden war, die Aliyah (Einwanderung nach Eretz Israel) Jugendlicher mit dem Erwerb eines Berufes zu verknüpfen (die „Jugendaliyah" brachte zwischen 1934 und Kriegsbeginn zirka 3400 Kinder nach Eretz Israel).

4. Der Nationalsozialismus

Eine Erhebung vom Mai 1939 gab Aufschluß über den Effekt der nationalsozialistischen Verdrängungspolitik und des Versuchs der Umschulung: 107 000 jüdische Erwerbspersonen wurden als berufslose Selbständige definiert.
Der Anteil von Juden, die noch erwerbstätig waren – mehr als 30 000 Personen –, lag in der Landwirtschaft und im Handwerk (43%) sowie in den freien (jüdischen!) Berufen (25%) weit über dem Verhältnis in der Vergangenheit, während im Sektor „Handel und Verkehr", der stets „jüdisch" gewesen war, weniger als 20% gegenüber 60% zu Beginn der NS-Zeit zurückgeblieben waren.

Verschiebung der Erwerbstätigenstruktur

Die Auswanderung von Juden hatte für das NS-Regime eine höhere Priorität als die berufliche Umschichtung. Für Auswanderungswillige wurde die Rettung ihres Vermögens zu einer zentralen wirtschaftlichen Überlegung. Der wichtigste Versuch zur Rettung von Besitz und Vermögen war das sog. „Transferabkommen" vom Mai 1933. Bereits seit 1931 war der Transfer von Kapital ins Ausland prinzipiell verboten. Doch das Interesse des NS-Regimes an einer Auswanderung der Juden und deren Ausnutzung zu einem Ausgleich des Außenhandels hatte Vorrang vor anderen Überlegungen, und die für Antisemiten so typische Furcht vor der wirtschaftlichen Macht der Juden öffnete ein Tor, um unter Mitnahme von Vermögen nach Eretz Israel auszuwandern. Nach dem „Transferabkommen" (von Juli 1933 an unter Beteiligung der zionistischen Bewegung) war das Vermögen auswanderungswilliger deutscher Juden auf einem Sperrkonto zu deponieren und über den Einkauf deutscher Waren mittels der „Palästina Treuhandstelle" („Paltreu") nach Eretz Israel zu transferieren. Die Ersparnis an harter Währung für die britische Mandatsregierung wurde den Einwanderern in Eretz Israel ausgezahlt. Bis 1939 wurden so zirka 140 Millionen Reichsmark von 52 000 jüdischen Einwanderern nach Palästina transferiert. Im Mai 1937 wurde eine ähnliche Regelung für die Auswanderer in andere Länder („Altreu"), jedoch zu weitaus ungünstigeren Wechselkursen, festgelegt. Auch die Auswanderung von Mittellosen mußte durch die Verwendung dieser Gelder unterstützt werden.

Transferabkommen

Palästina Treuhandstelle

Während für die Hälfte der deutschen Juden, denen eine Auswanderung überhaupt möglich war, die Höhe des Kapitals, das sie mit sich in die Emigration nehmen konnten, von großer wirtschaftlicher Bedeutung war, blieb für Juden, die in Deutschland zurückblieben, die Entwicklung eines Sozialhilfenetzes eine der wichtigsten wirtschaftlichen Maßnahmen. Die regionalen NS-Behörden kürzten willkürlich und ohne gesetzlichen Rückhalt die Wohlfahrtsunterstützung für Juden, so daß die Frage der sozialen Hilfeleistungen immer stärker auf die jüdi-

Wohlfahrtsunterstützung

Kürzung der Wohlfahrtsleistungen

schen Gemeinden selbst zurückfiel. In den Jahren 1935/36 lebten bereits mehr als 20% der Juden, 1938 gar 25%, in schwerer Armut, selbst wenn die Wohlfahrtshilfe im Vergleich zu entsprechenden deutschen Organisationen mit Erfolg arbeitete. Parallel zur nationalsozialistischen Winterhilfe existierte von 1934 an ein entsprechendes jüdisches Hilfswerk. Die jüdischen Arbeitsämter, die bereits in der Zeit der Wirtschaftskrise während der Weimarer Republik gegründet worden waren, arbeiteten unter den Nationalsozialisten weiter, bis ihre Tätigkeiten von den Regierungsbehörden 1935 untersagt wurden. Die Unterstützung der Arbeitslosen erfolgte dann praktisch durch die staatlichen Institutionen, bis man Ende 1938 eine Verpflichtung zum Arbeitseinsatz für jüdische Arbeitslose einführte.

jüdische Arbeitsämter

Arbeitseinsatz

4.3.4 Zentralisierung

Gleichschaltung Die für das Dritte Reich charakteristische Gleichschaltungspolitik wurde auch und insbesondere im Zusammenhang mit jüdischen Institutionen realisiert, und zwar nicht immer infolge eines durch das Regime ausgeübten Drucks. Die zuvor gescheiterten Versuche, jüdische Einrichtungen zu konzentrieren und zu koordinieren, wurden nun durch das Regime unterstützt, das jede föderalistische Tradition zertrümmern wollte.

Aufhebung förderalistischer Traditionen

Zentralausschuß Schon im April 1933 wurde der Zentralausschuß für Hilfe und Aufbau eingerichtet, der sich den Problemen der wirtschaftlichen und sozialen Unterstützung widmete und die Arbeit der Wohlfahrtsstelle ausweitete, die vom Regime nicht mehr als private Wohlfahrtsversicherung anerkannt wurde.

Reichsvertretung der deutschen Juden Am 17. September 1933 wurde die Reichsvertretung (RV) der deutschen Juden unter der Präsidentschaft Leo Baecks gegründet, die später nach dem Erlaß der Nürnberger Gesetze in „Reichsvertretung der Juden in Deutschland" umbenannt wurde.

Basis Basis der Reichsvertretung waren die drei großen jüdischen Organisationen – der CV, der RjF und die Zionisten. Zunächst handelte es sich bei der Reichsvertretung um eine Art Koordinierungsausschuß. Es gab Gemeinden und Landesverbände, die in der Reichsvertretung nicht repräsentiert waren. Doch im November 1936 schlossen sich auch die zuvor nicht beteiligten Verbände der RV an, so daß diese Organisation eindeutig zur Repräsentantin des deutschen Judentums wurde.

Abteilungen Die Reichsvertretung besaß vier Abteilungen: Wohlfahrtspflege, Wirtschaftshilfe, Wanderungswesen sowie Schul- und Bildungswesen. Die Organisation stützte sich zunächst im wesentlichen auf den CV, tendierte im Laufe der Zeit jedoch stärker in eine zionistische Richtung.

4. Der Nationalsozialismus

Im Februar 1939 wurde die RV durch die „Reichsvereinigung der Juden in Deutschland" abgelöst mit Leo Baeck als Präsident und Paul Epstein als Vorsitzenden. Offiziell fiel diese Entscheidung erst im Juli 1939, verankert in der 10. Verordnung zum Reichsbürgergesetz. Die Formulierung zeigt eindeutig, worauf es dem Regime ankam: Die Reichsvereinigung hatte den Zweck, die Auswanderung der Juden zu fördern. Heute wird allgemein angenommen, daß die Initiative ihre Wurzeln nicht im RSHA, sondern in der Reichsvertretung selbst hatte, die eine zentralistische Organisation anstelle eines förderalistischen Verbandes schaffen wollte, nachdem das Gesetz vom 28. März 1938 den alten Status der jüdischen Gemeinden aufgehoben hatte. Die RV war nur im „Altreich" tätig, während in Österreich die Israelitische Kultusgemeinde (IKG) und in der Tschechoslowakei die Jüdische Kultusgemeinde (JKG) arbeiteten. Außerhalb dieser zentralen Organisation verblieben nur der Kulturbund (siehe 4.3.6) und das Palästina-Amt. Diese zentrale jüdische Organisation wurde erst im Juni 1943 aufgelöst, einige Überreste arbeiteten jedoch noch bis zum Kriegsende. Wie wir heute wissen, handelte es sich bei der Reichsvereinigung um eine Organisation, die bis 1941 eine wichtige selbständige Rolle spielte und nicht ein bloßes Instrument der Gestapo war.

<small>Reichsvereinigung</small>

Eine weitere Konkretisierung der Verbindung von Konzentrations- und Isolationsbestrebungen der jüdischen Bevölkerung war die Organisierung der Frauen. Nach dem Erlaß der NS-Erziehungsgesetze im April 1933 organisierte sich der Jüdische Frauenbund (JFB) mit „Bnei Brit", den Zionisten, dem CV und der ultra-orthodoxen, antizionistischen „Agudah" zur nicht formellen Einheitsfront der jüdischen Frauen, die bis zur Auflösung der Organisationen tätig war.

<small>Frauenbewegungen</small>

Die Konzentrationstendenz jüdischer Organisationen war also vom Standpunkt des Regimes aus ein Versuch, die Isolation der jüdischen Gesellschaft effektiver zu gestalten, für die Organisationen selbst jedoch gleichzeitig eine Verbesserung in den Arbeitsbereichen, die der jüdischen Bevölkerung noch verblieben waren.

<small>Allgemeine Beurteilung</small>

4.3.5 Die politische Haltung

Die Errichtung der nationalsozialistischen Regierung war ein politischer Akt, der eine politische Reaktion verlangte: Von vornherein versuchte jede politische jüdische Richtung auf ihre Weise und unter Erwägung ihrer eigenen Vorteile zu reagieren. Relative Effektivität besaß das Bemühen des „Reichsbunds jüdischer Frontsoldaten" (RjF), die Bestimmungen der Gesetze vom 7. April 1933 für diejenigen, die an der Front gedient hatten oder altansässig waren, zu erleichtern. Der RjF

<small>unterschiedliche Reaktionen</small>

stellte sich selbst als Partner zur Verwirklichung der Vorschläge zur Verfügung und versuchte somit, wenn auch erfolglos, eine führende Position innerhalb der jüdischen Gemeinde zu erreichen. Eine derartige, auf Kooperation abzielende Reaktion war sonst eher für die Gruppe um Max Naumann typisch, auf deren Initiative hin im April 1933 auch der allerdings nur kurzlebige „Aktionsausschuß der jüdischen Deutschen" in Zusammenarbeit mit dem RjF und den beiden Jugendorganisationen „Vortrupp" und „Schwarzes Fähnlein" gegen die antideutsche „Greuelpropaganda" ins Leben gerufen wurde. Versuche, mit dem Regime zu einem *Modus vivendi* zu gelangen, wurden auch von anderen Gruppen unternommen: im November 1933 wurde die „Erneuerungsbewegung der jüdischen Deutschen" geschaffen, die allerdings nur einen Monat arbeitete. Die Zionisten waren besonders eifrig dabei, die sich bietende Gelegenheit auszunutzen, um zur zentralen politisch-jüdischen Körperschaft zu werden, womit sie schließlich auch Erfolg hatten: Die NS-Regierung bevorzugte Gruppen mit anti-assimilatorischer Orientierung. Die Zionisten waren in diesem Zusammenhang bereits 1933 die geeigneten Alliierten.

Versuche der Kooperation

Zionisten

Doch parallel zur allgemeinen politischen Entwicklung in Deutschland wurde bereits im ersten Regierungsjahr der Nationalsozialisten auch die Möglichkeit der jüdischen Bevölkerung beseitigt, sich offen und organisiert politisch zu artikulieren. In dem Prozeß der allmählichen Übernahme der Kontrolle über den Staat durch die NSDAP wurde die politische jüdische Arbeit auf den internen Bereich im Rahmen der Reichsvertretung und der Gemeinden beschränkt. Paradoxerweise genoß hier die jüdische Politik eine relativ große Freiheit. In diesem Rahmen konnte zum Beispiel der Kampf zwischen den Gemeinden und der Zentralorganisation während der Gleichschaltung der jüdischen Institutionen geführt werden. Die Führung der Berliner Juden war z. B. mit Aufbau und Struktur der Reichsvertretung nicht zufrieden und versuchte 1937, die Legitimation der Organisation und ihre Finanzierung zu erschüttern. Die Organisation unter Leitung Leo Baecks konnte jedoch ihren Status bewahren, auch weil man befürchtete, die finanzielle Unterstützung von jüdischer Seite aus dem Ausland würde anderenfalls nicht eintreffen. Auf Gemeindeebene und noch stärker auf der Ebene der Zentralorganisation dauerte der alte Kampf zwischen CV und Zionisten fort, auch wenn spätestens 1935 deutlich war, daß die zionistische Richtung den Sieg davontragen werde.

Beseitigung politischer Meinungsfreiheit

Von allen politischen Bewegungen und Richtungen innerhalb des Judentums konnte allein die Zionistische Bewegung im Dritten Reich Erfolge vorweisen: Nach den Wahlen 1933 kam es z. B. zum Phänomen

Zionistische Bewegung

der „Märzzionisten", die sich erst zu diesem Zeitpunkt entschlossen hatten, der Bewegung beizutreten. Die Zionistische Bewegung, die innerhalb von zwei Jahren ihre Mitgliederzahlen auf rund 22 500 mehr als verdoppeln konnte, strebte danach, Repräsentantin des deutschen Judentums zu werden, und wandte sich am 21. Juni 1933 in einem Memorandum an das Regime, um als eine Auswanderungsbewegung anerkannt zu werden und für Juden in Deutschland den gesetzlichen Status einer erklärten Minderheit zu erhalten. Es ist paradox, daß bereits im September 1933 auch der CV eine quasi-zionistische Position einnahm, während der Konflikt zwischen Zionisten und RjF 1937 mit der Zustimmung des Bundes zum zionistischen Werk in Eretz Israel beendet werden konnte. „Märzzionisten"

Während die Zionisten insgesamt aus den Auseinandersetzungen innerhalb des Judentums als Sieger hervorgingen, kam es innerhalb des Zionismus selbst zu einer der heftigsten Konfrontationen mit der Gruppe der Revisionisten. Unter den Revisionisten, die sich schon 1931 infolge des Widerstands einiger Mitglieder gegen den Austritt aus der Zionistischen Weltorganisation innerlich gespalten hatten, hat man den wirtschaftlichen Boykott Deutschlands unterstützt und sich dem „Transferabkommen" widersetzt. 1934 zwang das Regime die Revisionisten, sich unter der Präsidentschaft von Kareski als „Staatszionistische Organisation" zusammenzuschließen, die gleichermaßen in Opposition zu den Zionisten und zur *Reichsvertretung* stand. Kareski veröffentlichte am 31. März 1935 einen Aufsatz zugunsten der Liquidation des deutschen Judentums durch eine allgemeinumfassende Auswanderung und schlug sich selbst im August zum Reichskommissar für Auswanderung vor. Zu Kareskis „Staatszionisten" zählten vor der Auflösung der Gruppe im August 1938 neben 500 Betar-Jugendlichen zwar nur 1000 Mitglieder, jedoch setzten diese alle zionistischen Bemühungen im Dritten Reich einer Prüfung aus. Revisionisten
„Staatszionisten"
Liquidation durch Auswanderung

Jenseits der internen Auseinandersetzung bestand die Bedeutung der zionistischen Arbeit in der Vorbereitung des Bodens für eine Auswanderung: Die Aktivitäten der Bewegung des „HeChalutz" (Der Pionier), der Jugendbewegung „HaBonim" und der „Hachschara" bereiteten zuverlässige, ausgebildete Einwanderer nach Eretz Israel vor. Das Transferabkommen gab der Zionistischen Bewegung in ihrer Arbeit zur Vorbereitung der Aliyah die notwendige wirtschaftliche Basis. Doch die Bewegung hing dabei letztlich von dem NS-Regime ab, so daß auch sie durch die veränderte Politik des Regimes nach der Reichspogromnacht überflüssig und zusammen mit anderen Organisationen aufgelöst wurde. Vorbereitungen zur Auswanderung
Auflösung der Zionistischen Bewegung in Deutschland

Eine der wichtigsten Reaktionen erfolgte innerhalb der jüdischen Jugend: Die Jugendorganisationen schufen eine Gemeinschaft mit starker jüdischer Identität sowie den Rahmen zum Erwerb jüdischer Bildung; außerdem sorgten sie für gesellschaftliche Aktivitäten in der Zeit der Not. Die verschiedenen jüdischen Jugendorganisationen stützten sich dabei auf eine organisatorische und ideologische Basis, die schon in der Weimarer Zeit geschaffen worden war.

Jugendbewegung

Jüdische Identität und Bildung

Die Machtübernahme der Nationalsozialisten trug natürlich auch im Kontext der Jugendorganisationen zu einer Förderung der zionistischen Idee und Bewegung bei, die sich immer stärker auf die Auswanderung ausrichtete.

zionistische Jugend

Aber es kam auch zu entgegengesetzten Tendenzen: Im Februar 1933 wurde die Jugendorganisation „Vortrupp" zur Stärkung der „bündisch-soldatischen Kräfte im Judentum" von Hans-Joachim Schoeps ins Leben gerufen. Für Schoeps waren Zionisten und „Ostjuden" Auslandspalästinenser, die mit einem Minderheitenrecht auszustatten waren, während die anderen deutschen Juden gleichberechtigt sein sollten. Die Gruppe um Schoeps stand mit dem bereits mehrfach erwähnten „Schwarzen Fähnlein" in Verbindung (siehe 3.3.1). Ihre Mitglieder definierten sich als jüdische Deutsche, die sich dem deutschen Erneuerungsprozeß seit 1933 nahe fühlten.

„jüdische Deutsche" und H.-J. Schoeps

Die NS-Politik bestand bis 1936 darin, die jüdischen Jugendorganisationen zu konzentrieren, sie völlig von anderen Jugendbewegungen zu isolieren und Auswanderungstendenzen zu fördern. Die Tendenz des Regimes zur Zentralisierung in diesem Bereich kam in dem „Reichsausschuß" zum Ausdruck, der mit dem NS-Reichsjugendführer in Kontakt stand und mit der Reichsvertretung koordiniert war. 1936 waren insgesamt 60% der jüdischen Jugendlichen in einer der zahlreichen jüdischen Jugendbewegungen organisiert, darunter zwei Drittel in zionistischen Organisationen.

Konzentration und Auswanderung

Die Verschärfung der nationalsozialistischen Politik wirkte sich auch auf die Jugendbewegungen aus: Jüdische Jugendbewegungen mit deutscher Orientierung wie das „Schwarze Fähnlein", der „Vortrupp" und der „Ring" wurden schon in den Jahren 1934–1936 verboten. Spätestens nach der Reichspogromnacht wurden alle Organisationen verboten.

Auflösung der Jugendorganisationen

Eine Neugründung mit veränderten Namen wurde allein zum Zwecke der Auswanderung genehmigt. 1941 kam dann für diese Organisationen ebenso wie für die „Hachscharot" das Ende. Im Juli 1941 gab es noch 26 000 jüdische Jugendliche in Deutschland. Sie wurden in den Tod geschickt.

4.3.6 Die sog. „kulturelle Renaissance"

Im Gegensatz zu den negativen Auswirkungen in den oben genannten Bereichen kam es auf dem Gebiet der Kultur gelegentlich zu einer Art „positiver" Illusion. Die neue Realität einer besonderen, inneren Emigration zwang zu einer Konzentration auf den als „jüdische Kultur" bezeichneten Bereich, der sich erheblichen Zuspruchs erfreute. *„positive" Illusion*

Jüdische Künstler und Schriftsteller waren unter den ersten, die die Radikalität des Regimes spürten. Diese Tendenz wurde bereits im März 1933 deutlich, als Hans Hinkel zum Staatskommissar im Preußischen Wissenschaftsministerium ernannt wurde, um sich hier um die „Germanisierung von Kultur und Wissenschaft" zu kümmern. Diese Aufgabe wurde auf gesamtdeutscher Ebene seit dem 22. September 1933 per Gesetz dem Goebbelsschen Ministerium übertragen und zwischen den verschiedenen Kulturkammern aufgeteilt, in denen die Anwendung des Arierparagraphen jedoch unterschiedlich ausgelegt wurde. *Germanisierung von Kultur und Wissenschaft*

Die Unterscheidung zwischen „deutscher" und „jüdischer" Kultur schlug sich in einer institutionalisierten Ghettoisierung nieder. Dieser Prozeß setzte früh ein: der „Jüdische Kulturbund" entstand bereits im Juni 1933 in Berlin unter dem Vorsitz von Kurt Singer. Im Oktober 1933, als der „Kulturbund" mit Lessings „Nathan, der Weise" seine erste Aufführung auf die Bühne brachte, hatten sich ihm bereits 15 000 Mitglieder angeschlossen; die Zahl sollte bis auf 70 000 ansteigen. Die Arbeit des Kulturbundes dehnte sich über Berlin hinaus auf ganz Preußen und im Februar 1934 auch auf Bayern aus. Drei Theater wurden gegründet, eine Oper, zwei Symphonieorchester sowie ein Theater für jüdische Schulen. Insgesamt waren etwa 20 000 Künstler an den Aktivitäten des Bundes beteiligt. Im März 1934 wurde die Reichsorganisation jüdischer Kulturbünde, im April 1935 die formal föderalistische Organisation des „Reichsverbandes jüdischer Kulturbünde" errichtet, ein Schritt, der aufgrund des Übertritts des SS-Angehörigen Hinkel in das Propagandaministerium erfolgte, wo er seit Juli 1935 Sonderbeauftragter für die Überwachung der „Nichtarier" auf kulturellem Gebiet war. *Jüdischer Kulturbund*

Die Gestapo betrachtete den Kulturbund als Instrument zur Segregation der Juden und zur Aufhebung der Assimilation. Doch die Organisierung der Arbeit zeigte das Paradox der nationalsozialistischen Definition von „jüdischer Kultur". Im aufgezwungenen Prozeß der Ghettoisierung war es unmöglich, in das Ghetto von einst, d. h. in die Zeit vor einem Zusammentreffen mit der „deutschen Kultur", zurückzukehren. So war Julius Bab entgegen der Intention des Regimes davon überzeugt, daß nicht eine jüdische Dimension im engeren Sinne, sondern *Paradox de Begriffs einer „jüdischen Kultur"* die Pflege der deutschen Kultur unter neuen Bedingungen gemeint sei. Selbst die zionistische „Jüdische Rundschau" war gegen eine Definition des nationalen Juden als Konsument von ausschließlich „jüdischen Produkten". Die prinzipielle Frage lautete also: Was ist ein „jüdisches" Theater, was ist „jüdische Musik" ohne „jüdische" Inhalte?

<small>Beschränkung des kulturellen Repertoires</small>

Während das den jüdischen Kulturgruppen zur Verfügung stehende Repertoire von 1937 an zunehmend eingeschränkt wurde, war den Juden nach der Reichspogromnacht der Besuch von Unterhaltungsveranstaltungen mit „deutscher" Kultur prinzipiell untersagt.

<small>Sport</small>

Aus den deutschen Sportorganisationen waren Juden bereits 1933 ausgeschlossen worden. Sie hatten sich daher im Reichsausschuß jüdischer Sportverbände organisiert, der 1936 zirka 40000 Mitglieder zählte.

<small>Intensivierung jüdischer Studien</small>

Eine Antwort auf den kulturellen Boykott war der Versuch, durch die Intensivierung der jüdischen Studien das jüdische Selbstbewußtsein zu stärken. So nahmen die Lehrhäuser ihre Tätigkeit wieder auf oder wurden neu gegründet; in Berlin übernahm Leo Baeck die Schirmherrschaft über das jüdische Lehrhaus. Nach diesem Muster gab es auch Lehrhäuser in Köln, Stuttgart, Mannheim, Hamburg und anderen Städten.

<small>jüdische Erziehung</small>

Die jüdische Erziehung stand ebenfalls im Zentrum der neuen kulturellen Aktivitäten: 1933 versuchte man die Richtlinien zur Aufstellung von Lehrplänen für jüdische Volksschulen noch so zu formulieren, daß Jüdisches und Deutsches mit allen Richtungen des Judentums, einschließlich der Erziehung für eine Auswanderung nach Palästina, verbunden werden konnte. Doch 1937 wurden neue Richtlinien veröffentlicht: von dem dualistischen Bildungsideal des Jahres 1933 „Jawne und Fichte" war nur noch „Jawne" geblieben, also die Stadt in Eretz Israel, in die nach der Zerstörung des Zweiten Tempels im Jahre 70 n. d. Z. das geistig-religiöse Zentrum des Judentums verlegt worden war und in der die Halacha von den Rabbinern entwickelt und festgelegt wurde [235: J. WALK, Jüdische Schule und Erziehung].

<small>jüdische Schulen</small>

Jüdische Schulen wurden neu eröffnet. Hier fanden auch jüdische Lehrer Beschäftigung, die aus dem allgemeinen Schuldienst entlassen worden waren. Ende 1933 besuchte ein Viertel der schulpflichtigen jüdischen Kinder jüdische Schulen, Ende 1937 waren es 60%. Doch weil der Anteil der Kinder an der jüdischen Bevölkerung zurückging, ging auch die Zahl der Schüler an jüdischen Bildungseinrichtungen stark zurück.

<small>Martin Buber und die Erwachsenenbildung</small>

Martin Buber setzte sich für die Förderung der Erwachsenenbildung ein, insbesondere unter denjenigen, die aus Mangel an Alternativen zur „jüdischen Kultur" zurückkehrten.

4. Der Nationalsozialismus

Die Vermittler „jüdischer Kultur" erhielten eine besondere Unterstützung durch die Presse. Die „Jüdische Rundschau" wuchs von 10 000 Exemplaren auf 37 000 an. Die Zeitung des CV erreichte eine Auflage von 50 000, das „Familienblatt" von 36 000 und der „Schild" von 20 000 Exemplaren, insgesamt also mehr als 140 000 Exemplare im Jahre 1934. Darüber hinaus existierten bis 1938 weitere 70 jüdische Zeitungen und Journale mit einer Auflagenstärke von insgesamt 350 000 Exemplaren. Zwar gab es eine Zensur durch Goebbels und die Gestapo; doch die jüdische Presse arbeitete relativ autonom.

Neben der Presse gab es die Arbeit der Verleger: 1937 existierten noch 27 jüdische Verlagshäuser. Das Verlagshaus Schocken konnte zwischen 1933 und 1938 noch 92 Titel zu jüdischen Themen herausgeben. Der Philo-Verlag verkaufte zwischen 1934 und 1937 insgesamt 30 000 Exemplare des von ihm herausgegebenen „Jüdischen Lexikons".

Die „kulturelle Wiederbelebung" hatte auch andere Aspekte, darunter die Förderung der hebräischen Sprache oder der Versuch, an den Olympischen Spielen in der deutschen Mannschaft als jüdische Sportlermannschaft teilzunehmen. Häufig wird die Meinung vertreten, an die Stelle der geistigen Ghettoisierung sei damals der geistige Widerstand getreten. Oder man versucht, das Phänomen als „kulturelle Renaissance" zu deuten [22: H. M. GRAUPE, Modernes Judentum], während andere mit größerer Berechtigung das Gegenteil behaupten. Die kulturelle Ghettoisierung kann man zwar als eine teilweise, nicht intendierte Entschädigung für den Verlust der Emanzipation interpretieren; sie leistete jedoch nahezu keinen Beitrag zur Entwicklung der jüdischen Kultur, so daß die Bezeichnung „Renaissance" insofern kaum geeignet sein dürfte.

Vermittlerfunktion der Presse

Verlagshäuser

Förderung der hebräischen Sprache

Ghettoisierung oder „Renaissance"

4.3.7 Jüdischer Widerstand gegen das Regime

Juden wurden vom Regime aufgrund ihrer „Rasse" als Gegner verstanden und blieben dies im Unterschied zu anderen Oppositionsgruppen unter jeder Bedingung. Bereits aufgrund dieser Feststellung kann die Meinung, die deutschen Juden hätten dem Regime keinen Widerstand entgegengehalten, nicht akzeptiert werden. Es kam tatsächlich zu einem Widerstand, der jedoch unspektakulär war und daher wenig beachtet und erforscht wurde. Diejenigen, die im nachhinein einen spektakulären jüdischen Widerstand fordern, übersehen zahlreiche Beispiele für geleisteten, individuellen oder öffentlich-kollektiven Widerstand, die allerdings manchen Betrachtern nicht ausreichend dramatisch erschienen.

kein spektakulärer Widerstand

Setzt man, wie es in der Forschung üblich geworden ist, eine umfassendere Definition des Widerstandsbegriffes an, dann tritt ein breites Spektrum von Mustern jüdischen Widerstandes und jüdischer Resistenz gegen das Regime hervor, das vom mündlichen und schriftlichen Widerstand bis zur Flucht und zum Suizid reicht. Die Aufnahme der Kontroverse „Juden versus Nichtjuden" in die Feiern des traditionellen Purimfestes ist ein derartiges Beispiel für einen indirekten und vorsichtigen Protest gegen das Regime von jüdischer Seite. Leo Baeck ging in der Abfassung eines Gebetes für den Jom Kippur 1935 so weit, daß er die Beschimpfung der jüdischen Religion anprangerte und dafür verhaftet wurde. Anderer Protest oder Widerstand hatte schwerwiegendere Folgen: Während der Ausweisung von Juden aus Baden im Oktober 1940 protestierte Otto Hirsch; und von seiten der Reichsvereinigung wurde ein Rundschreiben verschickt, das zu einem Fastentag aufrief. Der Verfasser des Aufrufs, Julius Seligsohn, wurde nach Sachsenhausen gebracht und dort ermordet. Otto Hirsch wurde seines Amtes enthoben und nach Mauthausen geschickt, wo er einen gewaltsamen Tod fand.

Beispiele

In vielerlei Hinsicht kann man auch die Wiederbelebung der jüdischen Kultur als eine Art geistigen Widerstand betrachten. Auch die Politik einiger jüdischer Organisationen kurze Zeit nach der Machtübernahme der Nationalsozialisten kann als Widerstand angesehen werden: so zum Beispiel protestierte der CV gegen falsche Mordbeschuldigungen im Jahre 1934, und der RjF kämpfte noch 1935 für die Ehre der jüdischen Soldaten.

geistiger Widerstand

Politischer Protest

Gewaltsamer Widerstand, der ohnehin im Dritten Reich nicht sehr verbreitet war, wurde von Juden nur in einem nichtjüdischen Rahmen ausgeführt. Insgesamt gab es zirka 2000 Juden, die im organisierten Widerstand aktiv waren. Eine Organisation, die relativ gezielt und effektiv arbeitete, war die kommunistische Gruppe um Herbert Baum, der bereits seit 1934 als Kommunist aktiv war. Die Gruppe arbeitete zwischen 1938 und 1942 bis zur demonstrativen Aktion gegen die Ausstellung „Sowjetparadies" in Berlin im Mai, nach der die Mitglieder ausgeliefert wurden. Siebenundzwanzig Gruppenmitglieder wurden ermordet oder begingen Suizid.

Juden im kommunistischen Widerstand

Juden waren zumindest in der ersten Zeit des nationalsozialistischen Regimes auch am Widerstand anderer gesellschaftlicher Gruppen oder Parteien beteiligt – der SPD, der liberal-bürgerlichen Gruppen oder der Frauenbewegung. Die Hälfte der Gruppe um Baum bestand aus Frauen, und zahlreiche jüdische Widerständlerinnen gehörten zu anderen kommunistischen Gruppen. Die Art der Kontrolle über die

Juden in anderen Widerstandsgruppen

deutschen Juden trug dazu bei, daß der aktive Widerstand vielleicht auf individueller Basis effektiver war – wie im Falle von Edith Wolf, einer Zionistin, die sich erst 1941 dem organisierten Widerstand anschloß.

    Das jüdische Thema hätte für den Widerstand der gesamten Gesellschaft eine Herausforderung sein müssen. Doch der Ausschluß der Juden aus der Gesellschaft stieß insgesamt unter der Bevölkerung auf wenig Gegnerschaft. Die Kirchen intervenierten, sobald es um christliche Gemeindeangehörige jüdischer Herkunft ging. Das deutlichste Beispiel für Widerstand von nichtjüdischer Seite in diesem Zusammenhang war die Demonstration von nichtjüdischen Ehefrauen jüdischer Männer („Rüstungsjuden"), die im Februar 1943 in ein Sammellager gebracht worden waren. Diese Demonstration der Frauen in der Rosenstraße in Berlin war erfolgreich, da sie vor einem größeren Publikum stattgefunden hatte. Hier besitzen wir also ein Beispiel eines erfolgreichen Widerstandsaktes im Kontext der Maßnahmen gegen die jüdische Bevölkerung, ein Beispiel, das im Vergleich zu der Art und Weise gesehen werden sollte, mit der der Widerstand des 20. Juli zur „Judenfrage" Stellung bezog: selbst in diesen Kreisen trat man im allgemeinen nicht für eine Aufhebung der Diskriminierungsmaßnahmen oder gegen eine Ausweisung von Juden ein. Der Vorwurf eines Mangels an Widerstand ist also an die nichtjüdische Gesellschaft zu richten, nicht an die Gruppe der Opfer.

4.3.8 Im Exil

Im Kontext der Problematik deutscher Juden im Exil stellt sich zunächst die prinzipielle Frage, ob deutsche Juden, die Deutschland gegen ihren Willen verlassen mußten, im Zusammenhang dieser Erörterung als „deutsche Juden" zu gelten haben. Auch wenn hier selbstverständlich nicht die nationalsozialistische Definition – daß es zwar Juden in Deutschland gegeben habe, nicht aber deutsche Juden – auf diesen Personenkreis Anwendung finden darf, so muß man doch fragen, ob diese Gruppe von ihrem Selbstverständnis her als eine Gruppe deutscher Juden begriffen werden kann oder ob diese Juden nicht letztlich die echten „Auslandsdeutschen" waren und blieben.

    Begrifflich geht es in diesem Kontext um „Exil" oder „Emigration". Deutsche Juden emigrierten in die europäischen Nachbarländer, in die Vereinigten Staaten und nach Palästina. Im Exil bewahrten etliche deutsche Juden ihre alte Identität teilweise im Rahmen von Landsmannschaften. Von besonderer Bedeutung waren die mitteleuropäischen Immigranten in Palästina. Hier verdoppelte die mitteleuropäische Immigration nicht nur den bestehenden jüdischen Jischuw in demographischer Hinsicht, sondern prägte auch weitgehend die Wirtschaft, das Justizwesen, die Kultur und die lokale Politik.

Fortsetzung kreativer Tätigkeit

Im Zusammenhang damit ist zu fragen, ob eine kreative Tätigkeit der Emigranten als künstlerisches Schaffen deutscher Juden im Exil zu gelten hat. Oft wird der Verlust beklagt, den die deutsche Kultur im Dritten Reich erlitten hat. Zum Beispiel: mehr als ein Fünftel des akademischen Personals der Universität Göttingen wurde entlassen – 49 Personen, fast alle Juden. Von ihnen gingen 31 ins Exil, die meisten, um nie wieder nach Deutschland zurückzukehren. Eines der auffallendsten Beispiele ist der Bereich der Literatur: Bereits am 23. April 1933 wurde eine schwarze Liste der Schriftsteller veröffentlicht, die praktisch festlegte, wer von ihnen ins Exil gehen mußte. Viele von ihnen emigrierten in Länder, die später von den Deutschen erobert wurden. Sie wurden wieder ergriffen – wie z. B. Fritz Heymann. Manche töteten sich selbst – wie Stefan Zweig und Walter Benjamin. Ein Teil blieb auch im Exil kreativ tätig, so daß eine Brücke zwischen der Kultur, aus der sie kamen, und der Kultur, in die sie aufgenommen wurden, entstand. Das Beispiel der Historiographie zeigt, wie Juden, die nach Amerika oder Eretz Israel emigrierten, hier eine Infrastruktur für die Forschung schufen. Die große Mehrheit der Emigranten konnte jedoch aufgrund von Sprach- und Integrationsproblemen ihre frühere literarische Tätigkeit nicht fortsetzen.

Verluste im Bereich der Wissenschaft und Literatur

Schriftsteller

Beeinflussung des Wissenschaftsbetriebs

Aktivitäten zugunsten der Exilländer

Die Staaten, in die Juden aus Deutschland immigrierten, wußten die Vorteile, die diese Menschen mitbrachten, unmittelbar zu nutzen: Juden im Exil traten in die Armeen der Alliierten ein oder stellten ihre Sprachkenntnisse den Geheimdiensten zur Verfügung, arbeiteten bei der Untersuchung von Kriegsgefangenen oder in der Vorbereitung von Propagandamaterial.

4.4 Krieg und Shoah

willkürliche Schikanen

Durch die Kriegssituation wurde der „jüdische Feind" für die Nationalsozialisten noch besser greifbar. Als feindliche Gruppe wurde die jüdische Bevölkerung fortan Ziel von rein böswilligen Verordnungen, die ihre Möglichkeit, „dem Feind im Ausland zu helfen", beschränken sollten. So war es Juden mit Kriegsbeginn verboten, nachts ihre Wohnungen zu verlassen. Der Lebensmitteleinkauf wurde auf bestimmte Stunden eingeschränkt. Die im Besitz der jüdischen Bevölkerung befindlichen Radiogeräte wurden beschlagnahmt (23. September 1939), der Verkauf von Schokolade an Juden wurde verboten (19. November

1939), bestimmte Produkte wie Milch oder Reis durften ebenfalls nicht von Juden gekauft werden (Januar 1940).

Die einzige jüdische Zeitung, die nach der Reichspogromnacht noch erscheinen durfte – das „Jüdische Nachrichtenblatt" – ist im wesentlichen die einzige Informationsquelle für das Schicksal der deutschen Juden während des Krieges, abgesehen von den Dokumenten in den Archiven und von individuellen Zeugnissen.

Die grundsätzliche Politik zielte weiterhin auf Ausschluß und Separation der noch in Deutschland verbliebenen jüdischen Bevölkerung, wobei selbst in den ersten Kriegsjahren *nicht* eindeutig klar war, wohin diese Separation führen werde. Darüber hinaus hatte die Politik noch immer keine Einheitlichkeit angenommen. Separation

Es bestand heftige Konkurrenz zwischen dem Propagandaministerium und anderen für die Judenpolitik verantwortlichen Ministerien. Eine Auswanderung von Juden war praktisch bis April 1940 möglich, d. h. bis zum Überfall auf Frankreich, während Himmler selbst im Mai noch die Möglichkeit einer gewaltsamen Ausrottung der Juden zurückwies. weitere Emigration

Der Krieg mit der Sowjetunion führte zur Radikalisierung „der Lösung der Judenfrage" auch in Deutschland. Im September 1941 wurde Juden der Besuch von offenen Märkten verboten. Gleichzeitig wurde die Benutzung der öffentlichen Verkehrsmittel auf bestimmte Stunden eingeschränkt. Vom 14. September an mußten Juden den „Gelben Fleck" tragen, einen schwarzen Davidstern auf handtellergroßem gelbem Grund. Ein halbes Jahr später wurden auch jüdische Häuser mit einem Davidstern gekennzeichnet. Doch: Die Tatsache, daß am 23. Oktober 1941 die Auswanderung offiziell verboten wurde und die Deportation der deutschen Juden nach Osten zur Vernichtung begann, konnte den Mechanismus der Diskriminierungen und Verfolgungen nicht aufhalten: Im Dezember 1941 wurde der jüdischen Bevölkerung untersagt, öffentliche Fernsprechanlagen zu benutzen. Im Februar 1942 wurde Juden verboten, Zeitungen zu kaufen. Fahrräder wurden beschlagnahmt. Seit März 1942 durften Juden ihre Wohnorte nicht mehr verlassen und auch nicht mehr mit öffentlichen Verkehrsmitteln zu Arbeitsplätzen fahren, die weiter als sieben Kilometer entfernt waren. Dies alles erfolgte absurderweise in einer Phase, in der die Verordnungen der verschiedenen Ministerien praktisch überflüssig waren, denn sie bezogen sich auf eine Bevölkerung, die nicht mehr existierte, die nicht mehr erwerbstätig war oder kurz vor der Deportation stand. Am 31. Oktober 1941 waren in Deutschland nur noch 150 000 Juden verblieben, die in kürzester Zeit verschleppt wurden.

Schon vor dem Oktober 1941 kam es zu regionalen Initiativen zur Vertreibung der jüdischen Bevölkerung: Die Ausweisung von Juden aus Wien nach Polen im Oktober 1939 und Februar 1941 und der Stettiner Juden nach Lublin im Februar 1940, die Ausweisung von zirka 30 000 Juden aus dem zu jener Zeit bereits deutsch besetzten Colmar am 16. Juli 1940 und von zirka 7000 Juden aus Baden nach Frankreich am 22. Oktober 1940 belegen, daß lokale Initiativen von Gauleitern an höherer Stelle genehmigt und ausgeführt werden konnten. Im Januar 1941 beschloß Heydrich die Vertreibung von 90 000 Juden aus dem zum Reich annektierten „Warthegau" in das „Generalgouvernement". Die systematischen Massenvertreibungen begannen dann am 23. Oktober 1941 aus allen Teilen des Deutschen Reiches in die Ghettos des Ostens. In „Mischehen" verheiratete Juden, Angehörige einer fremden Staatsbürgerschaft oder Personen über 65 Jahre waren anfangs von den Ausweisungen nicht betroffen. Juden aus Berlin, München, Prag und Wien wurden ins Ghetto Lodz verschleppt. Nicht nur, daß in den Ghettos die schrecklichsten Bedingungen herrschten – die Vertreibung nach Riga brachte die deutschen Juden direkt zu ihrer Ermordung in einem Pogrom am 13. Dezember 1941. Die Transporte wurden oft unter wirtschaftlichen Gesichtspunkten organisiert, wobei die Juden selbst für den Transport bezahlen mußten. Der Besitz der Vertriebenen wurde der Reichsvereinigung und von dort der Regierung überwiesen, während die Gestapo sich mit dem Finanzministerium um die „Teilung der Beute" stritt.

Die praktischen Entscheidungen über das Schicksal der jüdischen Bevölkerung wurden von formalen Entscheidungen über ihren staatsrechtlichen Status begleitet. 1939 ging das Regime dazu über, Juden sämtliche staatsbürgerlichen Rechte abzusprechen und so ihren Ausschluß aus der staatlichen Gemeinschaft voranzutreiben. Die 11. Verordnung zum Reichsbürgergesetz setzte am 25. November 1941 fest, daß Juden des „Altreichs" ihre Staatsbürgerschaft bzw. -angehörigkeit bei Auswanderung ins Ausland aufgeben mußten. Da man eine Vertreibung aller Juden beabsichtigte, war diese Verordnung der gesetzliche Ausgangspunkt für die Beseitigung jüdischer Existenz in Deutschland. Sie war später auch der Anknüpfungspunkt für den entsprechenden Paragraphen im Grundgesetz der Bundesrepublik Deutschland, der Juden ihre deutsche Staatsbürgerschaft zurückgab. Fortan hatte die Gesetzgebung in bezug auf Fragen der jüdischen Bevölkerung in den Augen Hitlers jegliche Bedeutung verloren. Er war der Ansicht, nach dem Krieg würden in Deutschland keine Juden mehr leben.

In Deutschland verbliebene Juden wurden vom 20. Dezember

1938 an zur Zwangsarbeit eingesetzt. Hauptsächlich die Reichswehr und ihre Munitionsabteilung waren an der Zwangsarbeit von Juden interessiert. Dies führte dazu, daß von 1939 bis 1941 die jüdischen Umschulungslager bereits praktisch Arbeitslager waren. Sonderzuteilungen von Nahrungsmitteln an Arbeiter (oder schwangere und stillende Frauen) wurden den Juden vorenthalten. Ende 1940 wurden mindestens 30 000 Juden zu Zwangsarbeiten herangezogen. Bis März 1941 war diese Zwangsarbeit jedoch allein das Schicksal der jüdischen Arbeitslosen. Nach diesem Zeitpunkt waren dann alle Juden zur Zwangsarbeit verpflichtet. Gleichzeitig wurde auch das neue Modell eines Arbeits- und Wohnlagers für Familien entworfen. Ende 1941 waren noch 21 000 Zwangsarbeiter übrig, die „Umschulungsteilnehmer" eingeschlossen. Ende 1942 wurde auf Betreiben Hitlers und gegen den Widerstand der Armee beschlossen, die „Rüstungsjuden" aufzugeben. Im Februar 1943 kam es daher zu Razzien, um die in der Rüstungsindustrie beschäftigten Juden aufzuspüren. Auch wurde die letzte „Umschulung" im April 1943 geschlossen. Juden aus beiden Bereichen wurden in die Vernichtungslager geschickt.

Zwangsarbeit

Arbeits- und Wohnlager

Preisgabe der „Rüstungsjuden"

Je länger der Krieg dauerte, desto größer wurde die Gefahr für Paare in „Mischehen" oder „Mischlinge": „Mischlinge ersten Grades" konnten seit April 1940 ebenso wie mit Jüdinnen verheiratete Männer nicht mehr in der Armee dienen. Für „Mischlinge zweiten Grades" galt dies von Juni 1941 an. Am 27. Februar 1943 verhaftete die Gestapo zum ersten Mal jüdische Ehemänner arischer Frauen, um sie „in den Osten" zu schicken. Demgegenüber wurde es unter dem Druck der Bombardierungen jüdischen Ärzten, die als „Mischlinge ersten Grades" galten, bereits 1943 erlaubt, ihre Tätigkeit wieder aufzunehmen. Für „Volljuden" galt dies ab 1944, jedoch wohl nur, wenn sie Partner in „Mischehen" waren.

Schicksal der „Mischehen" und „Mischlinge"

Die jüdische Gemeinde beschäftigte auch während des Krieges einige tausend Juden. So waren im Jüdischen Krankenhaus in Berlin mehr als 300 Ärzte tätig, bevor die Vertreibungen aus dieser Institution einsetzten, die praktisch das Kontrollzentrum der Gestapo über die verbliebenen Juden war. In den jüdischen Schulen wurden noch 3500 Kinder von jüdischen Lehrern unterrichtet, bis auch sie von den Transporten erfaßt wurden. Am 19. Juli 1943 wurde die Reichsvereinigung geschlossen und Deutschland als „judenrein" erklärt.

Funktion der jüdischen Gemeinde

jüdisches Krankenhaus

jüdische Schulen

das Ende

Juden, die versuchten, sich der Vertreibung, deren Organisation von den jüdischen Gemeinden selbst übernommen werden mußte, zu entziehen – wurden zu „U-Boot-Juden". Die Gestapo nahm in Fällen, in denen Juden verschwanden, Geiseln aus der Gemeindeleitung und

Juden im Untergrund

ließ sie hinrichten. In Berlin gingen so zirka 5000 Juden in den Untergrund, von denen ungefähr 1500 gerettet wurden. Die Forschung wies nach, daß die Mehrheit der Versteckten entweder in Großstädten mit mehr als einer halben Million Einwohnern oder in Dörfern überlebte. Praktisch verengt sich die jüdische Geschichte in Deutschland seit 1943 auf die „Rest-Reichsvereinigung", auf die wenigen Untergetauchten sowie auf die abnehmende Zahl von Juden in Mischehen sowie „Halbjuden", wie es im nationalsozialistischen Jargon hieß.

4.5 Die „Stunde Null"

Juden in Deutschland nach 1945 — Deutschland war nach Kriegsende nicht „judenrein", und zwar nicht nur wegen der wieder aus dem Untergrund kommenden Untergetauchten (etwas mehr als 2000 Personen) und der Privilegierten (ungefähr 15 000, mehrheitlich in „Mischehen"), sondern auch weil Tausende von Juden aus dem Osten als Zwangsarbeiter oder Lagerhäftlinge nach Deutschland gebracht worden waren. Unter den Millionen „Displaced *Displaced Persons* Persons" (DPs) der Nachkriegszeit waren hundert- bis zweihunderttausend Juden, die aus Osteuropa, zumeist vor dem Antisemitismus, geflo*politische Strukturen* hen waren. Sie lebten in Lagern, oft unter Bedingungen, die denen während des Krieges glichen, auch wenn ihnen nun geordnete religiöse Dienstleistungen zur Verfügung standen. Innerhalb der Lager wurde das politische Leben nach den Linien geführt, die in der jüdischen Welt *Zionisten* draußen herrschten. Hier gewannen hauptsächlich die Zionisten Erfolge – eine scheinbar logische Schlußfolgerung nach den Erfahrungen mit der nationalsozialistischen Zeit. Lager wie Bergen-Belsen oder Landsberg waren noch bis 1950 wahre jüdische Zentren. Viele DPs verließen die Lager und fügten sich in das Wirtschaftsleben des besetzten *Assimilation* Deutschlands ein. Paradoxerweise setzte sich die Assimilation auf dem radikalen Weg der „Mischehen" in großem Umfange fort.

Die Mehrheit der Juden, die aus Osteuropa geflohen waren, wurde *Flüchtlinge in den* von den Zionisten in die amerikanisch besetzte Zone geleitet, um mit *Besatzungszonen* Hilfe der US-Regierung Druck auf Großbritannien auszuüben, das die Einwanderung nach Palästina gesperrt hatte. Daher fanden sich in Bayern mehr Juden als im gesamten deutschen Gebiet. 1946 flüchteten mehr als 100 000 Personen in die amerikanische Zone. Demgegenüber kamen in die französische Zone nur 1300, in die britische gar nur 400. In der französischen Zone bestand ein Nord-Süd-Gefälle: im Norden der Zone hielten sich ehemalige deutsche Juden auf (mit wenig Willen, nach Palästina auszuwandern), im Süden lebten vor allem „Ostjuden". In der sowjetischen Zone lebten Juden, die anfänglich als Opfer des Faschismus anerkannt waren und denen eine Wiedergutmachung zugesprochen wurde. Mehrere prominente Juden kehrten in die sowjetische Zone, die spätere DDR, zurück.

Jüdische Gemeinden wurden bereits 1945 wiedergegründet, voran in der britischen Zone. Das Lager Bergen-Belsen erwarb sich einen Sonderstatus auf britischem Gebiet im jüdischen Leben. Doch es bestand keine Verbindung zwischen dem Gemeindeaufbau der Vergangenheit und der Gegenwart. Die Zeitung der Gemeinden hieß „Allgemeine Wochenzeitung der Juden in Deutschland". In der amerikanischen Zone wurde ein Zentralkomitee der befreiten Juden gebildet, von dem sich jedoch die deutschen Juden distanzierten, die während des Krieges im Untergrund oder auf andere Art überlebt hatten. Sie bildeten im Juli 1945 die Israelitische Kultusgemeinde. So brach die Spannung zwischen den deutschen Juden und den „Ostjuden" erneut auf. Diese Spannung ist eines der wenigen Kontinuitätsmerkmale jüdischer Existenz in Deutschland unter neuen Bedingungen.

So stand die jüdische Gesellschaft im besetzten Deutschland dem am nächsten, was man die „Stunde Null" nannte. Doch selbst in diesem Kontext greift der Begriff nicht wirklich. Es gibt einen seidenen Faden, der kontinuierlich vom Judentum des alten Deutschlands zum Judentum des neuen Deutschlands oder vom Judentum im alten Europa zum Judentum im neuen Europa führt.

Marginalien: Neugründung jüdischer Gemeinden; Zeitung; Zentralkomitee der Juden

II. Grundprobleme und Tendenzen der Forschung

Zwischen 1914 und 1945 – in einer einzigen Generation – vollzogen sich in Europa, in Deutschland und innerhalb der jüdischen Bevölkerung Deutschlands traumatische Veränderungen. Die erste in diesem Zeitraum auszugrenzende Epoche bezeichnet die vier Jahre des Ersten Weltkrieges, der die Ordnung von 1871 und die bürgerliche Ordnung des 19. Jahrhunderts überhaupt beendete. Die zweite Epoche, die knapp 14 Jahre dauerte, war die Zeit der Weimarer Republik, die Zeit der Verwirklichung der Emanzipationsträume der Juden und des gleichzeitigen Aufkeimens der dialektischen Saat ihres Untergangs. Die dritte Epoche – die Zeit des Dritten Reiches – war die Zeit der Aufhebung der Judenemanzipation, der Vertreibung der Juden aus Deutschland und ihrer physischen Vernichtung.

Epocheneinteilung und Charakteristika

In historiographischer Hinsicht gewannen diese Epochen wechselnd unterschiedliche Aufmerksamkeit, ein Umstand, der nicht nur in ihrer Dauer wurzelt. Die Geschichte des „Dritten Reiches" zog ebenso wie die Geschichte der Shoah von vornherein das Interesse auf sich. Infolge der Notwendigkeit, die epochenübergreifenden Strukturen und die Klimax des „Dritten Reiches" zu erklären, wandte sich die Forschung intensiv dem Kaiserreich und auch der Geschichte der Juden im Kaiserreich zu. In der Forschung stand die Weimarer Republik stets im Schatten des „Dritten Reiches", die Republik wurde als Übergangsphase zur nationalsozialistischen Herrschaft dargestellt. Dies galt auch für die historische Betrachtung der Juden in der Weimarer Republik. Bis in die Gegenwart hinein besteht Bedarf für eine umfassendere Analyse relativ vernachlässigter Abschnitte – in der Geschichte des Lebens der deutschen Juden während der Weimarer Zeit oder während des Dritten Reichs.

historiographische Schwerpunkte der verschiedenen Perioden

Defizite

*

Trotz der inneren Gliederung in einzelne Zeitabschnitte kann man die allgemeine Linie, die die gesamte hier behandelte Epoche charakterisiert, deutlich erkennen.

Kontinuität im Zeichen des Untergangs

Deutsche Juden standen spätestens seit dem Ende des Ersten Weltkrieges vor dem Untergang. Dies fühlten die Zeitgenossen bisweilen, die Historiker jedoch sahen es aus der Retrospektive fast immer so. FR. THEILHABER, Arzt und keineswegs Soziologe, mußte seine bereits 1911 aufgrund der demographischen Entwicklung geäußerte Ansicht vom Untergang des deutschen Judentums in der zweiten Auflage seines Buches von 1921 nochmals unterstreichen [59: F. A. THEILHABER, Untergang]. 1932 schloß sich auch der jüdische Volkswirtschaftler J. LEST-

J. Lestchinsky — CHINSKY der Meinung an, der Rückgang der Geburtenrate bedeute eine Gefahr für das *deutsche* Judentum [136: J. LESTCHINSKY, Wirtschaftli-

O. Heller — ches Schicksal]. Der Kommunist Otto Heller sprach 1931 von einem Untergang des Judentums überhaupt und war überzeugt, der Kommunismus werde das Judentum begraben und das jüdische Problem auf seine Art lösen. In orthodoxen Kreisen hingegen hielt man die Flucht

Religion — vor religiösen Werten und Traditionen für ein Zeichen des Untergangs. Im Wissen um das Schicksal der Juden im Dritten Reich erscheint die gesamte Geschichte seit dem Ersten Weltkrieg in der Retrospektive erst recht als eine fortwährende Geschichte des Rückgangs oder Unter-

Untergangsgefühl bereits vor der Zeit des Nationalsozialismus — gangs, die mit der physischen Vernichtung der Juden endete. Angesichts des Gefühls vom Untergang, das die jüdische Existenz also bereits in der Zeit vor dem Dritten Reich begleitete, will der Eindruck entstehen, der Nationalsozialismus sei im deutschen Judentum auf ein Opfer gestoßen, das ohnehin schon stark geschwächt war.

1. Die Definition des „deutschen Judentums"

Eine Darstellung der Geschichte des deutschen Judentums in allen

Notwendigkeit einer Definition — Epochen ist verpflichtet, eine adäquate Definition dessen vorzulegen, was sie unter „deutschem Judentum" oder unter „deutschen Juden" versteht. Eine derartige Definition ist problematisch, da die religiöse Komponente nicht immer und ganz gewiß nicht in der Gegenwart das ausschlaggebende Element der Definition sein kann: im Zeitalter der Säku-

verschiedene Definitionskategorien — larisierung können die einer Definition zugrunde gelegten Kategorien schwerer bestimmt werden als in früheren Epochen. – Definieren sich Juden und Judentum durch Religion, durch Nation, durch Geschichte, durch Herkunft oder durch Selbstbewußtsein? Wie bei allen Definitio-

Fremd- und Selbstdefinition — nen muß man auch in diesem Zusammenhang die Aufmerksamkeit auf die Differenz lenken, welche zwischen der Definition, die ein Historiker seinem Objekt zukommen läßt, und der Selbstdefinition der jewei-

1. Die Definition des „deutschen Judentums" 81

ligen Gruppe besteht. Im Verlauf des 19. Jahrhunderts brachte die Beziehung von Juden zu ihrer Umwelt ein neues System von Begriffen wie „Israelit" und „mosaisch" hervor, das sowohl auf die Forderung nach einer Definition im Zeitalter der Moderne als auch auf die antisemitischen Bedrohungen eine Antwort bieten sollte. In beiden Fällen jedoch setzte diese Selbstdefinition eine alte Tradition fort, nach der Juden in erster Linie als eine religiöse Gruppe definiert wurden. Demgegenüber versuchte eine Definition von außen, weniger die klassische Definition des Judentums als Religion und verstärkt die Kategorisierung auf ethnischer oder kultureller Basis zu betonen. Extreme Denker gingen weiter und legten das Element der „Rasse" als wesentlichen oder einzigen Faktor der Definition fest.

<small>Begriffsbildungen im 19. Jahrhundert</small>

<small>religiöse gegenüber ethnischen oder kulturellen Definitionen</small>

Wer dagegen eine ethnische Definition vermeiden und eine sichere religiöse Definition finden möchte, wird nur mit Mühe eine anwendbare und flexible Definition dieser Art finden. WERNER ANGRESS war bei der Abfassung seiner Arbeit über die Politik während der Revolutionszeit davon überzeugt, daß er nichts zu schreiben hätte, wenn die Definition von Judentum allein auf ein Bekenntnisjudentum hinausliefe; denn ein wirklich religiös-jüdisches Bewußtsein habe nur eine Minderheit gehabt. Die Mehrheit sei indifferent oder dissident gewesen [109: W. ANGRESS, Revolutionszeit]. Gegen diese Ansicht kann man einwenden, es sei sinnvoller, eine formale Definition zu benutzen und sich nicht auf Glaubensfragen einzulassen – mit anderen Worten, es sei gescheiter, nur zu prüfen, ob ein Jude nicht aus der jüdischen Gemeinde ausgetreten sei. Das Gegenargument, getaufte Juden galten als Teil des jüdischen Kollektivs, besitzt historizistischen Sinn, aber es läuft Gefahr, dem Einfluß der rassistischen bzw. antisemitischen Kategorisierung zu erliegen. Gegen Juden, die die christliche Taufe empfangen hatten, wurde im allgemeinen vorgebracht, sie gehörten zu der Gruppe der Juden, da sie den Religionswechsel ohnehin nur aus praktischen Gründen vorgenommen hätten. Der Historiker ist demnach in seiner Definition verpflichtet, sich so auf das Definitionsobjekt zu beziehen, wie es die Zeitgenossen taten. WERNER MOSSE schließt sich in seinem Buch über die jüdischen Eliten der Meinung derjenigen an, die getaufte Juden als eine Kategorie der jüdischen Bevölkerung auffaßten. Er tut dies mit der Begründung, daß die religiöse Definition zu eng und daher die Definition von Juden als „ethnischer Gruppe" zu bevorzugen sei [43: W. MOSSE, Economic Elite, 3].

<small>Getaufte als Teil des jüdischen Kollektivs</small>

<small>Historiker und Urteil der Zeitgenossen</small>

Auch wenn man in dieser Frage letztlich zu einem Konsens gelangen sollte, so bleibt doch eine zusätzliche Schwierigkeit bestehen – denn das Problem trifft in methodologischer und definitorischer Hin-

„Mischlinge" sicht auch „Mischlinge". ANGRESS z. B. zählt „Halbjuden" zu den Juden (von 52 von ihm erwähnten Politikern waren 21 Juden, die nicht aus der Gemeinde ausgetreten waren, 19 Dissidenten, sechs Getaufte, fünf „Halbjuden" und einer mit jüdischer Herkunft) [109: W. ANGRESS, Revolutionszeit, 150]. ERNST HAMBURGER benutzt diesen Ansatz in seinem Buch nicht, obwohl er prinzipiell bereit ist, getaufte Juden zur jüdischen Bevölkerung zu zählen [23: E. HAMBURGER, Juden im öffentlichen Leben]. Die Frage, ob man also gezwungenermaßen die Definition der Antisemiten übernehmen müsse, ist eine Frage der historischen Methode, die eine vorsichtige Antwort erfordert.

Jenseits der Frage einer Definition von „Judentum" allgemein wartet bereits das nächste Problem: Was ist das *deutsche* Judentum"? Die (seit der Emanzipation im Kaiserreich) auf der Staatsbürgerschaft beruhende, offizielle Definition ist für die historische Untersuchung nicht ausreichend. Der permanente Aufenthalt in Deutschland allein machte aus einem Juden noch keinen „Deutschen", selbst nicht innerhalb der Minderheitengruppe, die per Gesetz und Satzung als deutsches Judentum definiert wurde. Unter der jüdischen Bevölkerung als solcher war die kulturelle Zugehörigkeit der wesentliche Definitionsfaktor, und zwar sowohl in Deutschland als auch in den Exilländern, Palästina eingeschlossen. Dieser Faktor wurde jedoch von der deutschen Mehrheit nicht akzeptiert – die Definition der Juden als Angehörige einer fremden Kultur war eines der charakteristischen Merkmale der aktiven und passiven Antisemiten gleichermaßen.

Definition von deutschem Judentum

Kategorien geographischer Aufenthalt

kulturelle Zugehörigkeit

Die Schwierigkeit, Juden in Deutschland ausschließlich auf religiöser Basis zu definieren, während diese doch mehrheitlich der Religion gleichgültig gegenüberstanden, führt zu einem weiteren Definitionsproblem und trennt die deutschen Juden als begrenzte Gruppe zum Beispiel von Juden aus Osteuropa. Hinter dem Definitionsproblem steht auch die spezifisch politische Situation der damaligen Zeit – die Existenz einer dominierenden deutschen Minderheit in Österreich-Ungarn, das nicht zu Deutschland gehörte, der Zusammenbruch der Imperien am Ende des Ersten Weltkrieges und die Verschiebung der Grenzen des deutschen Reiches selbst. Aus der Frage „Was ist des Deutschen Vaterland" resultierte z. B. auch die Frage, ob Robert Weltsch, einer der führenden Zionisten, der gegen Ende des Krieges aus dem Gebiet der späteren Tschechoslowakei nach Berlin kam, nun ein deutscher Jude war oder nicht.

Definitionsversuche und politische Lage

Letztlich jedoch erleichtert die Reduktion der Frage nach dem Judentum auf die Frage nach dem „deutschen Judentum" auch die Definition im weiteren Fragenbereich. Daher ist die Definition Hermann

1. Die Definition des „deutschen Judentums" 83

Cohens von 1917 wohl richtig und treffend: „Wir sind Deutsche, weil wir Deutsche sein wollen", ohne daraus weitreichende Folgerungen in bezug auf die Assimilation oder deren Definition zu ziehen, wie es andernorts postuliert wird [158: E. REICHMANN, Bewußtseinswandel, 606]. Deutsche Juden wurden daran erkannt, daß sie in irgendeiner (nicht unbedingt konfessionellen Form) Judentum bewahrten und gleichzeitig freiwillig am Deutschtum als Kultur oder gesellschaftspolitischem Rahmen teilnahmen. Loyalität galt als Maßstab für deutsche Juden nach eigener Einschätzung. Doch hierin lag ein Paradox: Paul Hirsch, der preußische Ministerpräsident während der Revolution, kämpfte im Gegensatz zu Hugo Preuß gegen den Vorschlag einer Teilung Preußens [109: ANGRESS, Revolutionszeit, 201]. War er im Vergleich zu Preuß daher eher ein preußischer Jude als ein deutscher?

„Deutsche Juden"

Der gewaltsame Versuch, Juden und deutsche Juden in eine prägnante, treffende Definition zu fassen, ist also zum Scheitern verurteilt. Hinzu kommt, daß die deutsch-jüdische Bevölkerung heterogen war – wie schon aufgrund der obigen Definitionsversuche deutlich wurde. Daher wird eine sekundäre, interne Klassifizierung notwendig. G. SCHOLEM versucht mehrere Gruppen zu differenzieren: das Spektrum reichte für ihn von total eingedeutschten oder getauften Juden, von „jüdischen Antisemiten" und Wohlhabenden über die Mehrheit eines liberalen, jüdischen Mittelstandes, der die Verbindung zur jüdischen Substanz, also in erster Linie zur Religion, im wesentlichen verloren hatte, bis hin zu den Zionisten und einer orthodoxen Minderheit [103: G. SCHOLEM, Psychologie der Juden].

sekundäre Klassifizierung

Neben diesem schwerfälligen Klassifizierungsversuch existiert auch der Versuch einer naiven Kategorisierung [182: C. BLACKWELL, German Jewish Identity, 40] – die Einteilung in drei Gruppen: Kulturjuden – die Mehrheit, die eine Akkulturation durchlaufen hat, aber nicht zum Christentum übergetreten ist, von den Orthodoxen bis zu den Reformierten; säkulare Juden – von den Reformierten bis zu Juden ohne jegliche religiöse Praxis bis hin zu Assimilierten; praktische Juden – Juden, die nur der Herkunft nach Juden sind und sich bis zum Übertritt zum Christentum und zum Eingehen von „Mischehen" assimiliert haben.

EVA REICHMANN teilt ebenfalls in drei Gruppen ein [158: E. REICHMANN, Bewußtseinswandel, 513]: (a) Uninteressierte; (b) „nicht-jüdische Juden", die nicht in die Kategorien von Juden aufgenommen werden möchten; und (c) die größte Gruppe der „normalen Juden", die im wesentlichen den Fortschritt der Gleichberechtigung genossen.

Notwendigkeit von Sekundärkategorien	Sekundärkategorien sind für die je eigenen Bedürfnisse der Historiker notwendig. Aus der Perspektive des Lesers historischer Arbeiten sind diese Kategorien nicht immer nachzuvollziehen. Es handelt sich um anfechtbare Klassifizierungen auf verschiedenen Ebenen. Definitionsprobleme ergeben sich hauptsächlich im Blick auf Gruppen an der – relativ umfangreichen – Peripherie, nicht aber für das Zentrum: ein
Zentrum und Peripherie	Mitglied der jüdischen Gemeinde gehörte zweifellos zum Judentum. Wer aber außerhalb der Gemeinde stand, zählte zur Peripherie. Seine Zuordnung zur Allgemeinheit des Judentums hing allein von ihm selbst – oder seinem Gegenüber –, nicht jedoch von einem objektiven Kriterium ab.
Definition und Demographie	Eindringliches Beispiel für die praktische Bedeutung der Definition des deutschen Judentums ist die demographische Arbeit. Seit der Publikation von THEILHABERs „Untergang des deutschen Judentums" [59] dominierte das Gefühl, die Diskussion über das Judentum der Weimarer Republik drehe sich um die Fragen, ob das deutsche Judentum wirklich vor dem Untergang stand, ob Deutschland sich darin von anderen Staaten unterschied und was zur Rettung der jüdischen Bevölkerungsgruppe zu unternehmen war. Diese Diskussion bedarf zwangsläufig einer Definition des deutschen Judentums, auch wenn ihr eigener Betrag zu einer Definitionsbildung gering anzusetzen ist.

2. Die jüdisch-deutsche „Symbiose"

Vorhandensein einer Symbiose	Die Frage der jüdisch-deutschen „Symbiose" ist vielleicht die zentrale Frage schlechthin für das Judentum Deutschlands in seiner Selbstreflexion seit dem Dritten Reich. Hat es diese Symbiose gegeben oder nicht? Die präliminare Schwierigkeit liegt bereits in der Definition des
Definition	Begriffes an sich, der in seiner ursprünglichen Bedeutung die für beide Seiten nützliche Koexistenz zweier Organismen beschreibt. Die Benutzung des Begriffs in seinem biologischen Sinn verkürzt jedoch die Effektivität der Diskussion erheblich. Nur wenn der Begriff im übertragenen Sinne, als Synonym für die gegenseitige Akkulturation, zur Anwendung gelangt und der Bezug zu den Tauschelementen zweier Kulturen eindeutig wird, hat die Diskussion überhaupt einen Sinn: Nicht Wechselwirkung und (gegenseitige) Abhängigkeit, sondern der Kultur-
Synonym für gegenseitige Akkulturation	austausch unter Bewahrung der eigenen Identität muß gemeint sein [85: Y. ILSAR, Problem, 144]. Daher ist der Begriffsbezug bereits in den Anfängen im kulturellen Kontext zu finden – darauf zielt Martin Buber,

2. Die jüdisch-deutsche „Symbiose"

wenn er von der Symbiose des jüdischen und deutschen Wesens spricht. Doch auch wenn Konsens über den Einflußbereich der Symbiose besteht, so steckt der Kern des Problems in diesem Kontext nicht in der Beziehung zwischen Mehrheit und Minderheit oder in der Frage der sozialen Unterscheidung, sondern in hohem Maße in der Frage nach der doppelten Loyalität – in einer Frage, die in der öffentlichen Diskussion und in der historischen Retrospektive gleichermaßen grundsätzlich geworden ist.

doppelte Loyalität

In diesem Zusammenhang standen Gerschom Scholem und Martin Buber jeweils am entgegengesetzten Ende des Meinungsspektrums [85: Y. ILSAR, Problem, 122]. Ersterer behauptete, es habe eine Symbiose niemals gegeben. Letzterer glaubt, die Geschichte der Juden Deutschlands sei ein glänzendes Beispiel für eine Symbiose. Ohne Zweifel bestimmte Scholem den Ton der Diskussion. Er sprach sich in seinem Aufsatz „Wider den Mythos vom deutsch-jüdischen Gespräch" gegen das aus, was in seinen Augen nur eine Illusion war [102: G. SCHOLEM, Mythos]. Hier setzte er fort, was er bereits 1944 in seinem Aufsatz über die „Wissenschaft des Judentums" gesagt hatte [100: G. SCHOLEM, Gedanken]. Scholem fragte sich, wie die Tendenz der meisten Juden zur Selbsttäuschung, ja sogar zum Selbstbetrug, zu erklären sei [103: SCHOLEM, Psychologie der Juden, 259]. Er war zwar zu seinen Einsichten aufgrund seiner (im wesentlichen vor der Weimarer Zeit gemachten) Erfahrung gelangt – Erfahrungen wie das Fehlen eines wirklichen sozialen Kontaktes zu Nichtjuden, praktisch die soziale Ausschließung der Juden, aus der sich das Trugbild der deutsch-jüdischen Harmonie ergab [103: SCHOLEM, Psychologie der Juden, 264–271] – aber er konnte sich auch auf die Erfahrungen anderer, zum Beispiel der Jugendorganisationen zwischen 1923 und 1933, berufen, um zu belegen, daß Juden sehr wohl spürten und sahen, daß es sich um eine Illusion handelte.

Gerschom Scholem und Martin Buber

Weitere Zweifel an der Vorstellung von einer Symbiose hegte HANNAH ARENDT. Sie war der Meinung, der Grund für die Illusion von der Symbiose sei das Mißverständnis in bezug auf das Wesen des Deutschtums gewesen, da Juden die Deutschen in hohem Maße als Projektion ihrer selbst verstanden und gesehen hätten [72: H. ARENDT, Eichmann]. Als Beweis mag gelten: der Glaube an das ideale, deutsche Image war so stark, daß viele sich auch nach 1933 weigerten, auf eine Identifikation mit diesem Bild und infolge dessen auch auf die Idee der Symbiose zu verzichten. Zwei Beispiele: J. BAB habe noch 1938 über die tiefen Bindungen zwischen Deutschen und Juden gesprochen [73: J. BAB, Leben und Tod, 7], während M. BUBER erst im März 1939 zu der

Hannah Arendt

Julius Bab

Einsicht gelangt sei, daß das Ende der jüdisch-deutschen Symbiose gekommen sei [7: A. BEIN, Judenfrage, 329].

weitere Ansätze   P. GAY folgt Buber, wenn er von der Symbiose als einem „zarten Pflänzchen" spricht [20: P. GAY, Freud] oder schärfer formuliert „Es gab keine deutschen Juden, sondern nur jüdische Deutsche" [119: P. GAY, Weimarer Zeit, 32] bzw. die sprachliche Wendung übernimmt: „die Juden sahen in Deutschland ihr Zuhause in der Weimarer Republik nicht weniger als in früheren Zeiten" [ebd., 33]. Die Erfahrung vor und während der Weimarer Zeit sei echt gewesen, der bestehende Optimismus daher berechtigt [ebd., 38]. Ernst Bloch, zwischen beiden Positionen anzusiedeln, hielt es nicht für notwendig, die Symbiose an sich zu bestreiten, beteiligte sich aber nicht an ihrer Apotheose. Er hielt das alltägliche Leben in der Weimarer Republik für ein „pathosloses Miteinander" [55: H. J. SCHÜTZ, Deutsche Literatur, 247].

die Diskussion um die Symbiose vor der Weimarer Zeit   Die Diskussion um die Symbiose setzte nicht erst infolge des Aufstiegs des Dritten Reiches ein. Ihre Anfänge liegen noch in der Zeit vor dem Ersten Weltkrieg: Hermann Cohens Aufsatz von 1915 über „Deutschtum und Judentum" war ein früher Versuch, die Wechselwirkung zwischen Juden und Deutschen und die jüdische Verpflichtung gegenüber dem Deutschtum unter wesentlicher Bezugnahme auf den Be-

Hermann Cohen   griff der Kultur zu erörtern. Cohen vertrat zu jener Zeit eine Ansicht von Gegenseitigkeit und Entsprechung zwischen Judentum und Deutschtum, die von liberalen Juden und Orthodoxen gleichermaßen akzeptiert

Hugo Bergmann u. a.   werden konnte. Der Philosoph H. Bergmann war überzeugt, daß man dank Fichte Tendenzen innerhalb des Deutschtums als entsprechende Parallelen auch in der jüdischen Kultur finden könne [3: S. ASCHHEIM, Brothers and Strangers, 190]. Diese Denkrichtung wurde in der Weimarer Republik fortgesetzt: J. GOLDSTEIN wollte die deutsch-jüdischen Gemeinsamkeiten in der deutschen Kultur entdecken; H. STERN nannte Juden und Deutsche identische Zwillinge infolge einer tausendjährigen Abhängigkeit [104: H. STERN, Warum hassen sie uns eigentlich?, 26; 121: J. GOLDSTEIN, Volksidee]. J. WASSERMANN sah die einen als Widerspiegelung der anderen [105: J. WASSERMANN, Weg, 119].

Der Glauben an eine besondere Beziehung der deutschen Juden zu Deutschland fand jedoch auch seine Gegner. So wurde Hermann Cohen wegen seiner Position von Zionisten und Schülern Franz Rosen-

Zionisten Franz Rosenzweig   zweigs hart angegriffen, obwohl auch unter Zionisten bisweilen nach einer Synthese zwischen Deutschtum und Judentum gesucht wurde [159: J. REINHARZ, Response, 120].

Einwände von nicht-jüdischer Seite   Die wesentlichen Einwände gegen die Vorstellung einer Symbiose kamen von nicht-jüdischer Seite. 1930 schlug E. JÜNGER vor, „in

2. Die jüdisch-deutsche „Symbiose" 87

Deutschland entweder Jude zu sein oder nicht zu sein" [129: J. HERMAND, Endpunkt, 139] – Jude und Deutscher zugleich zu sein, sei unmöglich. Diese Anschauung war nicht nur unveräußerlicher Besitz der Antisemiten, sie gelangte auch in die jüdische Gesellschaft. So forderte der CV-Führer Holländer, Juden müßten sich als Deutsche besser betragen, da sie Deutschlands „Stiefkinder" seien [76: K. BLUMENFELD, Judenfrage, 12].

Es ist möglich, daß die Diskussion nicht diese extremen Ausmaße angenommen hätte, wenn man, statt von einer Symbiose zu reden, die Begriffe „Assimilierungsgrad" oder „Akkulturation" gewählt hätte. Im Kontext von Assimilierung und Akkulturation wird deutlich, daß die Judenheit Deutschlands ein eindeutig assimiliertes Judentum bot und praktisch ein Modell für andere Judenheiten war. Der Grad der Assimilation und Akkulturation dieser Gesellschaft war nicht nur auf der Individualebene hoch, sondern auch auf der Ebene des Kollektivs. So war z. B. die jüdische Gemeinde in Hamburg eine getreue Replik allgemeiner Hamburger Traditionen und Institutionen [117: E. DOMKE, Wirtschaftskrise]. Für Zionisten auf der einen und Antisemiten auf der anderen Seite war dies allgemein ein Fall von Mimikry [126: L. HEID, Ostjüdische Kultur, 332], doch damit legten sie noch keine Analyse des anerkannt ernsten Phänomens an sich vor und traten praktisch nicht in die historische Diskussion über die Symbiose oder die Assimilation ein.

Die Frage der Assimilation ist allerdings für die Weimarer Zeit weniger interessant, denn das Problem war in früheren Epochen wesentlich akuter. In dem hier behandelten Zeitraum erreichte eher der Dissimilationsprozeß seinen Höhepunkt [64: S. VOLKOV, Dynamik der Dissimilation, 166]. Nicht der Antisemitismus und nicht der Selbstschutz vor der Assimilation durch Konservativismus waren die Gründe für die Dissimilation, sondern die Rückkehr zu einer kollektiven jüdischen Charakterisierung – unbeabsichtigt, obwohl sie sich unter dem vom Antisemitismus ausgehenden Druck, aus der Dialektik des assimilatorischen Schwungs, vollzog. Diese Rückkehr war natürlich gerade für das Judentum bezeichnend, das die Assimilation durchlaufen hatte, d. h. für die Judenheit Deutschlands, und nicht für das hauptsächlich aus Osteuropa stammende Judentum, das diesen Punkt der Entwicklung noch nicht erreicht hatte.

Das Scheitern der Symbiose (wenn dieser Begriff überhaupt angemessen ist) und der Assimilation in den Prüfungen des Dritten Reiches provozierte auch die retrospektive Frage nach der Rechtfertigung des Weges, den die Juden aller Richtungen eingeschlagen hatten (im we-

begriffliche Varianten

Assimilierung und Akkulturation

„Mimikry"

Dissimilationsprozeß während der Weimarer Republik

Scheitern von Symbiose und Assimilation

sentlichen bei den Zionisten). Dieser Ansatz jedoch ist irrig, gerade weil er retrospektiv und wenig komparativ ist – denn es gab Länder, in denen die Assimilation durchaus erfolgreich war. Die Verbindung zwischen dem Scheitern der Assimilation und einer bestimmten oder allgemeinen jüdischen Politik kann keineswegs nachgewiesen werden. Der Erfolg (wie z. B. in den USA) hing im wesentlichen an den Bedingungen des politischen, wirtschaftlichen und sozialen Umfeldes. Akzeptiert man die moderne, überzeugende Erklärung aus der Schule der neuen deutschen Sozialgeschichte, dann lag der Grund für das Scheitern der Assimilation und der Symbiose in Deutschland darin, daß Deutschland keine soziale Stabilität erringen konnte – ein Umstand, der zum Erfolg des Antisemitismus führte [10: H. J. BIEBER, Anti-Semitism as a Reflection, 62].

erfolgreiche Beispiele von Assimilation

Gründe des Scheiterns

Nationalsozialisten

Gesetze gegen die Assimilation

Aus der Sicht der Nationalsozialisten war die Assimilation keineswegs fraglich. Sie war Wirklichkeit, und deswegen begann man vor allem anderen mit der Gesetzgebung gegen die Assimilation. Vor den Nürnberger Gesetzen, die nach dem nationalsozialistischen Rassenverständnis eigentlich die ersten legislativen Maßnahmen gegen die jüdische Bevölkerung in Deutschland hätten sein müssen, wurden Gesetze erlassen, die zur Verdrängung von Juden aus den angesehenen Berufen führen sollten. Wenn man selbstverständlich das Argument anführt, die *Überrepräsentation* von Juden in bestimmten Berufsgruppen belege ebenfalls, daß es keine Assimilation gab, dann wird der Begriff der Assimilation einer unmöglichen Prüfung ausgesetzt [334: K. A. SCHLEUNES, Twisted Road, 44]: Eine proportionale Assimilation an alle Schichten der Mehrheitsgesellschaft konnte unmöglich erwartet werden. Andererseits ist die Annahme berechtigt, daß die Assimilation von der Mehrheitsgesellschaft wohl nicht akzeptiert worden wäre, wenn in einem bestimmten Bereich in der Mehrheitsgesellschaft eine Minderheitengruppe deutlich sichtbar blieb.

Überrepräsentation in bestimmten Sektoren und Assimilation

Symbiose und Definition von Judentum

Die Frage nach Assimilation und Symbiose steht im engsten Zusammenhang mit der Definition des Jüdischseins. Wenn man akzeptiert, was G. MOSSE als „deutsches Judentum jenseits von Judentum" bezeichnet – d. h. Judentum jenseits von Religion und Nation –, dann besitzt man einen wesentlich weniger dogmatischen Ausgangspunkt für die Betrachtung der Assimilation. Nach G. MOSSE hat das deutschjüdische Gespräch sehr wohl stattgefunden, und zwar so weit, daß die Juden Deutschlands zu den Hütern der „echt deutschen" Tradition der Bildung geworden sind, auch im Exil oder in Deutschland während der NS-Zeit, ja daß sie nach 1945 im wesentlichen diejenigen waren, die diese Tradition wiederbelebten [93: G. L. MOSSE, Beyond Judaism, 82].

Juden als Hüter deutscher Traditionen und Bildung

In diesem Ansatz liegt vielleicht ein Stück Überheblichkeit, aber er stellt auch eine gute Antwort auf die Nationalsozialisten dar und auf den Rest derjenigen, die die Behauptung der Symbiose und Assimilation anfechten wollen.

3. „Das Goldene Zeitalter der jüdischen Republik"

Die Behauptung, die Weimarer Republik sei das „Goldene Zeitalter der jüdischen Republik" gewesen, kann jeder übernehmen, ganz gleich, ob er an die jüdisch-deutsche Symbiose glaubt oder nicht, und je nach Position kann man diese Behauptung positiv oder negativ verstehen. Natürlich hat sie, geäußert unter der gesellschaftlichen Mehrheit, eine andere Bedeutung und Relevanz als in der Gesellschaft der Minderheit.

Die Diskussion um ein „Goldenes Zeitalter" hatte ihr Vorbild in dem Gespräch über das spanische Judentum unter islamischer Herrschaft im Mittelalter. Die These vom „Goldenen Zeitalter" bezieht sich zunächst auf den politischen Bereich. Darüber hinaus geht es aber nicht allein um die Präsenz und Stellung von Juden in der politischen Führung, sondern um die Rechtssituation der Juden überhaupt, die in der Weimarer Republik – im Gegensatz zum Kaiserreich – die Rechte erhielten, Beamte, Richter usw. zu werden. Die Revolution von 1918 wurde insofern als wesentlich „jüdisch" verstanden.

historische Vorbilder

Politik und Recht

Die Diskussion verlief heftig unter reger Aufmerksamkeit aller Seiten: Antisemiten sprachen davon, daß die jüdische Präsenz im politischen Leben die Politik gezwungenermaßen zu einer „jüdischen Politik" mache. Erst diese Behauptung gab der gesamten Diskussion und Apologetik überhaupt eine Bedeutung. Richtig ist, daß in Berlin und im preußischen Staatsapparat von 1918 Juden bemerkenswert viele politische Stellungen einnahmen. Das mußte auffallen. In diesem Kontext ist dann selbst die vorsichtige Formulierung MEINECKES „Zu denen, die den Becher der ... Macht gar zu rasch und gierig an den Mund führten, gehörten auch viele Juden" [91: F. MEINECKE, Katastrophe, 53] antisemitisch. Gegen die populäre Behauptung jedoch, die Revolution sei eine jüdische Revolution gewesen, führt ANGRESS zu Recht an: „Es gab keinen Trotzki in der deutschen Revolution" [109: W. ANGRESS, Revolutionszeit, 3]. Was die an der Politik beteiligten Juden kennzeichnete, war lediglich eine Sehnsucht nach Humanismus und Gleichberechtigung.

Diskussion mit Antisemiten

Revolution

Antisemiten behaupteten bereits in den ersten Tagen der Republik, die gesamte dekadente Kultur Weimars sei jüdisch. Dabei machte man in der Rede über Juden nicht nur keinen Unterschied zwischen denjenigen, die zu einer jüdischen Gemeinde gehörten, und denen, die nicht zu einer Gemeinde gehörten, sondern nannte auch viele, die dem jüdischen Leben gänzlich entfremdet waren und ihre Zugehörigkeit und Zuordnung zu dieser Gruppe nicht akzeptiert hätten. Diese Tendenz wurde unter den Nationalsozialisten fortgesetzt. Unter Juden erinnerte man sich noch gut an die Diskussion um den „deutsch-jüdischen Parnaß" aus dem Jahre 1912 und versuchte dann 1933 dennoch zu zeigen, daß man kultureller Träger der Weimarer Republik war; und so ging man den Nationalsozialisten wieder in die Falle [129: H. HERMAND, Endpunkt, 139 f.]. H. Blüher nannte schon 1922 die Kultur der Republik ein „typisches Judenprodukt"; der Literaturfachmann A. Barthels verknüpfte Defizit und Dekadenz der deutschen Literatur mit der Anwesenheit von Juden im Literaturbetrieb, und A. Dinter beschrieb die „Vergiftung" von Kultur und Rasse durch Juden [55: H. J. SCHÜTZ, Deutsche Literatur, 245]. Andere machten auf die umfangreiche Anwesenheit von Juden in Presse und Film aufmerksam. Ernst Bloch stellte das Gleichgewicht der Realität wieder her, wenn er nachträglich darauf hinwies, daß die Mehrheit der Bevölkerung nicht gewußt oder nicht darauf geachtet hat, wer in diesen Bereichen Jude sei und wer nicht. Dies müsse von einer Historiographie, die nicht auf paranoiden Vorstellungen aufbaue, beachtet werden [55: H. J. SCHÜTZ, Deutsche Literatur, 247]. Ohne Entrüstung und ohne Überheblichkeit stimmen W. LAQUEUR und P. GAY [134: W. LAQUEUR, Weimar; 120: P. GAY, Weimar Culture] darin überein, daß es keine deutsche Kultur ohne Juden gäbe; doch sie wußten um die mangelnde Fähigkeit von Juden, die irrationalen Tendenzen in der Weimarer Kultur auszugleichen. Gay betont, daß die Juden, so wichtig sie auch waren, in der Defensive oder in der Minderheit gegenüber den führenden negativen wie positiven Tendenzen in der Weimarer Republik waren.

Die Botschaft der Juden war liberal und universal. Aber selbst diejenigen, die wie E. Ludwig oder St. Zweig große Popularität erreichten, konnten die Botschaft nicht so vermitteln, wie sie es wollten. Es gelang ihnen letztlich nicht, die deutsche Kultur entscheidend zu prägen. Sie repräsentierten gerade die Entfremdung zwischen der populären deutschen Kultur und der jüdisch-deutschen Tradition. Auch J. Wassermann, dessen Botschaft eine andere war, fühlte, daß er versagt hatte [93: G. L. MOSSE, Beyond Judaism, 38].

M. BRENNER bestreitet nicht die aktive Teilnahme der deutschen

3. „Das Goldene Zeitalter der jüdischen Republik"

Juden an der deutschen Gesellschaft nach dem Ersten Weltkrieg, geht aber davon aus, daß die jüdische Bevölkerung der Weimarer Republik sich zunehmend ihrer Jüdischkeit bewußt geworden sei und eher intern neue Formen einer deutsch-jüdischen Kultur in der Literatur, der Musik, der Kunst und der Erziehung gefunden habe, wodurch es zu einer Renaissance jüdischer Kultur während der Weimarer Republik gekommen sei (114: M. BRENNER: Renaissance). Charakteristisch ist, daß gerade in der Diskussion um die Intellektuellen der Weimarer Linken gesagt werden kann, daß Juden für einen großen Teil der deutschen Kultur verantwortlich waren. Auch G. MOSSE, der die Ansicht vertritt, die Weimarer Kultur sei ein „innerer jüdischer Dialog" gewesen, betont, daß es sich nur um ein Treffen auf der Linken gehandelt habe, ja eigentlich um ein Treffen am Rande. Wer den nicht-jüdischen Heinrich Mann als nach jüdischer Ansicht repräsentativen Geist der Weimarer Zeit darstellt [113: S. BOLKOSKY, Image, 148], sieht die Beziehung zwischen Weimarer Kultur und Juden eben auch in dieser Perspektive. Zur Rechten hatten Juden in der Regel keinen Zugang und keine Neigung, soweit von Kultur die Rede ist [93: G. L. MOSSE, Beyond Judaism, 24].

<small>Renaissance jüdischer Kultur</small>

<small>Treffen am linken Rande</small>

Auch wenn die Behauptung eines bedeutenden Einflusses von Juden auf die Kultur in Weimar realistisch begründet ist, so wird sie durch J. HERMANDS Ansicht relativiert, nach der es sich um eine kurzzeitige Blüte hauptsächlich in der Mitte der 20er Jahre gehandelt habe. Zudem war auch das quantitative Gewicht gering [55: H. J. SCHÜTZ, Deutsche Literatur, 246]. Und die Hauptsache – die wesentlichen Kennzeichen waren nicht jüdisch: man kann unmöglich Innovationen wie den Expressionismus und Dadaismus für eine ausgesprochen jüdische Angelegenheit halten; auch standen etliche jüdische Künstler auf der weniger avantgardistischen Seite der Kunst. Darüber hinaus ist eine weitere Perspektive zu beachten: Juden selbst identifizierten die Weimarer Kultur stärker mit zentralen, nichtjüdischen Persönlichkeiten aus dem Zeitalter der Aufklärung und der Weimarer Klassik – Lessing, Schiller, Goethe – und nicht mit diesen oder jenen Juden. Für Juden lag die Bedeutung von Weimar 1918 in einer Rückkehr zu den Werten der Aufklärung des 18. Jahrhunderts. Die bewundernde Einstellung von Juden der deutschen Bildung gegenüber, wie sie aus der Aufklärung hervorgegangen war, führte zu der Notwendigkeit, die Stellung von Juden in der zeitgenössischen deutschen Kultur der Weimarer Republik genau anzugeben. So neigten Juden dazu, hervorragende Beispiele wie Albert Einstein besonders akzentuiert zu betonen.

<small>kurzzeitige Blüte</small>

<small>Innovation und Tradition</small>

<small>Betonung der Aufklärung</small>

<small>deutsche Bildung und Position der Juden</small>

D. L. NIEWYK faßt die Frage zu Recht in einem reduzierten Ton zusammen: es habe keine Juden von der Popularität Thomas Manns ge-

<small>Zusammenfassung</small>

geben; der Beitrag Erich Mendelssohns zur Architektur habe keinesfalls den Beitrag von Walter Gropius überstiegen, der Beitrag Arnold Schönbergs nicht den von Paul Hindemith in der Musik. „Auch ohne den Beitrag eines einzigen jüdischen Intellektuellen wäre das Weimarer Deutschland in der Lage gewesen, ein beeindruckendes, reges Kulturleben aufzubauen, das sich nicht wesentlich von dem uns bekannten unterschieden hätte" [151: D. L. NIEWYK, Weimar Germany, 41]. Und die deutsche Politik hätte ohne Juden – ob sie nun Eisner oder Rathenau hießen – auch nicht sehr viel anders ausgesehen.

4. Die Bedeutung der „Ostjuden"

Wer die „Symbiose" und das „Goldene Zeitalter" betonte, trug schwer an der „Last der Ostjuden". Daher ist die Beschäftigung der historischen Literatur mit dem Problem der „Ostjuden" im Vergleich damit, wie sie andere Subgruppen innerhalb der jüdischen Gesellschaft behandelt, relativ intensiv. Die zusammenfassende Betrachtung des Problembereiches in der hier zur Debatte stehenden Zeit begann mit drei Arbeiten, die von Beamten des Arbeitsfürsorgeamtes verfaßt wurden. Zu den wichtigsten Abhandlungen zählt in diesem Zusammenhang die Darstellung des Geschäftsführers der Wohlfahrtsstelle Adler-Rudel [144: T. MAURER, Ostjuden, 24]. Erst in den achtziger Jahren erschienen Beiträge professioneller Historiker [3: S. ASCHHEIM, Brothers and Strangers; 126; L. HEID, Ostjüdische Kultur; 144; T. MAURER, Ostjuden].

intensive historiographische Beschäftigung

erste Darstellungen

moderne Arbeiten

Begriffs- und Problementwicklung

Der Begriff „Ostjuden", der sich bereits vor dem Ersten Weltkrieg in der Literatur verankern konnte, ist ein mentaler, kein konkreter Begriff, obwohl er von vornherein zur Kennzeichnung der Juden in und aus den von Deutschland besetzten Ländern eingesetzt worden war. Die Diskussion um die Definition des Begriffes steht auch hier am Anfang der Thematisierung in der Geschichtswissenschaft. Wenn die Definition sich allein an geographischen Merkmalen orientierte, dann wäre der Sachverhalt weniger problematisch. Alle Juden aus den Gebieten Polens von 1772 – und damit die Mehrheit der Juden in Deutschland – zählten dann zu den „Ostjuden". Doch nach einer Definition aufgrund kultureller Merkmale gehören nicht alle, die in Osteuropa aufgewachsen waren oder von dort stammten, zum östlichen „Typus". Erst recht bestehen Zweifel, ob diejenigen, die aus Osteuropa nach Deutschland gekommen waren und hier eine Akkulturation an die deutsche Gesellschaft durchlaufen hatten, zur Kategorie der „Ostjuden" zu zählen sind.

geographische vs. kultururelle Definition

4. Die Bedeutung der „Ostjuden"

Der erst zu Beginn des 20. Jahrhunderts einsetzende Gebrauch des Begriffes läßt die historische Tiefe des Problems verschwimmen. S. VOLKOV verfolgt den Eintritt von „Ostjuden" aus Posen im 19. Jahrhundert und später der galizischen Juden in die jüdisch-deutsche Gesellschaft, bevor sie den hier zugrunde gelegten Zeitraum behandelt [64: S. VOLKOV, Dynamik der Dissimilation, 174]. Dadurch führt sie die Stellung des Begriffes in seine wirklichen Zeitdimensionen zurück. Auch M. BREUER und S. GILMAN betonen, daß die Konfrontation zwischen deutschen Juden und osteuropäischen Juden über die Frage, „was ein wirklicher Jude sei", lange vor der Emanzipation begonnen habe [12: M. BREUER, Orthodoxie, 58; 21: S. GILMAN, Rediscovery, 339], so daß das Thema der „Ostjuden" bereits sehr früh existierte.

Betonung der historischen Tiefendimension

Im Kern besagt die Verwendung des Begriffes, der „Ostjude" sei das genaue Gegenteil des „deutschen Juden"; deshalb seien alle Eigenschaften des „Ostjuden" grundsätzlich das Negativ der „richtigen" Werte: die Ghettojuden im Gegensatz zu den emanzipierten Juden. Selbst die Orthodoxie in Deutschland nahm mit „Ostjuden" keine engeren, sozialen Kontakte auf, obwohl sie eine Idealisierung der „Ostjuden" entwickelt hatte und ihnen in Hinsicht auf den religiösen Kultus und die praktische Hinwendung zu den Aufgaben des Kultus recht nahestand [12: M. BREUER, Orthodoxie, 59].

stereotype Verwendung des Begriffs

Und mehr noch: den „negativen" und „östlichen" Eigenschaften entsprach nur ein Teil derjenigen, die von anderen als „Ostjuden" in Deutschland definiert wurden. BREUER betont gerade die Tendenz der „Ostjuden" zur Zurückhaltung, die aus einem Mangel an Akzeptanz innerhalb der Gesellschaft resultierte. Diese Tendenz habe zudem den Aufbau einer eigenen Führung in Deutschland verhindert und zu dem Versuch geführt, rasch in der Gesellschaft aufzugehen. Die Diskussion um die „Ostjuden" war daher letztlich eine Diskussion um das Selbstimage der Juden in Deutschland oder über ihr Image bei den Nichtjuden. In dieser Hinsicht hat VOLKOV recht, wenn sie die Diskussion um das Ostjudentum gerade mit dem jüdischen Dissimilierungsprozeß oder der Grenzziehung der Assimilation bei Juden, die einen Teil der deutschen Gesellschaft darstellten, verknüpft [64: S. VOLKOV, Dynamik der Dissimilation].

Diskussion um das Selbstimage der deutschen Juden

Auf der Suche nach einer Darstellung des Themas muß man gelegentlich nach „Modellen" greifen. GILMAN benutzt ein „Modell", das in den Augen desjenigen, der den „Ostjuden" negativ gegenüberstand, gänzlich negativ war, bzw. ein Modell, das für denjenigen, der gegen die „Westlichkeit" kämpfte, sich als gänzlich positiv erwies. BUBER ist ein Beispiel für den Einsatz des positiven Modells der „Ostjuden" zur

verschiedene Arbeitsmodelle

Aufdeckung des Mangels an jüdischem Selbstvertrauen in der westlichen Welt [21: S. GILMAN, Rediscovery, 344–346]. Auch ARNOLD ZWEIG betonte 1919 das positive Element in dem Modell – ein sich dem Handwerk, nicht dem Handel widmender Jude [21: S. GILMAN, Rediscovery, 357]. Im Zionismus kam es durch die Einstellung zum Ostjudentum letztlich zu einem Widerspruch: Die Begeisterung für das osteuropäische Judentum unter den Zionisten, die hier ein authentisches Judentum zu finden glaubten, führte zu einer Unterstützung der jiddischen Sprache, die in Konkurrenz zum Hebräischen der Zionisten trat, ein Umstand, der zu etlichen Austritten aus der Zionistischen Bewegung führte [76: K. BLUMENFELD, Judenfrage, 122].

Erster Weltkrieg und innerjüdische Diskussionen

Der Erste Weltkrieg machte das Problem der Diskussion um die „Ostjuden", innerhalb und außerhalb des Judentums, dann eindeutig zu einer Diskussion um die Definition von Judentum und Deutschtum. Das Neue an der innerjüdischen Diskussion war, daß Zionisten und Orthodoxe fortan vorschlugen, die Juden Deutschlands sollten zu einer neuen Form der „Ostjuden" werden (GERSHOM SCHOLEM nannte diese proöstliche Begeisterung im Sinne des Buberismus „Bubertät" [99: G. SCHOLEM, Von Berlin nach Jerusalem, 80]). Die Liberalen dagegen waren nur bereit, die „Ostjuden" unter der Bedingung zu akzeptieren, daß sie nicht das Ghetto nach Deutschland mitbrachten; noch lieber wäre es den Liberalen gewesen, die „Ostjuden" wären unter den Notumständen nach dem Kriege überhaupt nicht nach Westen gekommen [167: J. TOURY, Krisenbewußtsein, 147]. Auch die extreme Position unter den Anhängern MAX NAUMANNS zum Thema „Ostjuden" war ein Resultat der Furcht um das Schicksal des alten Judentums in Deutschland und der Reflexion über das jüdische Selbst-Image [3: S. ASCHHEIM, Brothers and Strangers, 219–221].

Intensivierung des Antisemitismus

Die Propaganda gegen die „Ostjuden" während des Krieges trug erheblich zur Intensivierung des Antisemitismus gegen die alteingesessenen deutschen Juden bei [37: U. LOHALM, Radikalismus, 72]. Die Antisemiten machten Gebrauch vom Stereotyp des Osteuropäers (Müßiggänger, Korrumpierter, Krimineller, Revolutionär, Asiat), um nicht nur die „Ostjuden" anzugreifen, sondern letztlich auch die deutschen Juden [144: T. MAURER, Ostjuden, 104 f.].

Daher wurden auch viele auf der jüdischen Seite, von Max Naumann bis Jakob Wassermann oder Konstantin Brunner, dazu verleitet, die Gründe für den Antisemitismus nach dem ersten Weltkrieg bei den „Ostjuden" zu suchen. Rückblickend läßt sich sagen, daß die alteingesessenen Juden in Deutschland versuchten, ihre eigenen Probleme durch die Ablenkung der Konzentration auf das Problem der „Ostjuden" zu verdrängen, während die Antisemiten zu einer Taktik der Irreführung griffen: Die Ausschreitungen von 1923 wurden als Ausschreitungen gegen „Ostjuden" interpretiert, nicht als Ausschreitungen gegen Juden in Deutschland insgesamt. TOURY vertritt zu Recht die Ansicht, die deutschen Juden hätten nicht verstanden, daß ihre eigene Emanzipation in jenem Jahr in Frage gestellt wurde [167: J. TOURY, Krisenbewußtsein, 150].

Angriff auf die Emanzipation aller Juden in Deutschland

Die Präsenz von „Ostjuden" und ihre Rolle im internen Machtkampf zwischen Zionisten, Orthodoxen und Liberalen war nicht nur ein Anlaß zur Ablenkung, sondern auch zur Funktionalisierung und Instrumentalisierung mit oft paradoxen Ergebnissen. Die Liberalen setzten unliberale Regeln ein, um den Anteil der „Ostjuden" im Gemeindeleben und der Gemeindeführung zu begrenzen. Die Zionisten ihrerseits benutzten die Begeisterung für die „Ostjuden" als Instrument zur Rechtfertigung des Zionismus. Infolge ihrer Ratlosigkeit über die „authentischen" jüdischen Werte wurden sie von dem ergriffen, was sie für die Kultur der „Ostjuden" hielten [106: R. WELTSCH, Judenfrage, 101].

Kämpfe innerhalb der jüdischen Gemeinden

Eines der Paradoxa besteht darin, daß die innerjüdische Diskussion um die „Ostjuden" im Dritten Reich verschwand. In Gemeinden, in denen es zuvor keine Gleichberechtigung für „Ostjuden" gegeben hatte, wurde diese ausgerechnet zu jener Zeit erreicht, als die gesellschaftliche Gleichberechtigung insgesamt verlorenging, ein Thema, das immer noch einer gründlichen Untersuchung bedarf [214: T. MAURER, Ausländische Juden, 206; 238: Y. WEISS, Ostjuden in Deutschland]. Ein weiteres Paradox – das Schicksal der deutschen Juden in den Ghettos Osteuropas nach Beginn der Deportationen.

Ostjudenfrage im Dritten Reich

5. Die „Proletarisierung"

Die Proletarisierung stellte neben der Ostjudenfrage ein weiteres „unbequemes" Kapitel in der Geschichte des deutschen Judentums dar. Die Diskussion um die Proletarisierung jüdischer Bevölkerungsgruppen – als Teil der allgemeinen Diskussion um die Stabilität der Wirtschafts- und Berufsstruktur der deutsch-jüdischen Gesellschaft – setzte bereits 1919 ein und erhielt in den Wirtschaftskrisen während der Weimarer Republik entscheidenden Auftrieb [156: R. L. PIERSON, German Jewish Identity, 23]. Obwohl die existierenden Angaben nicht eindeutig sind, muß man der Schlußfolgerung zustimmen, Juden seien wirtschaftlich zusammen mit dem Mittelstand, dem sie mehrheitlich angehörten, geschwächt worden, und zwar im Verhältnis stärker als Nichtjuden [110:

Beginn der Diskussion

allgemeine Schwächung des Mittelstandes

A. Barkai, Minderheitsgruppe; 24: H.-J. Henning, Juden in der deutschen Wirtschaft]. Doch ist schwer festzustellen, wie weit diese wirtschaftliche Schwächung wirklich mit einer Proletarisierung in Zusammenhang zu bringen ist; keinesfalls handelte es sich um einen massiven Übergang der Angehörigen des Mittelstandes zur Arbeiterklasse.

<small>psychologische Aspekte</small> Das Problem ist auch als psychologisches Problem von Bedeutung. Juden, wie der Mittelstand insgesamt, sahen in der Proletarisierung einen sozialen Abstieg. Nur deshalb konnten sie die rückläufige Entwicklung ihrer wirtschaftlichen Situation während der Weimarer Republik als Proletarisierung bezeichnen. Eine typische Position nahm Alfred Marcus in seinem Buch von 1931 ein, in dem er sich mit der Entwicklung beschäftigte, die er als Proletarisierungsprozeß der Juden <small>Alfred Marcus 1931</small> definierte [141: A. Marcus, Krise]. Nach seinem Ansatz führte bereits die Tatsache, daß Juden aus dem Osten in die großen Städte wanderten, zur Proletarisierung. Der Gebrauch des Begriffes wurde auch auf eine Gruppe ausgedehnt, zu der von vornherein keine Proletarier im strikten Sinn gehören konnten – die Gruppe der selbständig Erwerbstätigen. Kein Wunder, daß Lestschinsky überzeugt war, daß bereits 1925 die Hälfte der Juden in den Städten dem Proletariat zuzurechnen waren [136: J. Lestchinsky, Wirtschaftliches Schicksal, 130]. Marcus fol-
<small>wirtschaftliche Assimilation</small> gerte einerseits, daß das wirtschaftliche Schicksal der Juden dem Schicksal der nichtjüdischen Deutschen entsprechen werde, und andererseits, daß die Situation einer Proletarisierung der Juden sich weiter verschärfen werde, und zwar aufgrund der unter ihnen bevorzugt anzutreffenden Berufsgruppen, d. h. der „falschen" Erwerbstätigkeiten, in Bereichen des Metall-, Textil- und Getreidehandels und des Bankwesens. Die in der Volkszählung 1933 erhobenen Angaben wiesen auf diese Tendenz hin. Marcus sah als Zeitgenosse die Wurzel des Problems darin, daß Juden als permanente Außenseiter in Krisenzeiten <small>Wechsel zur Landwirtschaft</small> aufgrund einer hauptsächlich aus wirtschaftlichen Ursachen erfolgten Assimilation vom wirtschaftlichen Strom fortgerissen würden, ohne sich aus ihm befreien zu können! Auf diese Gefahr machte er 1931 aufmerksam, als er Juden empfahl, zum Handwerk und Arbeiterstand überzuwechseln [141: A. Marcus, Krise, 157]. Seine Warnung wurde so weit akzeptiert, daß der Übergang von Juden zur landwirtschaftlichen Siedlung, die ja einer der vom „Reichsbund jüdischer Frontsoldaten" ergriffenen Wege war, per definitionem dazu dienen sollte, die Proletarisierung zu verhindern [157: C. Prestel, Bevölkerungspolitik, 669 ff.].

Die definierende Darstellung des Problems ist mit den jeweils <small>verschiedene Grundpositionen</small> vorab eingenommenen Grundpositionen und -ansätzen verbunden – man konnte in einer wirklichen Proletarisierung oder im Übergang jü-

5. Die „Proletarisierung"

discher Bevölkerungsgruppen zur Schicht der Lohnarbeiter auch eine Normalisierung sehen. Jüdische Angehörige der bürgerlichen Gesellschaft begriffen diesen Prozeß hingegen als Niedergang. Da in der Regel letztere Betrachtungsweise die ausschlaggebende war, stand die Beschäftigung mit dem Phänomen stets im Schatten schwerer Befürchtungen. Auch wenn eine Proletarisierung nicht belegt werden konnte, reichte allein die Diskussion über eine derartige Entwicklung aus, um die Furcht vor einer allgemeinen Verschiebung der (bürgerlichen) Werte, nicht nur vor einem wirtschaftlichen Niedergang, zu schüren. In der Folge entstanden Positionen, die gerade in dieser Werteveränderung einen Faktor für das Verschwinden spezifischer jüdischer Werte in der Gesellschaft sahen. Furcht vor allgemeiner Werteveränderung

Faktisch ist zunächst einmal richtig, daß es ein jüdisches Industrieproletariat gab, und zwar nicht nur unter den „Ostjuden" im Ruhrgebiet. Nach der Volkszählung von 1925 waren mehr als 24% der Juden in „Industrie und Handwerk" beschäftigt. Auch wenn zu vermuten ist, daß es sich hierbei mehrheitlich nicht um Proletarier im eigentlichen Sinne gehandelt haben dürfte, sondern eher um Angehörige des „alten Mittelstandes", so zählte doch ein Teil von ihnen ohne Zweifel zum Proletariat [110: A. BARKAI, Minderheitsgruppe, 334–335]. In Berlin waren nur zirka 10% der jüdischen Erwerbstätigen Arbeiter (mehr als die Hälfte in der Textilbranche), gegenüber zirka 46% unter der Allgemeinbevölkerung. Bis 1933 stieg dieser Anteil immerhin auf 12,5%; Angestellte und Arbeiter zusammen machten gar 18% aus. Allerdings handelte es sich trotz des relativ niedrigen Anteils um eine nicht zu vernachlässigende Gruppe, die bisher nicht ausreichend untersucht worden ist [108: G. ALEXANDER, Wirtschaftskrise unter den Berliner Juden, 122–151]. jüdisches Industrieproletariat

„alter Mittelstand"

Forschungsdefizit

Möglicherweise gehören die relevanten Zahlen ohnehin in eine andere Kategorie: Die wachsende Zahl der jüdischen Sozialfürsorgeempfänger noch vor der großen Krise (in Berlin 12% im Jahre 1925 und gut 15% im Jahre 1930) weist auf einen Pauperismus hin. Sowohl die Inflationskrise als auch die Beschäftigungskrise in den 20er Jahren und die große Krise des Jahres 1929 trugen zur Verarmung unter der jüdischen Bevölkerung in entscheidender Weise bei. Dieser Pauperismus war es, der anscheinend von vielen zeitgenössischen Beobachtern mit dem ungenauen Begriff „Proletarisierung" belegt wurde. Empfänger von Sozialfürsorge

Pauperismus

Die Diskussion um Pauperismus oder Proletarisierung stellte darüber hinaus das pauschale Image von Juden als einer homogenen Gruppe innerhalb der oberen Dekade des Bürgertums – Bankiers, Ärzte, Rechtsanwälte und Schriftsteller – in Frage. In dieser Hinsicht Relativierung des pauschalen jüdischen Image hat auch die moderne Geschichtswissenschaft ein Interesse an der Darstellung anderer sozialer Schichten innerhalb des deutschen Judentums – also der Arbeiter, Armen oder Landjuden, die noch in der Weimarer Republik und im Dritten Reich in den traditionellen Berufen erwerbstätig waren.

6. Die jüdische Frau als Forschungsthema

Forschungsdefizit Bis in die 70er Jahre hinein lag keine systematische Untersuchung der Stellung jüdischer Frauen in der von uns behandelten Epoche vor [33: M. KAPLAN, Jüdische Frauenbewegung, 15]. Eigentlich war man mit der gleichzeitigen Untersuchung paralleler Phänomene der Emanzipation – der Emanzipation der Juden und der Emanzipation der Frau – überfordert. Die Aufmerksamkeit richtete sich auf die erfolgreiche Emanzipation und ihre Herausforderungen und somit auf die Emanzipation der Juden und nicht auf die später einsetzende und nie ganz verwirklichte Emanzipation der jüdischen Frauen in Deutschland.

historische Entwicklung
Dieses historiographische Defizit ist auch durch eine defizitäre historische Entwicklung bedingt, die sich vom Kaiserreich bis in die Zeit danach erstreckte. Niemand wird bestreiten, daß, während die Emanzipation der Juden allgemein noch im Kaiserreich durchgesetzt werden konnte, der jüdischen Frau zu jener Zeit keine entsprechenden Möglichkeiten geboten wurden. Das darf nicht verwundern – die Emanzipation der Frauen insgesamt stand hinter der Emanzipation der Juden weit zurück. Erst in der Weimarer Republik erhielten Frauen das Wahlrecht, und unmittelbar darauf kam es dann zum Ende der Judenemanzipation überhaupt. Daher erhielt der Prozeß der Frauenemanzipation innerhalb des emanzipierten jüdischen Sektors der Gesellschaft erst in dieser Phase, 25 Jahre nach den ersten allgemeinen Anfängen, entscheidende Impulse, die sogleich mit der nationalsozialistischen Revolution wieder versiegten. Diese Situation stand nicht im Widerspruch zu der Tatsache, daß es jüdische Frauen innerhalb der Führung ebenso wie an der Basis der allgemeinen deutschen Frauenbewegung während der Kampfphase, also seit dem 19. Jahrhundert, gab. Da die Bewegung jüdischer Frauen mehrheitlich aus Hausfrauen und Müttern bestand, waren gerade jüdische Frauen anderer Kategorien eher an der allgemeinen deutschen Frauenbewegung interessiert. Bertha Pappenheim hielt diese Frauen daher nur für „halbe Jüdinnen", denn die allgemeine Bewegung nahm auf das Judentum dieser Frauen keinen Bezug, so wie ja auch der

gesamte Liberalismus bereit war, Juden aufzunehmen, ohne sich auf deren Judentum überhaupt zu beziehen [33: M. KAPLAN, Jüdische Frauenbewegung, 47, 75].

Die Aufmerksamkeit, die das Thema „Frauen" darüber hinaus als geschlechtsspezifisches, soziales Thema und nicht nur sub specie der Emanzipation erhielt, steigerte sich im Lichte der „Entdeckung", daß Frauen eine wesentlich zentrale Rolle in der Existenz des Judentums spielten. Dies war der Grund, daß Themen wie das Ansteigen des Heiratsalters, das zunehmende Phänomen unverheirateter Frauen, der Rückgang der Geburtenrate, die Sexualmoral und das Thema der Abtreibungen nicht nur innerhalb der Frauenbewegung zum Interessengegenstand wurde, sondern auch im Bereich jüdischen Lebens insgesamt, zu jener Zeit und auch später, als Thema der Forschung. In diesem Kontext wurde die Befreiung der (bürgerlichen) Frau von „männlichen" konservativen Positionen aus angegriffen, ein Umstand, der die Frauenbewegung unbedingt zu Abwehrmaßnahmen zwang [157: C. PRESTEL, Bevölkerungspolitik]. Auch war es charakteristisch, daß die Diskussion um den Geburtenrückgang, die zunächst im Rahmen der Bewegung jüdischer Frauen eingesetzt hatte, die umfassendere Diskussion um die Sexualmoral im Judentum in den Vordergrund rückte.

<small>zentrale Rolle der Frauen</small>

<small>Themenbereiche</small>

Als Gruppe zeichneten sich die jüdischen Frauen dadurch aus, daß nach Angaben von 1907 nur 18% (gegenüber 30% der Allgemeinbevölkerung) für Lohn arbeiteten. Dieser Anteil veränderte sich positiv während der Weimarer Republik und stieg auf 27% (gegenüber 34% unter der Allgemeinbevölkerung). In den letzten Jahren der Weimarer Republik kam es zu einem Fortschritt vor allem im Bereich des Zugangs von Frauen zum akademischen Studium und auch zu Handelsberufen. Nach MARCUS trat die jüdische Frau, ganz im Gegensatz zur zunehmenden Verdrängung der Juden aus der Wirtschaft, immer stärker in den Kreis wirtschaftlicher Aktivitäten ein. MARCUS, der eine konservative Position vertrat, war überzeugt, daß aus wirtschaftlichen Gründen auch die jüdische Familienstruktur erschüttert wurde [33: M. KAPLAN, Jüdische Frauenbewegung, 51, 172].

<small>Berufsstrukturen und wirtschaftliche Tätigkeiten</small>

<small>konservative Positionen</small>

Auch während der Zeit des Nationalsozialismus konnte man ein spezifisches Frauenverhalten beobachten: Frauen fühlten stärker den gesellschaftlichen Antisemitismus und drängten stärker darauf, Deutschland zu verlassen [205: K. KOONZ, Courage and Choice, 291]. Nach der Reichspogromnacht lag die eigentliche Basis der Gemeindeaktivitäten bis zum Beginn der Deportationen nach Osten bei den Frauen [234: THALMANN, Jüdische Frauen, 302], die – im Vergleich zu den Männern – letztlich weniger auswanderten.

<small>jüdische Frauen im Nationalsozialismus</small>

7. Kontinuitäten im Antisemitismus

Der Antisemitismus ist eine Ausdrucksform der nichtjüdischen Gesellschaft, die jedoch wegen des Einflusses der gegenseitigen Beziehungen zwischen Juden und Nichtjuden zu einem Teil der jüdischen Geschichte und somit auch der deutsch-jüdischen Geschichte wurde.

Stereotyp und Kontinuität

Erklärungsversuche

Die Frage nach Kontinuitäten im Antisemitismus ist eng verbunden mit dem Erklärungsansatz, den man für die Existenz und Entwicklung des als Judenhaß oder Antisemitismus bezeichneten historischen Phänomens wählt. Ist die Erklärung psychologisch, sozioökonomisch oder meta-historisch? Ist das jüdische Stereotyp festgelegt und antwortet als solches auf verschiedene soziale Erscheinungen, oder verändert es sich in Entsprechung zu den sich wandelnden Problemen, während das pauschale Vorurteil das kontinuierliche Element bildet? Liegt die Ursache für die Existenz des Phänomens bei den Nichtjuden oder bei den Juden selbst? Ist der Antisemitismus nur ein Beispiel für Vorurteile oder Haß gegen Minderheiten, oder ist er eine spezifische Ausnahmeerscheinung? Die klassischen Erklärungen – u.a. ELEONORE STERLING, HANNAH ARENDT, SALO BARON, PETER PULZER, GEORGE MOSSE, JAKOB TALMON, JACOB KATZ und SHMUEL ETTINGER – liefern die Basis für eine spezifische Interpretation von Kontinuitäten im Übergang vom Kaiserreich zur Weimarer Republik bzw. von der Weimarer Republik zum Dritten Reich. Ein pauschales Urteil über einen deutschen Antisemitismus sui generis, wie es von D. GOLDHAGEN vertreten wird [284: D. GOLDHAGEN: Hitler's Willing Executioners), oder eine gradlinige Darstellung des deutschen Antisemitismus „von Luther zu Hitler" bieten jedenfalls keine Basis für eine historiographische Behandlung der Kontinuitäten des Antisemitismus in Deutschland an.

„kultureller Code"

Im Kontext der Rede über den deutschen Antisemitismus wird gern die Definition des Antisemitismus als „kultureller Code" benutzt [63: S. VOLKOV, Antisemitismus als kultureller Code]. Doch man muß wohl NIEWYK darin zustimmen, daß diese Definition des Antisemitismus, nach der Juden als symbolischer Ersatz für andere Faktoren eingesetzt werden, zu eng gefaßt ist. Auch das von NIEWYK aufgestellte Kriterium, das sich an den von „Judophoben" unternommenen Versuchen zur Lösung der „Judenfrage" im Hinblick auf vorhandene Stereotypen und vorgeschlagene Maßnahmen orientiert, bietet keine deutliche Richtlinie zur Beantwortung der Kontinuitätsfrage [45: D. L. NIEWYK, Solving the ‚Jewish Problem']. Wenn von einem spezifischen Phänomen die Rede ist, für das die jüdische Gruppe das notwendige Objekt und nicht das Ersatzobjekt darstellt, und wenn es Unterschiede zwischen dem Antisemitismus in einem Land bzw. einer Gesellschaft zum Antisemitismus anderer Länder bzw. Gesellschaften gibt, dann verschärft sich die Frage nach Kontinuität und Wandel zusätzlich.

ZMARZLIK und VOLKOV bezweifeln, daß es in organisatorischer Hinsicht und im Hinblick auf das Wesen der Bewegung eine Kontinuität innerhalb des deutschen Antisemitismus gegeben hat [170: H. G. ZMARZLIK, Antisemitismus; 65: S. VOLKOV, Geschriebenes Wort]. WINKLER dagegen behauptet, daß die Kontinuität zwischen der Zeit vor und nach 1918 größer gewesen sei, als die meisten Historiker zu akzeptieren bereit sind [168: H. A. WINKLER, Deutsche Gesellschaft]. HERMANN GREIVE ist überzeugt, daß man grundsätzlich differenzieren muß: Unterschiedliche Antisemitismen (rassistische, wirtschaftliche u. a.) sind nicht deckungsgleich [289: H. GREIVE, Judenverfolgung]. Demgegenüber wurde ein pauschaler Ansatz in der kommunistischen Literatur akzeptiert. So behauptete bezeichnenderweise PÄTZOLD, daß der Antisemitismus ein Teil imperialistischer Politik sei. Entsprechend hat PÄTZOLDs Ansatz keinerlei Schwierigkeiten, die Kontinuitäten zwischen dem Kaiserreich und dem Dritten Reich aufzuzeigen [326: K. PÄTZOLD, Verfolgung, 19].

Der Verfasser vertritt die Ansicht, daß der Verbindungsgrad zwischen der „jüdischen Frage" und der „sozialen Frage" in ihrer gesellschaftlichen Verankerung den geeigneten forschungswissenschaftlichen Rahmen zur Beantwortung der Frage nach Kontinuität und Veränderung im Antisemitismus bietet [siehe auch 45: NIEWYK, Solving the ‚Jewish Problem', 337]. Dies entspricht strukturell WERNER JOCHMANNs Ansatz, dem es nicht um den formalen politischen Erfolg, sondern um die Verbreitung der Zustimmung zu antisemitischen Ideen geht. Demnach beruhte eine wachsende Zustimmung zum Antisemitismus auf der vor allem im Bürgertum vorhandenen Annahme einer Identität von „sozialer Frage" und „Judenfrage", so daß Juden als Gefahr für die gesellschaftliche Ordnung galten. JOCHMANN verfolgt die einzelnen Phasen zunehmender Rezeptabilität von antisemitischen Ideen und kann feststellen, daß bereits im Verlauf des Ersten Weltkrieges bürgerliche Liberale und sogar Sozialdemokraten von der „antisemitischen Zeitkrankheit" befallen waren und daß die inhumanen Schlußfolgerungen schon zu dieser Zeit von einem breiten Publikum aufgesogen wurden, ohne daß es antisemitische Parteien wählte [32: JOCHMANN, Gesellschaftskrise, 179].

Vergrößerung der sozialen Basis

Im Blick auf die antisemitischen Parteien, insbesondere die DNVP, war in der Weimarer Zeit zu beobachten, daß auch „anständige Leute", also nicht nur Angehörige des unteren Mittelstandes, in den antisemitischen Kreis eintraten. Gleiches galt für den „Schutz- und Trutzbund" [168: H. A. WINKLER, Deutsche Gesellschaft], den Kern organisierter antisemitischer Aktivität. W. JOCHMANN formuliert die Veränderungstendenzen alternativ folgendermaßen: Die Neuerung im Hinblick auf die soziale Struktur des Antisemitismus bestand in der Allianz zwischen Besitzbürgertum, Bildungsbürgertum und Kleinbürgertum,

Antisemitismus als einigender Faktor auf der Rechten

durch die der Antisemitismus zu einem wirklich politischen Faktor wurde. Und mehr noch: Der Weg zur Einheit der rechten, untereinander im Konflikt liegenden Kräfte führte über den gemeinsamen Faktor des Antisemitismus [32: W. JOCHMANN, Gesellschaftskrise, 106, 179]. Das Abdriften des Bürgertums ins antidemokratische und antiparlamentarische Lager resultierte in einer Kooperation mit dem Antisemitismus infolge der Identifizierung der verhaßten Republik mit Juden [10: H.-J. BIEBER, Anti-Semitism as a Reflection, 56]. Noch entscheidender

Verständnis der demokratischen Kräfte

jedoch war, daß die demokratischen Kräfte Verständnis und Toleranz gegenüber Antisemiten zeigten, so daß diese augenscheinlich eine Rechtfertigung erhielten [32: W. JOCHMANN, Gesellschaftskrise, 161].

zunehmende Agressivität

Überdies verstärkte die Brutalisierung des Krieges die zunehmende Aggressivität des Antisemitismus. Dieses Phänomen war jedoch relativ. Man wird wohl den Historikern recht geben müssen, die betonen, daß es im Hinblick auf die prinzipiell von Antisemiten vorgebrachten Lösungsvorschläge zur „Judenfrage" nicht zu radikalen Veränderungen oder neuen Ideen kam: eine Vertreibung von Juden war beispielsweise schon im Kaiserreich eine für Antisemiten plausible Lösungsmöglichkeit gewesen.

Ein spezifisches Fallbeispiel für die Komplexität von Kontinuität und Veränderung beim Übergang vom Kaiserreich zur Weimarer Republik untersucht LOHALM [37: U. LOHALM, Radikalismus, 326]. Für ihn

Beispiel: Schutz- und Trutzbund

ist der „Schutz- und Trutzbund" der Leitfaden. Dieser Bund sei bereits im Vorkriegsantisemitismus verankert gewesen und habe nahtlos das Alte mit dem Neuen, das während des Krieges und in der Zeit danach

7. Kontinuitäten im Antisemitismus

entstanden sei, zusammengefügt. Schließlich sei der „Schutz- und Trutzbund" zum organisatorischen Rahmen geworden, in dem neue, den Nationalsozialisten vorgreifende Methoden entwickelt wurden. Auch seien viele nationalsozialistische Führer zuvor Agitatoren dieses Vereins gewesen, das heißt also, es habe eine personale, soziale und organisatorische Kontinuität zwischen dem völkischen Antisemitismus vor dem Krieg und dem Antisemitismus der Nationalsozialisten gegeben. JOCHMANN verfolgt genau diesen Weg, wenn er feststellt, die Völkischen hätten immer angekündigt, aber nicht ausgeführt, was Hitler dann in die Tat umgesetzt hat; sie hätten gesät, was er ernten konnte [32: W. JOCHMANN, Gesellschaftskrise, 154, 174]. Vielleicht ist dies eine zu weitgreifende Schlußfolgerung auf der relativ schmalen Basis von LOHALMS und JOCHMANNS Untersuchung dieses Vereins. Doch liegt hier mehr Wahrheit vor als in der entgegengesetzten These von ZMARZLIK, nach der das Dritte Reich im Hinblick auf den Antisemitismus eher die Negation als die Fortsetzung des Kaiserreichs gewesen sei [170: H. G. ZMARZLIK, Antisemitismus, 269]. Im Kontext des Übergangs zur Weimarer Republik ist auch eine Veränderung des Themas der „Ostjuden" zu beobachten. LOHALM ist überzeugt, daß die Frage der „Ostjuden" bereits während des Krieges neue Gruppen in den antisemitischen Zirkel führte [37: U. LOHALM, Radikalismus, 74]. Und Aschheim bestätigt, daß nach dem Krieg die Benutzung des ostjüdischen Stereotyps Gruppen, die bisher nicht von antisemitischen Ideen ergriffen worden waren, zur Akzeptanz derartiger Ideen brachte [3: S. ASCHHEIM, Brothers and Strangers, 237]. Die „Ostjuden" waren ein leichtes Angriffsobjekt, so daß selbst demokratische Gruppen, die Sozialdemokraten eingeschlossen, Positionen formulieren konnten, die scheinbar gegen „Ostjuden", in Wirklichkeit jedoch gegen deutsche Juden gerichtet waren.

Die Untersuchung der Radikalisierung des Antisemitismus und der Erweiterung seiner sozialen Basis in der Weimarer Republik führte zur Frage nach Kontinuität im Übergang von der Weimarer Republik zum nationalsozialistischen Regime, eine Frage, die sich dann in den umfassenderen Komplex nach dem Kontinuitätsbogen vom Kaiserreich bis zum Dritten Reich fügt. VOLKOV [64: S. VOLKOV, Dynamik der Dissimilation, 55] warnt in diesem Zusammenhang vor der Vereinfachung, die Wurzeln als Ursprung und Erklärung für das anzusehen, was sich im Dritten Reich ereignet hat. Mit Recht betrachtet sie die Wurzeln des Antisemitismus der wilhelminischen Vergangenheit eher als bloßen Hintergrund. Moderner Antisemitismus mit einer neuen sozialen Funktion, wie in Deutschland und vielleicht noch stärker in Frankreich, habe nicht automatisch zu einem Antisemitismus der natio-

Diskontinuität zwischen Kaiserreich und 3. Reich

Ostjuden

Differenzierungen zw. Wurzel und prädest. Schicksal

nalsozialistischen Art geführt. Das Ausschlaggebende, so VOLKOV, seien nicht die „Wurzeln", sondern der Umstand, daß in Deutschland die schriftliche antisemitische Kultur aus der Zeit vor dem Krieg bei den Nationalsozialisten zu einer mündlichen Kultur geworden sei – hierbei kann sie sich auf Hitlers Erklärung in „Mein Kampf" stützen –, die in moderner Weise formuliert zu Taten geführt habe, welche zu einer völlig neuen Kategorie von Antisemitismus zu zählen seien. Eine andere Argumentation, die ebenfalls eine Erklärung für Kontinuität und Veränderung aus der Zeit vor 1918 bis nach 1933 benutzt, wurde von GEORGE MOSSE entwickelt. Während in seinem früheren Buch noch das Thema der „Wurzeln" und der Kontinuität hervortritt [40: G. L. MOSSE, Krise], konzentriert MOSSE sich an anderen Stellen auf Veränderungen und Abweichungen unter vergleichender Perspektive: Auch er betont in diesem Zusammenhang, daß vor dem Ersten Weltkrieg die Franzosen die „führende Rolle" im Bereich des Antisemitismus in Westeuropa gespielt hätten; dennoch seien nicht sie es gewesen, die die Katastrophe heraufbeschworen haben. MOSSE ist davon überzeugt, daß die Veränderungen in der Weimarer Republik und während des Naziregimes eher mit dem Krieg, der Niederlage und der Revolution in Verbindung gebracht werden müssen als nur mit den Strukturen des Antisemitismus im Kaiserreich. Dieses Argument gegen die Kontinuität ist m. E. überzeugender als das Argument der schriftlichen und mündlichen Kultur. Denn auch Stoecker, Fritsch und Förster waren Vertreter eines mündlichen Antisemitismus; ohne den Krieg hätten sie jedoch nicht genügend Publikum gehabt, das bereitwillig die Identifizierung von „Judenfrage" und „sozialer" bzw. „politischer Frage" akzeptiert hätte. Man darf hier also NIEWYK zustimmen, der sich dem Titel von P. W. MASSINGs Buch „Rehearsal for Destruction" widersetzt [39]. Schon der jüdische Historiker NAMIER hatte betont, wie stark das Ergebnis des Ersten Weltkrieges die Entwicklung des Antisemitismus beeinflußt hat. Wenn der Krieg mit einer Niederlage Frankreichs geendet hätte, so meinte er, dann würde die Nachwelt nicht über Hitler diskutieren, sondern über Déroulède und seine Anhänger.

Die Frage nach der Kontinuität im Antisemitismus vor und nach der Machtergreifung ist mit der Frage nach der Kontinuität des Antisemitismus innerhalb der nationalsozialistischen Bewegung verknüpft. Läßt die zweite Frage Rückschlüsse auf die erste zu? Legte Hitler in „Mein Kampf" bereits 1924 auf seine unpräzise Art das Programm fest, das zu verwirklichen er nach 1933 aufrief? Birgt das Parteiprogramm von 1920, das von einer Herabsetzung des staatsbürgerlichen Status der Juden spricht, das Konzept für die Entwicklungen nach 1933? Hier ist allerdings zwischen der Shoah der gesamten europäischen Judenheit und dem Schicksal der deutschen Juden zu differenzieren. Geht es um die deutschen Juden allein, dann kann man sagen, daß ihr Schicksal bis 1938 die improvisierte, praktische Umsetzung dieser Tendenzen war. Die historische Diskussion zwischen Intentionalisten und Funktionalisten setzt insbesondere an diesem Punkt (1938) an [319: H. MOMMSEN, Hitlers Stellung; 87: O. D. KULKA, Singularity, 151–178, insbesondere 173 ff.]. NIEWYK betont jedoch darüber hinaus die sich fortsetzende Kontinuität: „die Saat des Genozid" sei schon durch die Forderung der Vertreibung und Ausweisung gesät worden, die schließlich nur eine weniger brutale Alternative zur physischen Ermordung gewesen sei [45; D. L. NIEWYK, Solving the „Jewish Problem', 368]. Demnach haben die antisemitischen Forderungen und Stereotypen der Nationalsozialisten keine „Innovation" dargestellt, schon gar nicht angesichts des Opportunismus, den sie zum Thema Antisemitismus gezeigt hätten. Überdies trifft man auf die Behauptung, der nationalsozialistische Antisemitismus habe sich nach der Machtergreifung nicht eindeutig kontinuierlich fortgesetzt: Auch die Radikalität des Antisemitismus im Dritten Reich sei weitgreifender gewesen als die Radikalität der antisemitischen Reden in der Partei vor 1933 [127: O. HEILBRONNER, Antisemitic Propaganda]. Neu war in der „Kampfzeit", daß antisemitische Stereotypen nun über das Maß an Toleranz hinaus, das man antisemitischen Gruppierungen gegenüber vor dem Ersten Weltkrieg allgemein aufgebracht hatte, in einem sozialen Klima gediehen und verbreitet wurden, das eine breite Unterstützung der Nationalsozialisten ermöglichte. Dazu gehörte, daß als Lösung der „Judenfrage" sogar eine Vertreibung zunehmend in Betracht gezogen wurde, zumal sich der Antisemitismus nach den Krisen von 1919 und 1923 als Ersatz für die Lösung der sozialen Frage verwenden ließ [10: H.-J. BIEBER, Anti-Semitism as a Reflection, 57]. Und doch: Hinsichtlich der Umsetzung und Durchführung der Parteirichtlinien nach der „Machtergreifung" lag das entscheidend Neue darin, daß der Antisemitismus zu einer Staatspolitik wurde, die zum ersten Mal in der westlichen Welt das Rad der Emanzipation zurückdrehte.

Insgesamt muß man zwischen Neuerung und Loslösung von alten Strukturen unterscheiden. Besonders H. MOMMSENS Versuch, die Verbindung zwischen der kontinuierlichen Geschichte des Antisemitismus und der Shoah aufzulösen, ist äußerst provokativ und resultiert letztlich in einer wohl zu weit gehenden These [318: H. MOMMSEN, Funktion des Antisemitismus]. GRAML hat recht, wenn er betont, die antisemitische Fracht sei zum Nationalsozialismus gelangt und hätte sich in ihm ver-

„Saat des Genozid"

wenig „Innovation" im Antisemitismus der NSDAP

Antisemitismus als Staatspolitik

Kontinuität und Diskontinuität

ankert. Im Nationalsozialismus sei diese Fracht mehr als nur Metaphorik gewesen [287: H. GRAML, Genesis, 167], sie habe als roter Faden der Kontinuität fungiert. Wenigstens bis zur Entscheidung über die „Endlösung" habe diese Kontinuität bestanden: Die Ideologie und die Stereotypen sowie der Stellenwert der Juden in einer europäischen Antwort auf die soziale Frage waren stabile Elemente, die die Nationalsozialisten aufnehmen und entwickeln konnten. Auch die Lösungsvorschläge existierten schon vorher und wurden durch die Nationalsozialisten nur weiterentwickelt. Jedoch war diese Entwicklung auch eine Radikalisierung der Praxis, wie sie nur als Ergebnis des Ersten Weltkrieges, infolge der Geschichte der Weimarer Republik und unter dem Regime der Nationalsozialisten möglich war. Und es geht hier um die sich ständig vergrößernde Dissonanz zwischen dem Stellenwert der „Judenfrage" im Rahmen der sozialen und politischen Frage im 20. Jahrhundert und der Lösungspraxis im Verhältnis zu dem, was vor dem Dritten Reich als akzeptabel erschienen war.

Kontinuität im Antisemitismus war vorhanden, eine zur physischen Vernichtung der deutschen Juden führende Prädestination jedoch nicht. Daher ist GOLDHAGENS These vom Determinismus antisemitischer Kontinuität in Deutschland und der Ubiquität des Phänomens unakzeptabel und zurückzuweisen [284: D. J. GOLDHAGEN, Hitler's Willing Executioners].

8. Der interne Konflikt: Central Verein und Zionisten

Gerne und häufig wird die jüdische Bevölkerung als eine Gruppe betrachtet, die durch Homogenität charakterisiert – oder umgekehrt, als eine Gruppe, deren wesentliches Merkmal eine innere Aufsplitterung sei. Wenn die Frage richtig gestellt würde, sollte sie jedoch auf das Maß an Einheit im Verhältnis zum Maß der Spaltung oder der Pluralität zielen – eine Frage, die übrigens für jede historische Epoche gilt. In dem von uns behandelten Zeitraum wurde die Einheit hauptsächlich durch die Auseinandersetzung zwischen zwei Gruppen in Frage gestellt – zwischen der im Central Verein organisierten Mehrheit und den Zionisten. Die Trennung zwischen Liberalen und Orthodoxen war zu dieser Zeit sekundär und ist deswegen leider in der Forschung weitgehend vernachlässigt worden. Die Bedeutung und Aktualität des zentralen internen Konfliktes ergibt sich aus der Fortsetzung der Konfrontation auch in der Gegenwart – zwischen den Zionisten und dem Diasporajudentum über die Frage, wer das Judentum repräsentiert.

Aktualität des Konflikts

Der CV repräsentierte als Organisation die Mehrheit der deutschen Juden; er setzte sich für eine Identifikation mit dem deutschen Vaterland ein und kämpfte gegen den Antisemitismus. Die Zionisten dagegen sahen in den Juden eine Nation, hielten den Antisemitismus für unausrottbar und verlangten daher von den deutschen Juden, sie sollten Deutschland allein als einen Wohnsitz in der Diaspora vor ihrer Einwanderung nach Eretz Israel erachten, ohne jedoch die Loyalität für den deutschen Staat aufzugeben.

unterschiedliche Positionen

Es ist ganz natürlich, daß für nichtzionistische Historiker der deutsche Zionismus im wesentlichen eine Protest-Ideologie war und blieb [148: W. MOSSE, German Jews, 48]. Für Zionisten dagegen war der Central Verein ein Teil des Irrtums der Diaspora. Wie weit man den CV aus der heutigen Perspektive kritisieren darf – darüber gibt es zahlreiche Meinungsverschiedenheiten. Gerade zionistische Historiker gaben der Diskussion einen neuen Akzent: so vertritt FRIESEL die Ansicht, der CV hätte unter den Bedingungen der Zeit nach bestem Wissen und Gewissen gehandelt, und es stünde keinem Historiker eine Verurteilung zu. Sein Beitrag zum jüdischen Leben in Deutschland sei gewaltig gewesen, während es der deutsche Zionismus gewesen sei, der unter vielen Defiziten gelitten hätte [98: CH. SCHATZKER, Comments, 97–100; 81: E. FRIESEL, Response, 107–111]. REINHARZ kritisiert darüber hinaus, daß die Zionisten versucht hätten, die Vorteile der Gleichberechtigung zu genießen und gleichzeitig, ohne nach Autonomie zu streben, sich selbst in die Lage einer nationalen Minderheit gebracht hätten, wodurch der Kampf gegen den Antisemitismus erschwert worden sei [159: J. REINHARZ, Response, 114 ff.]. SCHATZKER dagegen ist überzeugt, der CV habe seine eigene Gegenwart nicht verstanden und gegen die Zionisten nicht weniger heftig als gegen die Antisemiten gekämpft, bis schließlich jede jüdische Organisation, die in Verbindung mit dem Zionismus stand, vom CV angegriffen worden sei. So oder so: Der Konkurrenzkampf um die Unterstützung Einsteins ist typisch für das Wesen der gesamten Auseinandersetzung, ein Kampf, in dem nicht allein der CV sich durch heftiges Argumentieren auszeichnete [163: Z. ROSENKRANZ, Albert Einstein].

retrospektive Kritik an CV und Zionisten

Eine genauere Untersuchung jedoch zeigt, daß die Auseinandersetzung hauptsächlich in der Zeit vor dem Ersten Weltkrieg akut war und daß die Diskussion also besonders umfangreich in der Forschung über diese Zeit ist. Da die junge Generation der Weimarer Republik in

Auseinandersetzungen vor dem Ersten Weltkrieg

der Konfrontation bereits kompromißbereiter war, nahm auch die Bedeutung der Diskussion für die Historiographie ab [151: D. L. NIEWYK, Weimar Germany, 163]. Was den Historiker verwundert, ist der Umstand, daß nach 1918 und dem Zusammenbruch aller Systemkomponenten in Deutschland beide Verbände sich so verhielten, als ob immer noch alles beim alten sei. Aber auch in diesem Zusammenhang darf nicht übertrieben werden: Der äußere Druck führte zu einer Situation, in der es ausreichend Zionisten gab, die zu einer Zusammenarbeit mit dem Central Verein gegen den Antisemitismus bereit waren, was schließlich 1929 zur Gründung eines gemeinsamen Komitees gegen die Nationalsozialisten und am 12. 8. 1930 zum Beitritt der Zionisten zum gemeinsamen jüdischen Wahlausschuß führte. Doch konnte eine Beseitigung des Konflikts nicht erreicht werden. Auch Anfang 1933 kam es zu keiner gemeinsamen, systematischen Organisierung im Kampf gegen den nationalsozialistischen Antisemitismus. Eine wesentliche Veränderung in den gegenseitigen Beziehungen der beiden Gruppen trat erst nach der Machtübernahme der Nationalsozialisten und dem Boykott vom 1. April 1933 ein [159: J. REINHARZ, Response, 136; 154: A. PAUCKER, Jewish Self Defence, 57].

Versucht man einzuschätzen, welche der beiden Organisationen insgesamt mehr Erfolg hatte, so scheint es, daß, insofern von der Zeit der Weimarer Republik und nicht von den Tagen des Dritten Reiches die Rede ist, der CV erfolgreicher war, während die Zionisten nur einen begrenzten (und über den Weg der jüdischen Volkspartei indirekten) Erfolg verzeichnen konnten. Es gelang ihnen nicht, die Menschen zu mobilisieren, da sie die psychologische Fremdheit und eine zukünftige physische Trennung zwischen Juden und Deutschen betonten, die selbst für Juden in den eigenen Reihen zu diesem Zeitpunkt nicht real vorstellbar waren. In dieser Frage trat erst nach 1933 eine weitreichende Veränderung ein: Nach der Machtübernahme der Nationalsozialisten wurde deutlich, daß der Erfolg im wesentlichen auf die Zionisten überging. Nicht nur ihre Theorie schien sich im Rückblick als richtig zu erweisen, auch ihre Organisation und Führung waren attraktiv und wurden vor allem vom NS-Regime aus den ihm eigenen Gründen akzeptiert. Die Organisierung der Emigration nach Eretz Israel, das „Transferabkommen" eingeschlossen, war ein großer Erfolg der Kooperation mit dem Regime des Dritten Reiches. Dem CV, der seine zentrale Bestimmung bis zur Machtergreifung im Kampf gegen den Antisemitismus unter Bewahrung der jüdisch-deutschen Existenz gesehen hatte, konnte nun vorgeworfen werden, daß dieser Kampf nicht effektiv geführt und ab 1933 sogar irrelevant geworden sei. Auch PAUCKER, der

8. Der interne Konflikt: Central Verein und Zionisten

die Position des CV verteidigt, mußte eingestehen, daß es bei der Arbeit des CV bis 1933 letztlich um ein Rückzugsgefecht ging. Selbst wenn man wegen der Mängel an Erfolg schwerlich Vorwürfe erheben könne, so müsse man doch die Tatsache akzeptieren, daß das eigentliche Ziel nicht erreicht werden konnte [155: A. PAUCKER, Jüdischer Abwehrkampf, 104, 144]. Darüber hinaus ist PAUCKER der Ansicht, daß die Ziele des CV während der nationalsozialistischen Zeit unmöglich verwirklicht werden konnten, betont aber das neu aufgenommene alternative Ziel: die Bewahrung der jüdischen Identität in der Situation der Verfolgung.

Ein kritisches Problem bleibt die Frage nach den Prioritäten bei der Auswahl der Gegner. Für den CV waren die Zionisten ernstere Gegner als die Anhänger des deutschnationalen Max Naumann. Dies wird schon daran deutlich, daß der CV 1925 bei der Wahl zum preußischen Landesverband bereit war, Anhänger Naumanns in seine Liste aufzunehmen. Betrachtet man den von Schoeps angeführten Vergleich zwischen Zionisten und Nationalsozialisten als völkische Bewegungen, die Naumann gleichermaßen verhaßt gewesen seien [227: H. J. SCHOEPS, Bereit für Deutschland, 18], so bekommt man vielleicht eine Ahnung von dem, was auch im CV gedacht wurde. Andererseits war der CV für die Zionisten schon wegen seiner Größe selbstverständlich der Hauptfeind. Auf keinen Fall war es das ideologische Extrem an sich, sondern die zentrale Position, die beide Organisationen jeweils einnahmen, welche dann dazu führten, daß jeder Verband seinen Konkurrenten als Hauptziel und -gegner betrachtete.

Während des Dritten Reiches zwang der äußere Druck zur Kooperation, aber nach innen war die Konkurrenz weiterhin sichtbar, und immer noch konnte man Äußerungen der Freude über relative Erfolge hören.

Selbst unter dem Druck des Dritten Reiches konnten auch andere Konkurrenzkonflikte innerhalb der jüdischen Minderheit nur mit Schwierigkeiten beigelegt werden: zwischen den Orthodoxen und Liberalen, zwischen den einzelnen Gemeinden oder zwischen der großen Berliner Gemeinde und der übergemeindlichen Organisation, der Reichsvertretung. Gerade diese Konflikte müssen von der Forschung noch eingehender behandelt werden.

Auswahl der Gegner

CV und Max Naumann

Kooperation durch äußeren Druck

Fortbestehen anderer Konflikte nach 1933

9. „Wasserkopf" Berlin

Gründe der Überbewertung Berlins

Die Geschichte der Berliner Juden gilt bisweilen als repräsentativ für die Geschichte des deutschen Judentums insgesamt, und zwar nicht nur, weil Berlin Sitz zentraler jüdischer Körperschaften (auch die Zionistische Bewegung hatte hier ihr Zentrum) und die Heimatstadt der bekanntesten jüdischen Persönlichkeiten in Politik und Kultur war, sondern im wesentlichen auch, weil ein Drittel aller Juden Deutschlands bis zum Vorabend des Zweiten Weltkrieges in der Reichshauptstadt lebte. In demographischer Hinsicht überstieg dies die allgemeine Relation zwischen der Bevölkerung der Hauptstadt und der Bevölkerung auf Reichsebene insgesamt um ein Sechsfaches. Infolge der traditionellen Betrachtung dieses jüdischen „Wasserkopfes" in Berlin verlieren Phänomene, die Juden in anderen Städten oder in ländlichen Regionen charakterisierten, an Kontur oder werden nicht thematisiert.

Differenzen zw. Berlin und anderen jüdischen Gemeinden

Der Unterschied setzt bereits im Hinblick auf die demographische Struktur und ihre gesellschaftliche Bedeutung ein: Berlin war bereits während des Kaiserreichs ein magischer Anziehungspunkt für Juden aus dem Osten. Nach den Friedensregelungen von Versailles wurde dieser Zuzug noch intensiver: etwa 30% der Berliner Juden waren osteuropäischer Abstammung, und nach der Volkszählung von 1925 besaß ein Viertel der Berliner Judenheit eine fremde Staatsangehörigkeit. Das Thema der „Ostjuden" in Berlin und seine jüdisch-politische Bedeutung ist also nicht repräsentativ für die Gesamtheit der deutschen Juden. Gleiches gilt auch für die beruflichen Verhältnisse: In Berlin waren Juden im Vergleich zur Gesamtheit der deutschen Juden auffallend stärker in der Industrie und weniger im Handel beschäftigt. Der als „Proletarisierung" der deutschen Juden während der hier behandelten Epoche bezeichnete Prozeß, bei dem es sich in hohem Maße um einen Übergang zum Angestelltenstand handelte, war also eher für Berlin als für andere jüdische Gemeinden in Deutschland typisch. Die Diskussion um die „Proletarisierung" auf der einen und die jüdische Wirtschaftselite auf der anderen Seite konzentriert sich traditionell auf Berlin und repräsentiert nicht notwendigerweise die Realität auf Reichsebene.

Übergewicht Berlins im Internen

Die Bedeutung dieses „Wasserkopfes" kam auch im Kampf um die Errichtung einer jüdischen Zentralorganisation während der Weimarer Republik und noch in den Tagen des Dritten Reiches zum Ausdruck, als infolge des besonderen Gewichtes der Berliner Gemeinde die Führung der Berliner Gemeinde sich weigerte, Regelungen für ganz Deutschland zu übernehmen und so das gesamte Projekt auf erhebliche Schwierigkeiten stieß.

9. „Wasserkopf" Berlin

Die Geschichte der deutschen Juden wird häufig allein im Blick auf die Berliner Verhältnisse betrachtet und dargestellt; ein derartiger Ansatz hält jedoch den wissenschaftlichen Kriterien nicht stand. Selbst in jenen Themenbereichen, in denen das Berliner Judentum gewissermaßen ganz natürlich als Repräsentant der deutschen Judenheit auftritt, sind die Berliner Proportionen einzigartig – im Bereich der Beteiligung am politischen Leben ebenso wie im Hinblick auf die Beteiligung an den verschiedenen Gebieten von Kunst und Kultur. Auch der Erfolg der jüdischen Volkspartei in Berlin gerade Mitte der 20er Jahre kann keineswegs als typisch für die gesamte deutsche Judenheit während dieser Jahre der Weimarer Republik gewertet werden. Tragisches Paradox aber ist, daß in der Zeit der Vernichtung und insbesondere während des Krieges die Verhältnisse der Berliner Juden sehr wohl mit denen der Juden in ganz Deutschland zur Deckung gelangten, und zwar infolge der Auflösung der Gemeinden und der Binnenmigration in die Großstadt vor der Emigration oder der Ausweisung aus Deutschland. Andererseits war die Berliner Judenheit im Hinblick auf die Überlebenden der deutschen Juden nach dem Beginn der Deportationen im Oktober 1941 nicht unbedingt typisch für die deutsche Judenheit. Die Rettung von 1500 der 5000 während dieser Zeit im Untergrund lebenden Juden war relativ gesehen die höchste Quote [229: A. SELIGMANN, Illegal Way of Life]. *Entsprechungen zwischen Berlin und anderen jüdischen Gemeinden*

Daß die Berliner Judenheit der „Wasserkopf" des deutschen Judentums war, ließ sie zum zentralen Angriffsziel der Gegner des Judentums werden, obwohl Juden in Berlin bis zur Machtergreifung der Nationalsozialisten nur 4% der Gesamtbevölkerung der Stadt – am Vorabend des Zweiten Weltkrieges gar weniger als 2% – ausmachten. So wurde durch Goebbels' Zeitung „Angriff" die Konfrontation mit „Isidor", dem Berliner Polizeivizepräsidenten Bernhard Weiss, letztlich zu einer Konfrontation zwischen Judentum und Deutschtum in Fortsetzung einer traditionellen Tendenz. *Berlin als Angriffsziel*

Gerade angesichts der gegenwärtigen Forschungslage und der umfangreichen Publikation von Lokal- und Regionalstudien, aber auch angesichts des modernen Ansatzes jüdischer Historiographie, der nicht nur die Geschichte der politischen Entwicklungen oder der Eliten in Wirtschaft und Kultur betrachtet, ergibt sich das uneingeschränkte Postulat, die erforderlichen Differenzierungen zwischen dem Berliner Judentum und dem Judentum auf Reichsebene oder anderer deutscher Städte zu treffen. Bisher liegt übrigens noch keine Monographie über die Geschichte der Berliner Judenheit im 20. Jahrhundert vor. GABRIEL ALEXANDERS Dissertation über die Berliner Juden während der Weima- *Forschungsdefizit* rer Republik ist in diesem Zusammenhang wegweisend [107: G. ALEXANDER, Berliner Juden].

10. Die Frage der Zukunftserwartung

Ansätze zum Verständnis unzureichender Zukunftserwartung

Häufig findet sich in der Forschung die Meinung, die deutschen Juden seien in bezug auf die sich entwickelnde Katastrophe blind gewesen. NAHUM GOLDMANN formulierte dies in seinen Memoiren vorsichtig mit den Worten „Sie wollten die Symptome nicht erkennen oder richtig auslegen" [83: N. GOLDMANN, Autobiographie, 245].

Viele Historiker erklären dieses Verhalten damit, daß Juden in Deutschland davon ausgingen, sie seien Deutsche. Radikalere Ansätze kritisieren die deutschen Juden nicht nur für ihre angebliche Kurzsichtigkeit, sondern weisen ihnen auch Schuld und Mitverantwortung für die Verfolgungen zu [119: P. GAY, Weimarer Zeit, 33]. Und diejenigen, die den Juden eine gewisse reale Zukunftserwartung zugestehen, üben Kritik an der augenscheinlichen Passivität ihrer Reaktion.

Hannah Arendt

HANNAH ARENDT geht das Thema aus der für sie charakteristischen Perspektive an: Sie versucht zu bestimmen, wer verantwortlich dafür war, daß die Vorbereitung auf eine angeblich doch erkennbare Entwicklung so unzureichend gewesen ist. ARENDT findet Schuld und Verantwortung bei den lokalen jüdischen Führungsgruppen, die nicht wußten, daß man hätte rechtzeitig, also vor 1933, Abwehrmaßnahmen organisieren müssen [2: H. ARENDT, Modern Totalitarianism, 24; 18: D. ENGEL, Patriotism, 147 ff.]. Demgegenüber ist zu fragen, ob die Gemeindeebene wirklich der richtige Rahmen für solche Aktionen gewesen wäre und wie effektiv eine Organisierung zur Abwehr und Verteidigung auf dieser Ebene hätte sein können. Hätte man zur Gewalt greifen sollen? Selbst die großen Parteien waren doch mit einer gewalttätigen Abwehr des Antisemitismus bzw. des Nationalsozialismus überfordert.

Aufgabe der Führungsgruppen

sinnvoller Kontext

Darüber hinaus muß man mit der pauschalen These, Juden hätten ihre Zukunft nicht richtig vorausgesehen, vorsichtig sein. Die spezifisch sinnvollere Frage sollte in diesem Kontext darauf zielen, was von dem, das sich dann später ereignet hat, gewiß nicht zu erwarten war und was hingegen sehr wohl gesehen werden konnte. Der Antisemitismus? Die Gefahr für die Republik, die gleichermaßen eine Gefahr für die Juden war? Oder die nationalsozialistische Gefahr schlechthin? Schon bei

Zionisten der Machtübernahme der Nationalsozialisten vertraten die Zionisten die Ansicht, sie selbst seien die einzigen, die die richtige Frage gestellt und die Unausrottbarkeit des Antisemitismus erkannt hätten und entsprechend handeln würden. Doch diese Behauptung fand wenig Rückhalt in der Realität: Zunächst war die zionistische Einstellung a priori fatalistisch, nicht historisch, so daß die daraus resultierende Zukunftserwartung keine praktische Umsetzung vorschrieb. Sofern es um praktisches Handeln ging, muß man feststellen, daß es sogar in den letzten Jahren der Republik auch unter den Zionisten selbst nicht zur Massenemigration nach Eretz Israel gekommen ist, die doch die einzig nach der Logik des Zionismus angemessene Antwort auf die Entwicklung gewesen wäre. Im Gegensatz zur Einstellung der Zionisten betonten manche Historiker, wenn auch in einer apologetischen Form, daß der CV als Organisation zumindest die Gefahren vorausgesehen habe und dies schon relativ früh. WERNER MOSSE vertritt aber dabei die Ansicht, die Frage, ob man mehr hätte unternehmen können, sei naiv und fehl am Platze [148: W. MOSSE, German Jews, 51]. CV

Für beide Einstellungen lassen sich Belege anführen. Bereits im Mai 1924 warnte die CV-Zeitung, daß ein Erfolg der Rechten bei den Reichstagswahlen – nach ihren früheren Erfolgen in Thüringen – auch ohne Veränderung der Verfassung die Aufhebung der jüdischen Gleichberechtigung bedeute. Demgegenüber glaubte man nach den Wahlen im Dezember 1924, man hätte die Ära der Schutzjuden bereits überschritten. Das gleiche Kapitel wiederholte sich 1928 nach dem Wahlerfolg der Nationalsozialisten in Thüringen: Alfred Wiener vom CV warnte, doch die Exekutive des CV sah darin nichts Typisches. Einerseits reagierte die CV-Zeitung in den Jahren 1928/29 mit vorausahnenden Äußerungen auf die Gefahr [155: A. PAUCKER, Jüdischer Abwehrkampf, 20–27], andererseits meinte der CV-Vertreter Hans Reichmann, derartige Bewegungen seien nichts Neues und würden sich letztlich wie früher selbst zerreiben [167: J. TOURY, Krisenbewußtsein, 167]. Der Historiker selbst ist es, der bestimmt, ob „Warnung" oder „Entwarnung" repräsentativ waren, und der Historiker ist es schließlich auch, der darüber befindet, ob die Maßnahmen, die zur Abwehr ergriffen wurden, „naiv" oder „realistisch" waren [167: J. TOURY, Krisenbewußtsein, 150–161; 345: L. YAHIL, Holocaust, 28]. Aber diese Einsichten ergeben sich erst aus der Retrospektive. Alles in allem überzeugt JOCHMANNS Ansicht, der CV habe die Gefahren sehr wohl früh erkannt und bereits 1929 betont, daß es sich um eine Gefahr nicht nur für Juden handele; diese Warnungen seien jedoch nicht gehört worden [32: W. JOCHMANN, Gesellschaftskrise, 186]. historische Belege Subjektivität des Historikers

In diesem Zusammenhang muß beachtet werden, daß es sich 1929 auch für Juden im wesentlichen um eine wirtschaftliche Krise handelte wirtschaftliche Krise und daß es aus der Sicht der Zeitgenossen den Juden keinesfalls deutlich war, ob es ihre Aufgabe sei, den Faschismus insgesamt zu bekämpfen oder sich nur auf den Antisemitismus zu konzentrieren. Hier lag das Problem auch anderer Organisationen, die neben dem CV gegen den Antisemitismus kämpften, wie der dem CV nahestehende Kartell-Convent jüdischer Studenten oder der RjF. Eine der Annahmen, die die relative Sorglosigkeit der deutschen Juden erklären könnte, lief darauf hinaus, Deutschland sei, z. B. im Vergleich mit Frankreich, nicht grundsätzlich antisemitisch. Dies führte zu einer fehlerhaften Lokalisierung der Gefahr: Ludwig Holländer reagierte zwar nach den Wahlen von 1930 besorgt, war jedoch überzeugt (und wohl zu Recht), daß die meisten Wähler die Nationalsozialisten nicht wegen ihres Antisemitismus, sondern infolge der problematischen Wirtschaftslage gewählt hätten [CV-ZEITUNG, 26.9.1930]. Im April 1932 hielt man trotz der Panik beim CV weiterhin öffentlich an der Meinung fest, die Deutschen seien mehrheitlich keine Antisemiten. Das heißt: man sah die bestehende Gefahr, glaubte jedoch, sie richte sich nicht spezifisch gegen Juden und sei unter gewissen Umständen aufzuhalten.

Die Kritik an der bürgerlichen Defensivhaltung des CV kam von der Linken und hauptsächlich von den Zionisten. Der Sieg der Nationalsozialisten 1930 verursachte bei den Zionisten eine gewisse Schadenfreude und stärkte ihre Ansicht, man müsse das Thema auf die Gemeinden übertragen und es der Organisation, die den jüdischen Liberalismus repräsentierte, aus den Händen nehmen. 1932 war die Gefahr jedoch bereits so drückend, daß der Konflikt unter den Juden vor der Notwendigkeit einer gemeinsamen Abwehrposition zurücktrat. Die Auseinandersetzung intensivierte sich auf andere Weise nach der Machtübernahme und wurde nach dem Zweiten Weltkrieg zu einer historiographischen Konfrontation.

Eine für den Abwehrverein und den CV gleichermaßen relevante Frage der Taktik im Hinblick auf Erwartungen und praktische Umsetzungen war das Problem des Adressaten – sollte die Agitation auf die Eliten oder die Massen zielen. Prinzipiell dominierte die Warnung an die intellektuellen Eliten, die sich jedoch in der Retrospektive als nicht erfolgreich herausstellte. Absurd war, daß der Griff zu aggressiveren Mitteln dann gerade unter potentiellen Bundesgenossen (z. B. bei Theodor Heuss) den Einwand der „Niveaulosigkeit" hervorrief [155: A. PAUCKER, Jüdischer Abwehrkampf, 37].

Eine weitere taktische Haltung der zionistischen Politik brachte Kurt Blumenfeld auf dem zionistischen Delegiertentag in Frankfurt im September 1932 zum Ausdruck. Er befürchtete zwar, daß die National-

10. Die Frage der Zukunftserwartung

sozialisten die Juden vernichten wollten, doch er war zugleich der Ansicht, die Nationalsozialisten würden einer bewußten Trennung zwischen der deutschen und der jüdischen Nation zustimmen, wodurch den Zionisten letztlich ihre Aktivitäten in einem neu zu errichtenden Rahmen ermöglicht werden würden. Nahum Goldmann forderte daher am 8.1.1933 den Status einer nationalen Minderheit für Juden, und Robert Weltsch sprach von bestimmten Berührungspunkten mit den nationalen Kräften. Diese Reaktionen zeigen, daß die damals für die absehbare Zukunft gehegten Erwartungen doch relativ richtig waren, auch wenn dann nicht der Weg eingeschlagen wurde, den die Zionisten stets vorgeschlagen hatten. Oder in Anlehnung an die Formulierung LENI YAHILS ausgedrückt: Man sah und verstand alle Anzeichen, versäumte aber, die weitgehenden Konsequenzen zu ziehen [159: J. REINHARZ, Response, 136; 345: L. YAHIL, Holocaust, 31]. *Status einer nationalen Minderheit* *versäumte Konsequenzen*

Die Schritte und Taktiken der Juden verweisen also auf Zukunftserwartungen, die den Umständen durchaus angemessen waren. Man kann auch argumentieren, daß Juden die Gefahr sehr wohl gesehen, jedoch statt eines neuen diskriminierenden Status und neuer Unterdrückung eher einen weniger günstigen Modus vivendi erwartet hätten [10: H.-J. BIEBER, Anti-Semitism as a Reflection, 59]. Andererseits ist jedoch auch die Argumentation möglich, nur einer Minderheit von Juden sei deutlich gewesen, daß sich hinter der Wirtschaftskrise und der Anarchie ein „gezielter Schlag" gegen die gesicherte Stellung der Juden in Deutschland verbarg [167: J. TOURY, Krisenbewußtsein, 168]. Und mehr noch – selbst die Machtübernahme der Nationalsozialisten und die ersten Monate des Nazi-Regimes bis April 1933 halfen den Juden nicht, das, was sie in der Zukunft erwartete, deutlich zu sehen. Die Frage kann jedoch zu einer Nebensächlichkeit angesichts des Umstandes werden, daß Juden in keinem Falle mehr hätten tun können, als sie ohnehin wirklich taten, denn es fehlte ihnen an Unterstützung von außerhalb des eigenen Lagers. Gerade die historische Erfahrung ließ Umfang und Schärfe der Krise weniger deutlich hervortreten: Es herrschten das Gefühl, einem Déjà-vu zu erliegen, und der Glaube vor, die bereits im Kampf gegen den Antisemitismus gemachten Erfahrungen würden sich auch diesmal bestätigt finden. Hitler selbst aber, so glaubte man, werde sich den entsprechenden Gegebenheiten der Realität fügen [10: H.-J. BIEBER, Anti-Semitism as a Reflection, 60; 48: P. PULZER, Jews and the German State, 345]. *Erwartung eines neuen Modus vivendi* *Berufung auf historische Erfahrung*

Blickt man auf die entscheidende Zeit – also die Jahre 1932 und 1933 –, dann kann man relativ leicht Zeugnisse sogar dafür finden, daß die plausible Erwartung, die Wirtschaftskrise werde zu einem Ende *Erwartungen 1932–1933* kommen, die Tatsache einer Wahlniederlage der Nationalsozialisten im November und die Möglichkeit, sich auf die nationalen Konservativen zu stützen, Hoffnungen weckten. Gerade diese Atempause jedoch nach dem großen Schrecken vom 20. 7./31. 7. 1932 schwächte psychologisch insbesondere die Position derjenigen, die den Weg in die Katastrophe aufzuzeigen versuchten.

Planung antijüdischer Maßnahmen durch das Regime

Das Problem jüdischer Zukunftserwartung ist mit der Frage der Planung der Zukunft auf nationalsozialistischer Seite verknüpft. Planten die Nationalsozialisten vor und nach der Machtergreifung tatsächlich eine umfassende Verfolgung der Juden? Der DDR-Historiker K. PÄTZOLD bejaht die Frage ohne Einschränkung. R. HILBERG meint dagegen, es habe keinen „basic plan" gegeben [326: K. PÄTZOLD, Verfolgung, 23; 297: R. HILBERG, Destruction, 53]. SCHLEUNES mißt in diesem Zusammenhang dem Parteimemorandum von Ende 1932 erhebliche Bedeutung zu, nach dem geplant war, im Falle einer Machtübernahme die Rechte der Juden auf dem Rechtsweg zu beschneiden oder – im Falle einer Koalition – Juden mit administrativen Mitteln zu diskriminieren [334: K. A. SCHLEUNES, Twisted Road]. Die traditionelle Auffassung sieht jedoch in „Mein Kampf" oder im Parteiprogramm der NSDAP vom Februar 1920 das Konzept, mit dem die deutschen Juden sich vor der Machtübernahme der Nationalsozialisten hätten auseinandersetzen müssen. Doch selbst wenn man alle genannten Dokumente als operative Pläne versteht, so wird doch deutlich, daß sie letztlich nur vorschrieben, was sich bis 1938 abspielte, und nicht, was den deutschen Juden zwischen Oktober 1941 und Auschwitz geschah.

Als Leo Baeck der Reichsvertretung bei ihrer Gründung verkündete, daß tausend Jahre jüdischer Geschichte in Deutschland mit dem Fall der Weimarer Republik zu ihrem Ende gekommen seien, wurde seine Meinung nicht von allen akzeptiert [113: S. BOLKOSKY, Image, 156]. Selbst als sich dann das nationalsozialistische Regime etablierte, blieb es schwierig, die zukünftige Entwicklung konkreter vorauszuahnen, als es die jüdische Führung tat. Wesentlich trug zu dieser Schwierigkeit das nationalsozialistische Täuschungssystem bei, das sowohl auf die jüdische Bevölkerung in Deutschland als auch auf das Ausland zielte. Es war unmöglich zu erkennen, was nicht offen gezeigt wurde [183: D. BLASIUS, Rechtsvertrauen und Rechtszerstörung]. Andere Forscher sehen die Ursache für die Unmöglichkeit einer realen Zukunftssicht nicht in dem durchdachten, raffinierten System, sondern genau in seinem Gegenteil: fehlendes Führerprinzip, defizitäre Planung, mangelnde Koordination oder Professionalität. Wenn die „Täter" nicht planten, wie konnten dann die Opfer ihre Zukunft vorhersehen? Auch

Täuschungssystem

Mangel an Koordination

10. Die Frage der Zukunftserwartung

wenn man akzeptiert, daß die Nationalsozialisten willens und imstande waren, die Entfernung der Juden aus dem deutschen Herrschaftsbereich als ein nationalsozialistisches Grundprinzip durchzusetzen, so war immer noch zweifelhaft, was dies wirklich bedeutete, und gewiß bleibt die Frage nach dem „Wann und Wie" offen. Dies aber läßt Raum für sehr unterschiedliche Zukunftsthesen [vgl. 88: K. KWIET, Historiographische Behandlung, 164; 300: E. JÄCKEL, Hitlers Herrschaft, 89–94].

Als dann tatsächlich die ersten Aktionen gegen die jüdische Bevölkerung einsetzten, konnte man meinen, der von den Nationalsozialisten gehegte Plan, den man ja zu kennen glaubte, werde nicht ausgeführt werden: Anstatt mit „Nürnberger Gesetzen" zu beginnen, erließ das Regime die vier antijüdischen Gesetze vom April 1933 (Berufsbeamtentum, Anwaltschaft, Juden im deutschen Gesundheitswesen und Überfüllung im Schulwesen), die nicht eigentlich im Kern der antisemitischen Ideologie der Nationalsozialisten standen. So sehr diese Gesetze die jüdische Bevölkerung auch trafen, sie waren doch nur ein Anfang, der zudem in den darauffolgenden zwei Jahren keine Fortsetzung fand – ein Umstand, der vielleicht erklärt, warum bereits emigrierte Juden nach Deutschland zurückkehrten. Seit Ende 1933 schien der antijüdische Eifer der Nationalsozialisten erschöpft [334: K. A. SCHLEUNES, Twisted Road, 102, 114]. Wenn HANS MOMMSEN recht hat, daß es eigentlich die konservativen Eliten in der Verwaltung waren, die die Aufmerksamkeit der Nationalsozialisten auf die Judenfrage lenkten – dann war es natürlich noch schwieriger, die Zukunft vorauszusehen: Wenn Juden nur ein Mittel oder ein Ventil waren, dann war ihr endgültiges Schicksal schwerlich im voraus zu bestimmen [321: H. MOMMSEN, Völkermord, 182]. Daraus erklärt sich die Meinung von HANS-JOACHIM SCHOEPS, die Erwartungsfrage sei nicht 1929, sondern erst 1935 aktuell geworden! Gemäß seiner durchaus nicht repräsentativen, apologetischen Position (die davon ausgeht, der Nationalsozialismus habe eine starke konservative Komponente gehabt, die keine neue Judenpolitik vertreten habe) sei es auch zwischen 1933 und 1935 unmöglich gewesen, die nationalsozialistischen Verbrechen selbst in ihren Anzeichen vorauszusehen. Für SCHOEPS erhob sich die Frage „Was hat man nicht gesehen?" erst am 30.6.1934 in „der Nacht der langen Messer", als die Konservativen weitgehend entmachtet wurden [227: H. J. SCHOEPS, Bereit für Deutschland, 11].

In dieser komplexen Darstellung steckt jedoch ein wirkliches Problem – die Entwicklung verschiedener *Phasen* bis zur Katastrophe. Auch wenn man eine Planung auf nationalsozialistischer Seite voraussetzt, so kann man schwerlich belegen, alle Schritte seien vorsätzlich

Phasen der Entwicklung

geplant gewesen und der eine habe sich planmäßig konsequent aus dem anderen ergeben. Deshalb muß man aus dem Fragenkomplex des „Warum hat man die Gefahr nicht gesehen?" die differenziertere Frage, *was* man zu *welchem Zeitpunkt* nicht gesehen hat, herauslösen.

Interpretation nationalsozialistischer Politik

Diese Frage hängt mit der Interpretation zusammen, die man dem nationalsozialistischen Herrschaftssystem zukommen läßt – wie stark bestimmend waren Hitler, die SA, der internationale Druck? SCHLEUNES oder auch JÄCKEL versuchen zu belegen, daß eine Konzentration auf die Person Hitlers zwar eine Intention aufdecken kann, von der Hitler nicht abwich. Nicht zu erkennen sei jedoch, wie stark es sich um Taktik handelte und wie intensiv gerade die Schwäche Hitlers (die natürlich außerhalb der internen Kreise nicht sichtbar wurde) die Angelegenheiten bestimmte [334: K. A. SCHLEUNES, Twisted Road, 170; 300: E. JÄCKEL, Hitlers Herrschaft, 139 ff.]. Zu Recht betont man die Verwirrung und Vielfältigkeit an Tendenzen innerhalb der Polykratie des Regimes und der Partei – weshalb man von jemandem, der von außen diese Entwicklung beobachtete, nicht verlangen konnte, die Zeichen des Kommenden zu verstehen, während doch die Vollstrecker selbst nicht wußten, wohin die Tendenzen führten. Heute wissen wir, daß beim Fehlen einer schriftlichen Anweisung jeder, der eine Entscheidung zu fällen hatte, sich selbst fragte „Wie würde der Führer in diesem mir zur Entscheidung vorgelegten Falle entscheiden?" [172: H. G. ADLER, Der verwaltete Mensch, 1001]. Doch wer konnte diesen Mechanismus vor 1933 ahnen oder ihn später erkennen? Und selbst eine entsprechende Sicht hätte wahrscheinlich nichts ändern können, wie Kwiet wohl betonen möchte, wenn er feststellt, „hilflos sahen sich die Juden in Deutschland (…) einem Herrschaftssystem ausgeliefert, das ihnen nicht die geringste Chance einer kollektiven Abwehrstrategie bot" [88: K. KWIET, Historiographische Behandlung 164].

verwirrende Tendenzen

hilflos dem System ausgeliefert

11. Die Periodisierung der NS-Judenpolitik

Die zwölf Jahre des Dritten Reiches waren vielleicht zu kurz, um in Unterepochen eingeteilt zu werden. Doch es existieren verschiedene Aspekte, nach denen eine Periodisierung des Zeitraums der nationalsozialistischen Herrschaft durchaus sinnvoll vorzunehmen ist.

politische Phasen

In bezug auf die Politik des Nazi-Regimes gegenüber Juden können verschiedene Phasen nachgezeichnet werden, in denen insgesamt schrittweise sich verschärfende Maßnahmen gegen Juden entwickelt wurden, die für die Hälfte der Juden den Tod bedeuteten. Im folgenden zwei Beispiele möglicher Periodisierungen:

Eine relativ einfache zeitliche Einteilung nimmt R. HILBERG vor: 1933–1940 – Emigration; 1941–1945 – Vernichtung [297: R. HILBERG, Destruction, 54]. A. BEIN periodisiert die Zeit des Dritten Reiches differenzierter, indem er versucht, alle Elemente der nationalsozialistischen Politik gegenüber Juden und die jüdischen Reaktionen selbst einzubeziehen: 1. Diffamierung und Boykott 1933–1935; 2. Gesetzliche Ausgliederung und Dissimilation 1935–1938; 3. Vernichtung der religiösen und wirtschaftlichen Grundlage 1938–1939; 4. Entrechtung, Ghettoisierung, Deportation 1939–1941; 5. Liquidierung 1941–1945 [7: A. BEIN, Judenfrage, 1].

_{Einteilungsversuche}

Solche Periodisierungsversuche werden den Untersuchungen der Historiker, die sich mit spezifischen Aspekten der Zeit beschäftigen, nicht unbedingt gerecht. Nach den Kriterien einer juristischen Untersuchung waren z. B. die Jahre vor, nicht weniger als die Jahre nach den Nürnberger Gesetzen durch eine gesetzliche Ausgliederung geprägt.

_{Defizite der Periodisierungsversuche}

Ein Kriterium, das von SCHLEUNES angelegt wird, ist das Maß der Umsetzung der Ideologie in die Praxis: seiner Meinung nach hätten solche Nationalsozialisten, die an einem ursprünglichen antisemitischen Programm festgehalten hätten, bis Anfang 1938 von der praktischen Umsetzung nicht befriedigt werden können [334: K. A. SCHLEUNES, Twisted Road, 130, 182, 212, 216]. SCHLEUNES sieht, wie viele andere auch, in der Reichspogromnacht das Ende der Phase von Unentschlossenheit und Mangel an Professionalität. Doch die Reichspogromnacht war die spontane Verwirklichung der Vorstellungen der Radikalen, die fünf Jahre zuvor nicht in die Praxis umgesetzt wurden, keineswegs das Modell einer neuen Politik; die Lösung des Problems war zu diesem Zeitpunkt Göring übertragen worden, der bereits seit gut einem Jahr „professionell", so SCHLEUNES, tätig war [334: K. A. SCHLEUNES, Twisted Road].

_{Umsetzung der Ideologie als Periodisierungskriterium}

Eine alternative, sich an wirtschaftlichen Aspekten orientierende Periodisierung wird von A. BARKAI vorgeschlagen [250: A. BARKAI, Deutsche Unternehmer, 227–247; sowie 177: A. BARKAI, Wirtschaftlicher Existenzkampf, in: 219: A. PAUCKER, Juden im nationalsozialistischen Deutschland, 153–166]: 1. 1933–1934 Machtkonsolidierung; 2. 1934–1937; 3. 1938 und 4. Ende 1939 bis 1943. BARKAI lehnt die Ansätze von GENSCHEL, ADAM und SCHLEUNES ab [334. K. A. SCHLEUNES, Twisted Road, 59; 240: U. ADAM, Judenpolitik; 281: H. GENSCHEL, Verdrängung], nach denen die Hochkonjunktur der „Arisierung" in die Zeit von Ende 1937 bis Mitte 1939 fiel. Seiner Ansicht nach habe die

_{Periodisierung nach wirtschaftlichen Kriterien}

„Arisierung" schon lange vor der 3. Phase eingesetzt. Was sich 1938 vollzog, sei nur eine „Arisierung" des Restbestands gewesen. W. MOSSE unterscheidet auch in diesem Kontext nur drei Phasen [43: W. MOSSE, Economic Elite, 329] und meint, die Verdrängung von Juden aus der deutschen Wirtschaft habe erst 1935 wirklich eingesetzt und 1938 mit dem endgültigen Ausschluß der Juden aus der Wirtschaft ihren Höhepunkt erreicht. Dieser Ansatz steht jedoch nicht eigentlich im Widerspruch zu BARKAIS Position. Betrachtet man die Periodisierung im wesentlichen aus der Sicht der Opfer, dann ist der Charakter der Emigration ein wichtiger Indikator: Wann wurde die Emigration zur Flucht – schon in den ersten Jahren des Dritten Reiches oder erst 1938? [211: A. MARGALIOT, Political Reaction; 44: D. NIEDERLAND, Emigration Patterns].

Charakter der Emigration

Ein zentraler Faktor bei der Periodisierung ist der Erfolg der deutschen Außenpolitik: Es bestand eine deutliche Korrelation zwischen der Bereitschaft, schärfere und strengere Maßnahmen gegen Juden zu ergreifen, und der jeweils gerade aktuellen internationalen Lage. Als Hitler erkannte, daß die Alliierten bereit waren, einen Schritt wie die Wiedereinführung der allgemeinen Wehrpflicht 1935 hinzunehmen, erlaubte er sich auch eine Verschärfung der Maßnahmen gegen Juden. Der Weg, auf dem die Rassengesetze gerade im September 1935 erlassen wurden, belegt ebenfalls die direkte Verbindung zwischen Fragen der Außenpolitik und der Behandlung der jüdischen Bevölkerung. Noch deutlicher und direkter zeigte sich diese Korrelation beim Anschluß Österreichs, nach dem sich das Regime Schritte erlauben konnte, zu denen es zuvor im „Altreich" nur vorsichtig gegriffen hatte. Eine entsprechende Korrelation läßt sich auch zwischen den Resolutionen der Evian-Konferenz von 1938 und den Konsequenzen für die Judenpolitik des Regimes oder zwischen dem Münchener Abkommen und der Reichspogromnacht ziehen. Derartige Korrelationen zwischen internationalen Reaktionen und Maßnahmen gegen Juden bestanden auch während der Kriegszeit, und zwar bis zu dem Zeitpunkt, als das Regime keinerlei Rücksicht mehr auf andere Staaten nehmen mußte, da sie zu Kriegsgegnern geworden waren, d. h. spätestens zur Zeit des Angriffs gegen die Sowjetunion im Juni 1941 oder der Kriegserklärung gegen die USA im Dezember desselben Jahres. Eine Periodisierung auf der Basis dieser Korrelation zeigt einen Prozeß mit mehreren Phasen und trägt zur Erklärung der Radikalisierung der NS-Judenpolitik bei.

deutsche Außenpolitik als Periodisierungsmaßstab

Korrelation zwischen Außenpolitik und antijüdischen Maßnahmen

12. Die Planung der „Judenpolitik"

Die Periodisierung der NS-Judenpolitik steht, wie erwähnt, auch in engem Zusammenhang mit der Frage der Planung von Maßnahmen gegen die jüdische Bevölkerung in Deutschland und Europa: Erfolgten die Übergänge von einer Phase der „Judenpolitik" zur anderen nach einem vorsätzlich festgelegten Plan oder wurden sie von der Konjunktur oder von äußeren Umständen bestimmt, die mit einem Plan zur Lösung der „Judenfrage" in keinem oder nur in einem mittelbaren Zusammenhang standen? Diese Frage erweckt auch über den Kreis der Historiker hinaus heftige Diskussionen, insbesondere sobald man über die Phase der Ermordung spricht: Waren die Phasen bis zu dieser Entscheidung, war die Entscheidung über diese Phase vorsätzlich geplant? Dies ist die Kernfrage innerhalb des Fragenkomplexes nach den kausalen und kontextualen Zusammenhängen der „Endlösung". willkürliche oder geplante Entwicklung

E. JAECKEL, sei hier stellvertretend für zahlreiche Historiker genannt, die der Überzeugung sind, daß nicht nur ein Konzept zur Entfernung der Juden bestanden habe, nach dem die NS-Politik gegenüber der jüdischen Bevölkerung vor und nach der Machtergreifung kontinuierlich durchgeführt worden sei, sondern daß in diesem Konzept auch von Anfang an das Programm der Vernichtung enthalten gewesen sei [300: E. JAECKEL, Hitlers Herrschaft; siehe auch 284: D. J. GOLDHAGEN, Hitler's Willing Executioners]. Diese These muß jedoch nicht HILBERGS früherer Annahme widersprechen, es habe keinen „basic plan", sondern nur ein allmähliches Voranschreiten gegeben, bei dem die Bürokratie in einer Phase nicht wissen konnte, welche Mittel ihr in der kommenden Phase zur Verfügung stehen würden [297: R. HILBERG, Destruction, 53]. Mit dieser These kann man auch das Paradox der Tatsache erklären, daß ein Mann wie Rabbiner Leo Baeck 1933 zwar feststellen mußte, das Ende des deutschen Judentums sei gekommen, jedoch zu diesem Zeitpunkt nichts über den Weg aussagen konnte, der zu diesem Ende führen werde [230: E. SIMON, Aufbau im Untergang, Kap. 4].

Konzept zur Entfernung und Ermordung der Juden

Da man ständig auf Auschwitz schaut und hier im allgemeinen zu der Schlußfolgerung gelangt, Auschwitz sei nicht geplant gewesen, tendiert man ebenfalls zu der Ansicht, die Judenpolitik sei auch vor dem Krieg nicht nach einem festgesetzten Plan verlaufen. Diesen Ansatz vertreten U. ADAM und K. A. SCHLEUNES, wobei sie von R. RÜRUP kritisiert werden [332: R. RÜRUP, Ende der Emanzipation, 108]. Denn wenn auch der „basic plan" fehlte, kann nicht von Planlosigkeit gesprochen werden – die Eliten wußten ebenso gut wie die Parteimitglieder, daß sie die Juden aus der Wirtschaft und dem öffentlichen Leben aus-

Rückschlüsse aus der Planung von Auschwitz

schließen, ja sie sogar physisch entfernen wollten. Diese Schritte wurden unter Berücksichtigung der durch den äußeren Druck gegebenen Faktoren relativ schnell durchgeführt. Die Planlosigkeit muß also zu Recht in den Bereich der Legendenbildung verwiesen werden, auch wenn die konkrete Ausführung zuweilen spontan und ungeordnet war [332: R. RÜRUP, Ende der Emanzipation, 111].

Planung und Verantwortung
Die Auseinandersetzung ist letztlich mit der umfassenderen Frage nach der *Verantwortung* für die „Judenpolitik" verknüpft. War Hitler allein verantwortlich? M. BROSZATS weitgehend akzeptierte Antwort, nach der Hitler um die letzte Phase wußte, sie jedoch nicht organisierte und keine schriftliche Anweisung ausgab, kann die Verlegenheit einer Beantwortung dieser Frage nicht verringern [260: M. BROSZAT, Hitler und die Genesis der Endlösung]: Wußte Hitler nur um die letzte Phase, oder hat er sie befohlen? Galt Entsprechendes auch für vorangehende Phasen? Geht es um die chronologische Aneinanderreihung von Ereignissen und Maßnahmen, die letztlich im Konglomerat die Shoah ergaben?

letzte Phase und Gesamtstruktur
Die Frage nach der letzten Phase ist demnach die Frage nach der Struktur des Ganzen. Dies nun ist H. MOMMSENS Ausgangspunkt, der im Prinzip BROSZATS Erklärung zustimmt, jedoch zusätzlich auf das System hinweist, mit dem innerhalb der nationalsozialistischen Führung Entscheidungen gefällt wurden und aufgrund dessen man nicht erwarten darf, einen schriftlichen Befehl Hitlers zu finden [319: H. MOMMSEN, Hitlers Stellung].

Entscheidungsprozesse im System
Darüber hinaus lenke der Versuch, nach einer Anordnung Hitlers zu suchen oder auch nur die Zusammenhänge innerhalb der Polykratie in diesem Kontext verstehen zu wollen, die Aufmerksamkeit von der umfassenderen Frage nach einer Basis in der Gesellschaft ab [267: U. BÜTTNER, Deutsche Gesellschaft und Judenverfolgung, 17].

Wie gesagt, die letzte Phase – die Ermordung – bezieht sich nicht nur auf das Schicksal des deutschen Judentums. In diesem Kontext sind die früheren Phasen bis einschließlich zur letzten Phase als eine Einheit zu verfolgen. Die im allgemeinen in der Literatur gezogene Schlußfolgerung lautet daher, es habe eine Verbindung von Planung, Improvisation, Intention und Opportunismus bei den einzelnen Phasenübergängen bis einschließlich zur letzten Phase gegeben [286: S. GORDON, Hitler; 274: J. DÜLFFER, Deutsche Geschichte; 261: C. BROWNING, Path to Genocide; 276: G. FLEMING, Hitler und die Endlösung; 240: U. ADAM, Judenpolitik; 334: K. A. SCHLEUNES, Twisted Road].

Planung und Improvisation, Intention und Opportunismus

Hitlers Rolle
Damit verbunden besteht weitgehender Konsens darüber, daß ohne Hitlers Initiative die Maßnahmen auf anderen Ebenen der Führung keine Legitimation erhalten hätten oder nicht zur Ausführung gelangt wären. Auch die Wahl

12. Die Planung der „Judenpolitik" 123

zwischen den Alternativen wäre ohne Hitler keinem Konsens anheimgestellt gewesen.

GRAML widersetzt sich dem grundlegenden Ausgangspunkt der Interpretation von MOMMSEN und BROSZAT mit dem Argument, diese Interpretationsbasis entlaste die NSDAP und ihre Führung hinsichtlich der Verantwortung. Es habe sehr wohl eine Entwicklung in Phasen, und zwar durch die Umsetzung einer Planung gegeben; entscheidend allerdings sei gewesen, daß in den ersten hundert Monaten nach der Machtübernahme das charakteristische Element der nationalsozialistischen Politik gegenüber der jüdischen Bevölkerung darin bestanden habe, daß jeder einzelne Schritt zur „Lösung der Judenfrage" als Lösung des Problems dargestellt worden sei, während sich erst im nachhinein ergeben habe, daß es sich nur um eine Etappe auf dem Weg zur nächsten Phase einer noch endgültigeren Lösung gehandelt habe, ohne daß dies von einem Teil der Partei und des Volkes überhaupt begriffen worden sei [287: H. GRAML, Genesis, 161–164]. In dieser Hinsicht bezieht JAECKEL eine entschiedenere Position, wenn er zwischen der Weltanschauung Hitlers und seiner Herrschaft eine direkt Linie zieht [300: E. JAECKEL, Hitlers Herrschaft]. Nicht weniger entschieden ist PÄTZOLD, der zwar nicht an einen „fix und fertigen Mordplan" glaubt, aber durchaus der Ansicht ist, es wäre von den skrupellosen Nazis zu erwarten gewesen, daß sie bei dieser Lösung enden werden. Auch durch die von PÄTZOLD vorgenommene Zuordnung des Nationalsozialismus zum Imperialismus und des nationalsozialistischen Antisemitismus zum bürgerlichen Antisemitismus erscheint die Mordlösung beinahe als prädestiniert. Doch selbst Pätzold muß zugeben, daß „die Faschisten" in ihrer Judenfeindschaft nicht Sklaven ihrer eigenen Doktrin waren und es sehr wohl verstanden, vor und nach ihrer Machtübernahme zu improvisierten und taktisch geschickten Maßnahmen zu greifen [326: K. PÄTZOLD, Verfolgung, 10].

schrittweise Umsetzung vorhandener Planungen

Weltanschauung und Herrschaft Hitlers

Zuordnung zum Imperialismus

Wie bereits erwähnt, stellte die Reichspogromnacht Wendepunkt und Bruch dar, auf den sich alle Teilnehmer an der Forschungskontroverse über die Frage der Planung beziehen. Im Licht der Ereignisse des Pogroms von 1938 ist daher die gesamte Frage nach der vorsätzlichen Planung zu untersuchen.

Reichspogromnacht als Wendepunkt

Wie sich bereits 1945 aus den Zeugenaussagen und Dokumenten der Prozesse gegen die aktiv an der Reichspogromnacht Beteiligten ergab, handelte es sich bei der „Reichskristallnacht" um ein von oben angeordnetes Ereignis [253: W. BENZ, Rückfall, 33]. Natürlich konnte von „Volkszorn" keine Rede sein. Dies klärt für den Historiker jedoch noch nicht die Frage der Planung. UWE ADAM hebt die Befunde hervor, nach denen für Spontaneität in den Ereignissen des 9. November kein Raum gewesen sei. Die Planung sei ad hoc erfolgt und durch die SS infolge ihrer Struktur schnell ausgeführt worden. Goebbels habe die Szene im Verlauf des 9. Novembers organisiert, wobei er sich wohl auf Hitlers Zustimmung habe berufen können, und die Initiative ergriffen, weil er hier eine Gelegenheit erkannt habe, sich zu profilieren, [241: U. ADAM, Pogrom, 75, 89, 93].

Weithin wird auch akzeptiert, daß die Intensität, mit der es seit 1938 zu anti-jüdischen Erlassen kam, ebenfalls auf Hitlers Intention zurückzuführen ist, die Entwicklung dieser Politik voranzutreiben. Aber diese Planungsintention konnte nicht die defizitäre Koordination in der Ausführung zwischen den verschiedenen Ministerien während des gesamten Jahres bis zur Reichspogromnacht ausgleichen. Am 14. Oktober verkündete Göring in Fortsetzung der erklärten Absicht Hitlers die Planung der vollkommenen Entfernung der Juden aus der deutschen Wirtschaft. Der allgemeine Plan, die Intention, bestand und wartete auf einen Anlaß zur Umsetzung. Kurz: keine vorgeplante Aktion, sondern die klug inszenierte Ausnutzung einer Situation, die auf die Absicht hinwies, zu einer neuen, radikaleren Phase bereits zu diesem Zeitpunkt überzugehen [241: U. ADAM, Pogrom, 85, 93].

Reichspogromnacht als Katalysator

Die Reichspogromnacht diente demnach als katalysatorisches Ereignis, bei dem Goebbels eine paradoxe Rolle spielte – er schuf eine Situation, in der fortan andere in systematischer Weise das Problem der „Judenfrage" anzugehen hatten. Der Pogrom war für Goebbels und seine Methode ein Pyrrhussieg. Entsprechend wurde in der von Göring einberufenen Sitzung am 12. November scharfe Kritik an den Ereignissen der Nacht vom 9. November geübt und nochmals ausdrücklich betont, daß allein Göring für die „Lösung der Judenfrage" die Verantwortung trage. Göring selbst war es, der bei dieser Gelegenheit äußerte, wenn es zum Ausbruch des Krieges käme, dann wäre das Ergebnis in Deutschland der Vollzug der „großen Abrechnung an den Juden", was deutlich auf die planerische Verbindung zwischen den spätestens seit Anfang 1938 in der Schublade befindlichen Plänen, der Reichspogromnacht und den nächsten Schritten hinweist [287: H. GRAML, Genesis, 108, 164], auch wenn es sich nicht um eine systematische, geordnete und detaillierte Planung gehandelt hat.

Goebbels' Rolle bei dem Pogrom von 1938

13. Das deutsche Kapitel im europäischen Kontext einer „Endlösung der Judenfrage"

Die furchtbare Gewalt der Shoah der europäischen Judenheit stellt nicht nur die radikalen Schritte, die zuvor gegen die jüdische Bevölkerung unternommen wurden, in den Schatten, sondern auch das Schicksal rund einer halben Million deutscher Juden. R. RÜRUP weist daher mit Recht den Ansatz zurück, der in dem, was den deutschen Juden bis 1939 oder 1941 zustieß, eine bloße Vorgeschichte der Shoah sieht [332: R. RÜRUP, Ende der Emanzipation, 98; ferner: 233: H. STRAUSS, Jewish Autonomy, 126]. Darüber hinaus ist dieser Ansatz nicht zufällig – er trägt zur Verharmlosung dieses Kapitels im Hinblick auf die deutsche Gesellschaft und die deutsche Geschichtsschreibung bei. Man kann dem DDR-Historiker PÄTZOLD nur zustimmen, wenn er sich im nachhinein gegen den schon in den dreißiger Jahren in Deutschland herrschenden Ansatz stellt, nach dem die Nationalsozialisten gegen die jüdische Bevölkerung „nur" eine Fremdengesetzgebung vorbereitet hätten, was der deutschen Gesellschaft keinen Grund zu übermäßiger Erbitterung geben sollte. PÄTZOLD verfährt dabei natürlich nach seiner Methode, indem er den deutschen Bourgeois beschuldigt, an dieser Politik keinen Anstoß genommen zu haben [326: K. PÄTZOLD, Verfolgung, 24]. Was den deutschen Juden dann schon vor der Entscheidung über die systematische Vertreibung oder über die Vernichtung widerfuhr, war bereits die absolute Abkehr der deutschen Geschichte von den drei Prinzipien der Emanzipation, der Integration und der Assimilation.

> Vorgeschichte der Shoah?

> „Fremdengesetzgebung"

> Aufhebung der Emanzipation

Demnach sind zwei Aspekte in diesem Kontext zu unterscheiden – das Schicksal der deutschen Juden im Dritten Reich und das Schicksal der europäischen Juden im Zweiten Weltkrieg. Auschwitz hätte sich wahrscheinlich nicht als Abschluß des Kapitels der Verfolgung und Vertreibung der deutschen Juden ergeben, wenn die „Judenfrage" allein auf Deutschland beschränkt geblieben wäre. Der „gewundene Weg nach Auschwitz" [334: K. A. SCHLEUNES, Twisted Road] erscheint gerade für die deutschen Juden noch gewundener. Wer sich darüber wundert, daß der Prozeß nationalsozialistischer Maßnahmen gegen Juden so „erstaunlich" langsam verlief – bis zur Reichspogromnacht waren sechs Jahre nationalsozialistischer Herrschaft in Deutschland vergangen –, dem muß man antworten, daß es der wirtschaftliche Preis war, der eine noch raschere Radikalisierung der „Lösung der Judenfrage" in Deutschland verhinderte. Selbst während der Phase erzwungener Emigration aus Österreich im Jahre 1938 spielten Erwägungen über die

> wirtschaftliche Erwägungen"

dem Reich entstehenden wirtschaftlichen Schäden immer noch eine zentrale Rolle [334: K. A. SCHLEUNES, Twisted Road, 99]. Außerdem wurde der Preis des internationalen Prestiges in Erwägung gezogen. Diese Überlegungen wurden in den Hintergrund gedrängt, als sich „das Problem" über Deutschland hinaus ausbreitete und zum Problem Europas, als die Frage der deutschen Juden für das Regime zu einem sekundären Aspekt der Frage der europäischen Juden wurde.

Die Zeugnisse in diesem Zusammenhang sind eindeutig: Seit 1938 und verstärkt seit 1939 und 1941 war das Deutsche Reich dem Anschein nach ohne Planung gezwungen, über die „Judenfrage" erneut nachzudenken, da es jetzt nicht mehr nur um deutsche Juden ging. Das Regime mußte nun nach seinem Verständnis das Problem der *europäischen* Juden lösen, nachdem es bis 1938 für die Nationalsozialisten allein um das Problem der deutschen Juden in den Grenzen des durch den Versailler Vertrag verminderten „Altreiches" gegangen war. Die deutschen Juden kamen nicht im Rahmen der „Endlösung" der deutschen Judenfrage nach Auschwitz, sondern weil die nationalsozialistische Geschichte zu Besatzung und Krieg, d. h. zur totalen Konfrontation Deutschlands mit der Welt und damit auch zur „Konfrontation" mit den Juden, geführt hatte. Da Auschwitz die „Lösung" für die jüdische Bevölkerung Osteuropas war, wurde Auschwitz auch für „die Lösung der Judenfrage in Deutschland" eingesetzt. Nicht umgekehrt. So schrecklich dies auch klingen mag: diese Phase ist im Hinblick auf den Verlauf der Geschichte der deutschen Juden insgesamt – nicht im Hinblick auf das persönliche Schicksal der europäischen Juden – weniger bedeutsam als die vorangegangene, in der jüdische Staatsbürger Deutschlands mit verschiedenen Mitteln aus der staatsbürgerlichen Gesellschaft ausgeschlossen und zu Opfern und Geiseln wurden, ein Zeitabschnitt, in dem die Emanzipation aufgehoben wurde.

Die Argumentation, der zufolge das Versagen der ergriffenen Maßnahmen – Boykott, Gesetze und Verordnungen, „Arisierung", Emigration – notwendigerweise auch in bezug auf die deutschen Juden nach Auschwitz führen mußte [334: K. A. SCHLEUNES, Twisted Road, 259], übersieht die oben angesprochene Differenzierung. Wenn es allein um Deutschland gegangen wäre, dann wären die Maßnahmen, die man bis 1938 oder gar bis 1939 ergriffen hatte, sicherlich nicht als Niederlage des Regimes und der Antisemiten ausgelegt worden.

Isoliert man das Problem der deutschen Juden aus dem Gesamtkomplex, so ist zu fragen, inwieweit dieses Problem mit dem nationalsozialistischen Unternehmen identifiziert werden kann. Die historische Frage muß darauf zielen, was geschehen wäre, wenn im Jahre 1933

13. Das deutsche Kapitel im europäischen Kontext 127

nicht die Nationalsozialisten, sondern die Konservativen an die Macht gekommen wären. G. MOSSES Antwort darauf lautet, daß man auch in diesem Falle die Juden aus den freien Berufen und dem öffentlichen Dienst verdrängt und ihre staatsbürgerlichen Rechte eingeschränkt hätte [41: G. L. MOSSE, Deutsche Rechte und die Juden, in: 150: 237]. Die grundsätzliche Entscheidung war nicht ausschließlich eine Entscheidung der Nationalsozialisten; daher konnte die Verwaltung problemlos mit den nationalsozialistischen Machtträgern kooperieren. Und mehr noch: selbst Männer im Widerstand gegen Hitler wollten sich nicht geschlossen gegen die Vertreibung der Juden aus Deutschland und aus der deutschen Gesellschaft stellen [272: C. DIPPER, Der Deutsche Widerstand], sondern distanzierten sich lediglich von den Mitteln, die sie seit Beginn der „Operation Barbarossa" im Osten kennengelernt hatten.

jüdische Bevölkerung zwischen Nationalsozialisten und Konservativen

Haltung des konservativen Widerstands gegenüber antijüdischen Maßnahmen

An diesem Punkt tritt die Frage der Planung und der Verwirklichung erneut ins Blickfeld. Ist man nur an dem Problem in Deutschland, nicht in Europa insgesamt, interessiert, dann ist die Kritik an der These von der Planlosigkeit und dem Mangel an Erfolg in der Durchführung berechtigt. Innerhalb von sieben Jahren setzten die Nationalsozialisten, insofern es um das deutsche Judentum ging, das meiste um, was sie hatten erreichen wollen, und die Vollendung des Plans war auch ohne Krieg in Sichtweite gerückt. Die Ermordung der jüdischen Bevölkerung im Verlauf des Krieges gehört in ein anderes Kapitel, nämlich in das Kapitel der Juden in den besetzten Gebieten; diese Frage stand in den Augen des nationalsozialistischen Regimes im Zusammenhang der umfassenden Lösung der „europäischen Judenfrage".

Planung und Verwirklichung

Der deutsche bzw. europäische Kontext der „Lösung der Judenfrage" ist mit der Frage verknüpft, was „die Deutschen wußten". Man kann mit Sicherheit behaupten: Derjenige, der seine Augen nicht völlig verschlossen hatte, mußte um die Maßnahmen im Zusammenhang mit dem Schicksal der *deutschen* Juden bis zu ihrer Vertreibung wissen. Auch die Zeugnisse, die mehrheitlich über die Distanzierung der Öffentlichkeit von den Ereignissen der Reichspogromnacht angeführt werden, sind ein Beleg dafür, daß die Bevölkerung sehr wohl auf das reagierte, was mit den Juden geschah. Einverständnis gab es darüber hinaus über den wirtschaftlichen Gewinn, der aus der Beschlagnahme jüdischen Besitzes resultierte. Der zweite Abschnitt, die Ermordung und die Vernichtung der jüdischen Bevölkerung Europas, war nur teilweise bekannt. Erstens führte die Isolierung und Pariasierung der Juden in der deutschen Gesellschaft zu einer verminderten Wahrnehmung der Bedeutung der Deportationen und zur moralischen Indifferenz. Auf je-

„Was wußten die Deutschen?"

Distanzierungen und Konsens

den Fall stand die Information zur Verfügung, wenn man sie nur suchte, oder wie Laqueur sagt: „... nur eine Handvoll Deutscher (wußte) *alles* über die Endlösung ..., aber nur sehr wenige wußten gar nichts." Außerdem wußten Oppositionelle nicht nur um die Dinge, sondern verbreiteten dieses Wissen auch [90: W. LAQUEUR, Was Niemand wissen wollte, 26; 247: D. BANKIER, Germans and the Final Solution; 285; S. GORDON, German Opposition].

<small>Informationsquellen</small>

In diesem Kontext wird also die Frage nach dem Wissen um das Schicksal der deutschen Juden und dem Wissen um die Vernichtung der Juden in Europa sowie die entsprechende Reaktion für die Diskussion relevant. Es muß jedoch weiterhin die Frage erlaubt sein, ob die Verdrängung des Wissens um die Maßnahmen gegen die deutschen Juden identisch oder gleichgewichtig ist mit der Verdrängung des Wissens um das gesamte jüdische Schicksal: War die Indifferenz dem Schicksal der Nachbarn oder Mitbürger gegenüber nicht noch schwerwiegender als die Gleichgültigkeit gegenüber dem Schicksal derjenigen, die kein Teil des Volkes oder der staatsbürgerlichen Gemeinschaft vor der Aufhebung der Emanzipation waren?

<small>Gleichgültigkeit gegenüber dem Schicksal deutscher Juden</small>

14. „Positive Aspekte" des Nationalsozialismus?

Auch ein negatives Phänomen kann positive Auswirkungen haben. Diesem Ansatz folgend hatte schon HANS J. SCHOEPS seinerzeit festgestellt, daß der Nationalsozialismus durchaus einen positiven Aspekt aufweise, indem er „das Lebensgefühl der jungen Generation" zum Ausdruck bringe [227: H. J. SCHOEPS, Bereit für Deutschland, 17]. Der Slogan, den ROBERT WELTSCH in seinem Artikel zum Boykott vom 1. April 1933 unter der Überschrift „Tragt ihn mit Stolz, den gelben Fleck" prägte – „Iwri Anochi. Ja, Jude. *Zum Jude-Sein Ja sagen"* – sollte die jüdische Bevölkerung für die erlittenen Erniedrigungen entschädigen. Doch er öffnete auch das Tor für die Darstellung des Nationalsozialismus als positive Herausforderung für das Judentum, insbesondere in zionistischer Sicht. In diesem Sinne wurde die „jüdische Renaissance", die im Bereich der Kultur zu einer Absonderung führte, von ERNST SIMON als „geistiger Widerstand" definiert, der Juden ihren Stolz zurückgebe [55: H. J. SCHÜTZ, Deutsche Literatur, 280].

<small>„Ausdruck des Lebensgefühls"</small>

<small>„Iwri Anochi"</small>

<small>Nationalsozialismus als positive Herausforderung</small>

Die nachträgliche Darstellung der nationalsozialistischen Politik als ein Faktor zur inneren Stärkung des Judentums basiert auf der mythischen Gegenüberstellung einer retardierenden jüdischen Kultur in der Zeit der Weimarer Republik und einer kulturellen Intensivität in den Tagen des Dritten Reiches. Doch eine systematische Untersuchung der Verhältnisse zeigt, daß die als jüdisch zu bezeichnende Aktivität während der Weimarer Zeit außerordentlich rege war (siehe Teil I oben). Nichts anderes belegt zum Beispiel auch die Tatsache, daß mehr als die Hälfte der jüdischen Bevölkerung zu jener Zeit in spezifisch jüdischen Organisationen und Verbänden organisiert war [143: T. MAURER, Juden in der Weimarer Republik, 119]. Entscheidend aber war, daß die Entstehung eines organisatorischen Rahmens für die jüdische Kultur im Dritten Reich letztlich eine erzwungene Maßnahme war. Ein derartig aufoktroyierter Rahmen kann wohl in keinem Falle als „positiver Aspekt" begriffen werden.

<small>kulturelle Aktivitäten in der Weimarer Zeit</small>

<small>„erzwungene Maßnahmen"</small>

Es gab zweifellos auch zahlreiche deutsche Juden, die zusammen mit anderen Deutschen auf einen Ausbruch aus Erniedrigung und Depression mittels des neuen Zeitgeistes warteten, auch wenn nur zu deutlich war, daß eine Regierung der „Nationalen Erhebung", nationalsozialistisch oder deutschnational, gegen die jüdische Bevölkerung vorgehen werde. Die Korrespondenz zwischen den jüdischen Organisationen und dem neuen Reichskanzleramt seit Februar 1933 zeigte die Bereitschaft zur Zusammenarbeit mit dem Regime, nicht nur von seiten der extremen Elemente wie der Naumanngruppe oder der Gruppe um Schoeps [211: A. MARGALIOT, Political Reaction; 202: K. J. HERMANN, Drittes Reich]. Man ging von der Annahme aus, in einem neuen Regime, gleich ob als Übergangsphase oder als längerfristiges System, werde ein positiver und segensreicher Geist wehen.

<small>Bereitschaft zur Zusammenarbeit innerhalb des Judentums</small>

Diese Annahme verdüsterte sich mehr und mehr angesichts der Maßnahmen, die zum Ausschluß der jüdischen Bevölkerung aus der deutschen Gesellschaft ergriffen wurden. Doch selbst jetzt wurden spezifische Schritte immer noch positiv verstanden. So absurd dies aus der Retrospektive auch klingen mag: es gab mindestens innerhalb zweier jüdischer Gruppierungen positive Verlautbarungen zu den Nürnberger Gesetzen. Sowohl für das orthodoxe Judentum als auch für die Zionisten waren die Nürnberger Gesetze eine Bestätigung der eigenen Positionen in den innerjüdischen Auseinandersetzungen und eine – wenn auch unter Zwang und Verachtung erreichte – Verwirklichung des Wunsches, eine Fortsetzung der Assimilation und der Exogamie, die 1933 eine bis zu diesem Zeitpunkt nicht gekannte Dimension erreicht hatten, zu verhindern. In bezug auf die revisionistische Gruppe innerhalb des Zionismus, die Gruppe um Kareski, trat dieser Sachverhalt klar und eindeutig hervor [194: D. FRAENKEL, Edge of the Abyss, 182, 190; siehe auch Abschnitt 4.3.5 oben].

<small>Verhalten gegenüber den Nürnberger Gesetzen</small>

Einer der indirekten „positiven Aspekte" wurde hier vom Zionismus erkannt: der Beweis, den das Dritte Reich für die Richtigkeit der These von der Unausrottbarkeit des Antisemitismus, der Notwendigkeit einer national-jüdischen Territoriallösung und der Dringlichkeit einer Auswanderung nach Eretz Israel (Alijah) lieferte [211: A. MARGALIOT, Political Reaction]. Man ging sogar so weit und hielt den Umstand für einen positiven Aspekt, daß die 5. Alijah, d. h. die Einwanderungswelle seit 1933, die erste des etablierten Mittelstandes war, der Besitz, Kapital und Wissenschaft nach Eretz Israel brachte. Das „Transferabkommen" ist eines der Beispiele für die immer wieder genannten positiven Aspekte, die die Emigration aus dem nationalsozialistischen Deutschland für den Zionismus hatte. Man konnte innerhalb der zionistischen Führung darüber hinaus weitere Versuche beobachten, positive Dimensionen in der Verlegenheit, in die man angesichts der Ereignisse in Deutschland geraten war, aufzuzeigen. So z. B. war M. Ussishkin der Meinung, der rassistische Charakter der Judenverfolgung sei gegenüber dem religiösen Charakter derartiger Verfolgungen schon deshalb positiv zu beurteilen, weil ansonsten die Hälfte des deutschen Judentums zum Christentum übertreten würde [194: D. FRAENKEL, Edge of the Abyss, 203]. Wer also das historische Beispiel des mittelalterlichen religiösen Taufzwangs für ein Modell des jüdischen Untergangs hält, mag die Augen vor der modernen, existenziellen Bedrohung des Judentums verschließen und ihr sogar positive Aspekte abgewinnen.

15. Kollaboration mit den Nationalsozialisten

Im Rückblick sieht es so aus, als ob für eine Kooperation zwischen Juden und nationalsozialistischem Regime von Anfang an keinerlei Raum bestanden hätte. Doch von vornherein bestand zunächst eine gewisse Plausibilität zur Kooperation auf einer Ebene, auf der es auch zwischen Nationalsozialisten und Kommunisten vor der Machtergreifung oder zwischen dem Regime und seinen Konkurrenten nach der Machtübernahme dazu gekommen war. Eine derartige Kooperation war natürlich für Juden nur ein letzter Ausweg, aber die Versuche, mit den konservativen, antisemitischen Kräften zusammenzuarbeiten, stellten gewissermaßen eine dialektische Öffnung auch in Richtung auf eine Kooperation mit den Nationalsozialisten dar.

In der letzten Phase der Weimarer Republik sah sich selbst der Central Verein zur Zusammenarbeit mit von Papen und Schacht und

15. Kollaboration mit den Nationalsozialisten

den konservativen Kräften gegen die Nationalsozialisten (aber auch gegen die Republik) gezwungen, und zwar unter anderem, weil man nach den Novemberwahlen glaubte, die Machtposition der Nationalsozialisten werde sich abschwächen. Einige Zionisten dachten in dieser Phase sogar, es sei der rechte Weg, die Nationalsozialisten zu spalten, um mit den eher konservativen Parteimitgliedern ins Gespräch zu kommen. Derartige Taktiken führten zum Schritt einer Kooperation mit den am meisten Gefürchteten – den Nationalsozialisten – von dem Augenblick an, da ihnen die Macht im Staate übertragen worden war.

<small>Kooperation mit konservativen Kräften</small>

Ein bestimmtes Maß an Kooperation war allein durch das gemeinsame Feindbild des Bolschewismus gegeben. So vertrat LEO BAECK im März 1933 die Ansicht, das neue, antibolschewistische Deutschland könne an sich nicht automatisch negativ bewertet werden, da der Bolschewismus von Natur aus gottlos und als solcher ein Feind des Judentums sei [227: H. J. SCHOEPS, Bereit für Deutschland, 12]. Der wesentliche Faktor für die Bereitschaft zur Kooperation von seiten der Juden war jedoch ihre Abhängigkeit von der Politik des Regimes. KLAUS HERMANNs tendenziöses Buch [202: K. J. HERMANN, Drittes Reich] über das Regime und die deutsch-jüdischen Organisationen im ersten Jahr nach der nationalsozialistischen Machtübernahme dokumentiert immerhin den Grad der Kollaboration, die die jüdischen Organisationen mit dem Regime aufzunehmen versuchten. Diese Gruppen und Organisationen waren bemüht, wie in jeder vergleichbaren historischen Situation, für sich das Beste zu gewinnen. Dies wird nicht nur deutlich in den Petitionen von seiten der Anhänger Naumanns oder des „Reichsbundes jüdischer Frontsoldaten", sondern auch der Zionisten, der Orthodoxen und anderer Verbände. Im nachhinein hat natürlich das Verhalten der Organisation des Aktionsausschusses jüdischer Deutscher, der am 19. April 1933 mit der Erklärung zur Kooperationsbereitschaft mit der Regierung hervortrat und diese im Laufe einiger Monate auch praktisch umsetzte, einen schlechten Beigeschmack. Gleiches gilt vielleicht auch für die Rechtfertigung, die Kareski in einem Interview mit der Goebbelsschen Zeitung „Angriff" für die Position der Staatszionisten gegenüber den Nürnberger Gesetzen gab. Doch letzterer Fall ist nicht nur bedeutsam, weil er die Position einer Gruppe revisionistischer Zionisten charakterisierte, sondern auch und vor allem als ein Ausdruck der jüdischen Hilflosigkeit.

<small>gemeinsames Feindbild: Bolschewismus</small>

<small>Abhängigkeit von der Politik des NS-Regimes</small>

<small>Opportunismus</small>

<small>Staatszionisten</small>

Der Begriff der Kooperation, der zunächst nicht automatisch negativ beurteilt werden konnte, erhält in der Retrospektive ausschließlich negative Bedeutung – denn es ging um direkte Kontakte zum Henker selbst, unter gleichzeitiger Aufsplitterung des eigenen Lagers der

<small>negative Beurteilung aus der Retrospektive</small>

Opfer. Es ist in diesem Zusammenhang natürlich zwischen einer ersten Phase, in der es noch so aussah, als ob man zu einem Modus vivendi gelangen könnte, und der folgenden Phase, in der für beide Seiten alles eindeutig entschieden war, zu unterscheiden. Auch darf man den Druck, den das Regime ausübte, um bestimmte Formen der Kollaboration zu erzwingen, keinesfalls unterschätzen. Hier wäre an den Aufruf der Reichsvertretung, bei der Volksabstimmung im November 1933 mit „Ja" zu stimmen, oder an die verschiedenen, ans Ausland gerichteten Petitionen jüdischer Organisationen gegen die dort betriebene antideutsche „Greuelpropaganda" zu erinnern ebenso wie an die Neigung, den Nürnberger Gesetzen als einem Modus vivendi zuzustimmen, in dessen Rahmen sich vielleicht Boykotte oder Gewaltausschreitungen vermeiden ließen [334: K. A. SCHLEUNES, Twisted Road, 126]. Zur Kollaboration kam es im wesentlichen zwischen den Geiseln und den Geiselnehmern. Druckmittel waren hier nicht nur Gewalt und Willkür, sondern auch wirtschaftliche Sanktionen. Dieser Sachverhalt läßt die Kollaboration im Zusammenhang des „Transferabkommens" gewissermaßen zu einer Zahlung von Schutzgeld werden. Die historiographische Diskussion übersieht diesen Aspekt bisweilen. Auch wird die andere Seite des Paradox oft nicht genügend beachtet – die Initiative zur Kollaboration von seiten des Regimes, ob beim „Transferabkommen" oder bei der Gründung des „jüdischen Kulturbundes". Auch das nationalsozialistische Regime war bereit, aus Gründen interner wirtschaftlicher Überlegungen oder Erwägungen hinsichtlich der internationalen Resonanz, wenigstens taktisch, auf eine pauschale antijüdische Position zu verzichten.

Die Diskussion um die Kollaboration der Zionisten mit dem nationalsozialistischen Regime ist besonders problematisch. In ideologischer Hinsicht gerieten die Zionisten in eine Affinität zu den Nationalsozialisten, weil beide von der nationalen Besonderheit der Juden ausgingen und die Trennung zwischen nichtjüdischer und jüdischer Gesellschaft als Mittel zur Erreichung ihrer Ziele ansahen. Unter Zionisten war vor der Machtübernahme die Annahme verbreitet, daß zwischen dem von der NSDAP verursachten Lärm und ihrer ideologischen Essenz, der gegenüber man aufgrund ihres nationalen Wesens Verständnis aufbringen konnte, unterschieden werden müsse. Kronjankers Aufsatz „Zum Problem des neuen deutschen Nationalismus" konnte zwar unter der Mehrheit der Zionisten keine Unterstützung gewinnen, da ihr Nationalismus nicht völkisch und nicht expansionistisch geprägt war, hatte jedoch gewiß eine Signalwirkung. Daher zeigte der Beschluß des Delegiertentages von 1932, daß die Zionisten noch zu diesem Zeitpunkt versuchten, den Aufstieg der nationalen Kräfte in Deutschland für ihren Vorteil auszunutzen, da man hier die Möglichkeit einer Anerkennung der jüdisch-nationalen Kraft als echten Partner vermutete. Als die Nationalsozialisten an die Macht gelangten, versuchte man die Gemeinsamkeiten der Interessen aufzuzeigen – so in Blumenfelds Memorandum vom 29.6.1933 an Hitler [194: D. FRAENKEL, Edge of the Abyss, 81] – und auf das Prinzip von Gleichberechtigung und Emanzipation zu verzichten. Mehr noch: Man hoffte, die gemeinsamen Interessen des Reiches und der Zionisten würden letztlich dazu führen, daß die Emigration nach Eretz Israel die grundsätzliche Unterstützung des Regimes erhalten und die zionistische Bewegung zugleich die Rückendeckung bekommen werde, die sie zu einem erstrangigen Faktor innerhalb des organisierten Judentums in Deutschland hätte werden lassen können. Auch hierin ging der Staatszionismus von Kareski, der in seinem Bemühen um die Liquidierung des deutschen Judentums Reichskommissar für Auswanderungsangelegenheiten werden wollte, gewiß weiter, als es notwendig gewesen wäre. Gemeinsamkeiten der Interessen
Unterstützung für Zionismus

Ebenso kritisch beurteilen könnte man die Kooperationsbereitschaft auf seiten der Zionistischen Bewegung in Palästina, die sich nicht, wie die deutschen Zionisten bzw. Juden, in der Position einer Geisel befand – dies galt im Hinblick auf das „Transferabkommen" ebenso wie auf das Treffen Feiwel Fulkes von der „Haganah" mit dem Repräsentanten der Sicherheitspolizei Adolf Eichmann im Februar 1937. Die Diskussion um die zionistische Kollaboration war und bleibt außerordentlich intensiv und schwierig, da die am Diskurs Beteiligten entweder grundsätzliche Positionen für oder gegen den Zionismus beziehen [254: E. BLACK, Transfer Agreement; T. SEGEV, The Seventh Million: The Israelis and the Holocaust, New York 1993; 177: A. BARKAI, Wirtschaftlicher Existenzkampf; 218: F. R. NICOSIA, Revisionist Zionism] oder für die eine oder andere Seite innerhalb der zionistischen Bewegung Partei ergreifen, also entweder für die Revisionisten oder für die in den 30er und 40er Jahren die Zionistische Bewegung beherrschenden Sozialisten. Kooperation der Zionisten in Palästina
Polarisierung der Diskussion

Eine andere Frage betrifft die Position der Reichsvertretung im Hinblick auf ihre Bereitschaft zur Zusammenarbeit mit dem Regime. Im allgemeinen hielt man die Reichsvertretung und ganz gewiß die Reichsvereinigung, ihre Nachfolgerin nach 1938, für eine Institution, die mit dem Regime kollaborierte [297: R. HILBERG, Destruction; 2: H. ARENDT, Modern Totalitarianism]. Die historische Betrachtung der jüdischen Führung in Deutschland als einer blinden Führung hatte den Boden für diese Interpretation vorbereitet. Demgegenüber ist nachge- Reichsvertretung wiesen worden [203: E. HILDESHEIMER, Jüdische Selbstverwaltung], daß die Reichsvertretung auch in den Augen des Regimes nicht als unbedingt kooperationsbereit galt und daß selbst ihre Nachfolgeorganisation, die Reichvereinigung, die bisweilen für einen verlängerten Arm der Gestapo gehalten wurde, eindeutige Zeichen von Verweigerung des Gehorsams und Widerspenstigkeit an den Tag legte.

<small>die individuelle Ebene</small>
Das Problem der Kollaboration wird auch auf der individuellen Ebene relevant: ADLER weist auf das Paradox hin, daß die Behörden davon ausgegangen seien, Juden, deren Besitz beschlagnahmt worden war, würden mit den staatlichen Stellen zusammenarbeiten. Entsprechend überrascht waren die Behörden dann, als dies nicht immer der Fall war und man gar beobachten konnte, daß „den staatlichen Stellen Schwierigkeiten bei der Verwaltung und Verwertung des Vermögens" bereitet wurden. In diesem Zusammenhang stellt sich die zentrale
<small>Bürokratie statt Gewalt</small> Frage, ob es unbedingt der Gewalt bedurft hätte, um die Juden zu beseitigen, oder ob auf dem Wege „der Bürokratie und administrativer Anordnungen" ein „behördlicher Betrieb" die Juden nicht ebenso in den Untergang hätte treiben können – gewissermaßen „durch die Akte zu den Akten" [172: H. G. ADLER, Der verwaltete Mensch, 519–520, 869]. Es wäre dies ein effektiver Weg gegenüber einer gesetzestreuen Bevölkerung gewesen, die tatsächlich mit der Verwaltung im Hinblick auf ihre Selbstliquidierung durch Kooperation zusammenarbeitete.

16. 1945 – das Ende des deutschen Judentums?

<small>Definition</small> Die Geschichte der Juden in Deutschland nach dem Zweiten Weltkrieg ist nicht unbedingt die „Geschichte der deutschen Juden", nicht etwa, weil die Nationalsozialisten bevorzugt die Bezeichnung „Juden *in* Deutschland" verwandten, und auch nicht, weil die jüdische Gemeinde in Deutschland nicht bereit war und ist, sich selbst als Gemeinde deutscher Juden zu bezeichnen. Sondern: nahezu alle Juden, die sich zu Kriegsende in Deutschland befanden, waren zufälligerweise entweder
<small>Demographie</small> infolge ihrer Befreiung aus den Lagern oder infolge der organisierten Flucht aus Osteuropa nach Deutschland gekommen. Die ehemaligen deutschen Juden – diejenigen, die aus dem Untergrund wieder auftauchten – stellten innerhalb dieser jüdischen Bevölkerung nach dem Ende des Krieges eine kleine Minderheit von ungefähr 3000 Personen dar.

Die Bezeichnung „deutsche Juden" war in der ersten Zeit der alliierten Besatzung jedoch auch aus einem technischen Grund problematisch – Deutschland existierte nicht mehr als politische Einheit. In dieser Hinsicht änderte sich auch nach der Gründung der beiden deutschen Staaten nichts wesentliches, da die Juden in der DDR praktisch nicht den Anspruch der Bundesrepublik und der westdeutschen jüdischen Gemeinden auf das Recht auf alleinige Vertretung Gesamtdeutschlands anerkannten. Doch sobald die im besetzten Deutschland sich aufhaltenden Juden dort verbleiben und als Teil der zivilen Gesellschaft in einem Teil Deutschlands leben wollten und wollen, sind sie als deutsche Juden zu definieren; dies gilt bereits für die Zeit unmittelbar nach dem Krieg, so daß der Begriff des „deutschen Judentums" auch in diesem Kontext für einen Teil der in Deutschland lebenden Juden adäquat ist. Auswirkungen der Teilung Deutschlands

Weiterverwendung des Begriffes „Deutsches Judentum"

Die historiographische Untersuchung der deutschen Juden nach dem Krieg steht demnach in der ersten Phase im Schatten der Beschäftigung mit den Überlebenden nach der Verfolgung. Diese Juden, die in der Mehrheit im Verlauf des Krieges als Zwangsarbeiter oder als Häftlinge nach Deutschland gekommen waren und in den DP-Lagern lebten, sind im wesentlichen für die Historiker des Zionismus interessant; denn es waren Zionisten, die intensiv versuchten, die Politik der Besatzungsmächte gegenüber Juden zu beeinflussen, um einen Transfer eines bedeutenden Teils dieser in den DP-Lagern lebenden Juden nach Eretz Israel/Palästina zu erreichen, d. h. um zu verhindern, daß sie zu deutschen Juden wurden. Die historische Untersuchung der Juden in Deutschland bzw. der deutschen Juden nach 1945 wird infolge der Minderheitensituation dieser Gruppe, der Problematik ihrer Definition und auch durch den zionistischen Blickwinkel an den Rand gedrängt. – Wichtiger jedoch ist: Durch die Erinnerung an Untergang und Vernichtung wurde eine psychologische Sperre aufgebaut, die den Blick auf Kontinuitäten verstellte. Charakteristisch hierfür ist die Haltung des Leo-Baeck-Forschungsinstituts, das das Jahr 1945 – im Sinne einer Äußerung Leo Baecks selbst – für das Ende der Geschichte der deutschen Juden hielt. Nach diesem Maßstab kann man jedoch bereits das Jahr 1943 als das Ende der Geschichte des deutschen Judentums oder alternativ als Anfang eines neuen Abschnitts in dieser Geschichte angeben.

Eine systematische historische Betrachtung der deutschen Juden nach 1945 begann erst mit äußerster Vorsicht in den sechziger und siebziger Jahren [360: H. MAOR, Wiederaufbau; 359: D. KUSCHNER, Jüdische Minderheit; 358: R. GIORDANO, Narben]. Doch die in Deutschland nach dem Krieg lebenden Juden hatten sich erst in den achtziger Jahren soweit besonnen, daß sie in der Lage waren, ihre Geschichte als einen Abschnitt in der Historie der deutschen Juden zu begreifen und die Gründung eines sich heute in Heidelberg befindenden Zentralarchivs für die Geschichte der Juden in Deutschland nach 1945 zu initiieren. Die Teilung Deutschlands bereitete zusätzlich technische Schwierigkeiten bei der Behandlung des Themas, die sich erst nach der Vereinigung beider deutscher Staaten lösen lassen.

<small>Zentralarchiv</small>

In psychologischer Hinsicht steht die Erforschung der deutschen Juden seit 1945 [351: E. BURGAUER, Erinnerung und Verdrängung] im Vergleich zur vornationalsozialistischen Zeit unter umgekehrten Vorzeichen. Es geht nicht mehr um die Frage nach der Symbiose, sondern der Aufenthalt in Deutschland wird im wesentlichen als ein bedingter Aufenthalt dargestellt. Die Erinnerung an die Vergangenheit erzeugt eine Haltung, die DAN DINER als „negative Symbiose" bezeichnet hat [354: D. DINER, Negative Symbiose]. Auf beiden Seiten forderte die Vergangenheit die Bildung einer kollektiven, jüdischen resp. deutschen Erinnerung, die eine der jeweils anderen Gruppe entgegengesetzte Identität bedeutete, auch und vor allem, wenn es um Juden und Deutsche in Deutschland selbst ging. Die Bedeutung des deutschen Judentums nach 1945 liegt also in erster Linie in seinem Beitrag zur Bildung einer deutschen Identität in der Nachkriegszeit. Je weiter die Geschichte voranschreitet, desto wichtiger wird die kontinuierliche Existenz der jüdischen Gesellschaft für das deutsche Kollektiv: In dieser Kontinuität liegt einer der Legitimationsfaktoren Deutschlands nach dem Krieg. Doch mehr noch: je stärker sich in der deutschen Geschichtsauffassung das Bewußtsein durchsetzte, daß „die Stunde Null" letztlich nur ein Mythos war, desto klarer wurde die Bedeutung der jüdischen Minderheit in Deutschland als ein Merkmal von Kontinuität, das zur Verdeutlichung der historischen Proportionen der Zeit des Dritten Reiches erheblich beitrug.

<small>Bildung einer kollektiven Vergangenheit</small>

<small>Kontinuität des Judentums als Legitimationsfaktor deutscher Identität</small>

<small>Mythos „Stunde Null" und Kontinuität des Judentums</small>

17. Die Historiographie – ein Blick von „außen" oder von „innen"

Die primäre Schwierigkeit der Untersuchung des „jüdischen" Sub-Themas innerhalb eines breiteren Kontexts ist eigentlich die Entscheidung zu dieser Untersuchung selbst. Doch auch wenn man diese Entscheidung einmal getroffen und die Beschäftigung mit dem Thema aufgenommen hat, erhebt sich sofort eine wesentliche Problematik: Wie gelingt es, die jüdische Minderheit oder die jüdischen Menschen nicht zu einer Art separater Enklave innerhalb der allgemeinen Geschichte zu machen? Weist man auf das Jüdisch-Sein einer historischen Persönlichkeit hin, so ergibt sich häufig der Verdacht, das Motiv für diesen Hinweis sei nicht ganz legitim. Verzichtet man jedoch auf eine derartige Anmerkung, so erliegt man sogleich dem Vorwurf des Ignorierens und Verdrängens. Kein Zweifel, daß die Integration des jüdischen Sekundärthemas ebenso wie anderer Unterthemen ohne das Abblenden seiner Besonderheiten das Idealmodell wäre. Doch bleibt es schwierig, dieses Modell in die Realität umzusetzen und gleichzeitig vor der Kritik zu bestehen. In diesem Kontext steht zum einen PETER GAYS Buch über die Weimarer Republik (120: G. GAY, Weimar Culture), in dem sich eine isolierte deutliche Thematisierung des jüdischen Aspekts findet, wie sich allein schon aus dem Buchtitel ergibt. Zum anderen wäre hier WINKLERS Gesamtdarstellung zu nennen, die das jüdische Thema im allgemeinen Rahmen aufgehen läßt: die Erörterung über Juden z. B. in der Kultur der Weimarer Republik erscheint nur gelegentlich und im Kontext der Diskussion über den Geist von Weimar und die Spannungen zwischen rechtem und linkem Spektrum. Das Judentum wichtiger Persönlichkeiten wie Toller oder Rathenau wird möglichst an den Rand gedrängt und dort behandelt, wo man sich mit der antisemitischen Reaktion auf ihre politische Aktivität auseinandersetzt [169: H. A. WINKLER, Weimar, 300]. Natürlich könnte man argumentieren, daß das jüdische Thema ohne den Antisemitismus in diesem Buch völlig irrelevant wäre. Gleichwohl stößt man auf das wesentliche Defizit: Juden interessieren in der Regel und auch während dieser Epoche und in Winklers Buch als Gruppe selbst wenig – entsprechend fehlt eine intensive Betrachtung von „innen".

In ihrem Buch über die Geschichte der Hamburger Juden während der Weimarer Republik bemerkt INA LORENZ, daß die historische Literatur Minderheiten als „Gegenstand des gesellschaftlichen Umfelds" und zugleich als „Handlungsträger" betrachten muß. Gleichzeitig versucht die Autorin den Vorwurf auszuräumen, sie habe der innerjüdischen Institutionalisierung zu wenig Aufmerksamkeit geschenkt [139: I. LORENZ, Identität und Assimilation, 15]. Diese Anmerkung gilt für einen größeren Bereich: insofern Juden in der allgemeinen Sekundärliteratur erscheinen, begegnen sie als Objekt einer von außen betrachtenden Darstellung, und zwar meistens in noch entschiedenerer Form als in dem oben genannten Beispiel. So findet man etwa in HILDEBRANDS Gesamtdarstellung [299: K. HILDEBRAND, Drittes Reich] keine

Vernachlässigung des jüdischen Themas – mehr als ein Zehntel des komptakten Buches dreht sich um diesen Fragenbereich. Doch die Untersuchung selbst wird ausschließlich aus dem Blickwinkel nichtjüdischer Handlungsträger durchgeführt: Es geht um Themen wie die Stellung der Juden im nationalsozialistischen Programm, die Position der Juden im Rahmen der nationalsozialistischen Außenpolitik oder als Beleg für die Zentralität des Rassismus in der nationalsozialistischen Politik. Die jüdische Minderheit wird nicht thematisiert, und der zentrale Punkt – die Ausgrenzung eines bestimmten Teiles des deutschen Volkes – wird nicht erörtert; darüber hinaus unterbleibt im allgemeinen auch die Betrachtung dieser Minderheit von „innen", im Vergleich z. B. zur Untersuchung der Konfrontation zwischen Kirchen und Regime im Dritten Reich. Nichtjüdische Historiker in Deutschland gingen das sensible Thema bis in die letzten Jahre hinein noch mit äußerster Vorsicht an und überließen die „Selbstbetrachtung" bevorzugterweise jüdischen Historikern. Trotz alledem kam es zu keiner Kongruenz zwischen der Betrachtung von innen und von außen. Auch jüdische Historiker übernahmen nicht notwendigerweise die Innenperspektive der komplexen Struktur jüdischen Lebens, sondern sie untersuchten in erster Linie die Politik von Nichtjuden gegenüber Juden, den Beitrag der Juden zur nichtjüdischen Gesellschaft und die Reaktion von Juden auf Politik und Verhalten der Gesellschaft in ihrer Umwelt. Dieses Problem ergibt sich in allen Bereichen innerhalb der deutschen Geschichte des Mittelalters und der Neuzeit. Doch sobald es um die hier von uns behandelte Epoche geht, fallen die Defizite und Mängel auf beiden Ebenen besonders auf, da sie auf der Macht der Katastrophe und auf der mit dem jüdischen Schicksal verbundenen Sensibilität basieren. Dennoch darf der Sachzusammenhang nicht pauschal beschrieben werden: schon BRACHER bemühte sich in seinem zusammen mit SCHULTZ und SAUER verfaßten Pionierwerk nicht nur um eine Thematisierung des jüdischen Topos (selbstverständlich im Rahmen der Rassenpolitik und des Antisemitismus), sondern auch um eine Darstellung jüdischer Sichtweise von innen [258: W. BRACHER, W. SAUER, G. SCHULTZ, Machtergreifung, 283 ff.], worin ihm seine Mitverfasser nicht immer folgten.

Positive Fortschritte auf beiden Ebenen wurden seit Beginn der siebziger Jahre im Kontext der Sozialgeschichte und im wesentlichen in den achtziger Jahren im Zusammenhang mit dem Aufstieg der Alltagsgeschichte erzielt. Nichtjüdische Historiker übernahmen es, sich mit der Beziehungsgeschichte und mit der Perspektive von innen zu beschäftigen: der Sammelband von WOLFGANG BENZ über die Juden im Dritten Reich [180: W. BENZ, Juden in Deutschland], INA LORENZ'

Buch über die Hamburger Juden [139: I. LORENZ, Identität und Assimilation] oder der von HARALD FOCKE und UWE REIMER publizierte Band über das Alltagsleben der Entrechteten im Dritten Reich [193: H. FOCKE/U. REIMER, Alltag der Entrechteten, insb. 86–145] wären hier als Beispiele zu nennen. Jüdische Historiker begannen etwa zur gleichen Zeit mit der Untersuchung einer größeren Auswahl von historischen Zusammenhängen zum Thema der deutschen Juden: Alltagsgeschichte, Kulturgeschichte und Geschichte des Dissimilationsprozesses.

Noch immer ist es schwierig, in begrifflicher Hinsicht die Dichotomie zu überwinden. Kein Zweifel, daß URSULA BÜTTNER in ihrer Arbeit über die deutsche Bevölkerung und die Judenverfolgung darum bemüht ist, über den engen Rahmen einer Studie der „Judenpolitik" aus dem Handlungsblickfeld von Eliten hinauszugehen. Doch allein die Formulierung ihres Aufsatztitels „Die deutsche Bevölkerung und die Judenverfolgung" impliziert bereits indirekt die Dichotomie zwischen deutscher (d.h. nichtjüdischer) und jüdischer Bevölkerung, während doch die jüdische Bevölkerung ebenfalls so lange deutsch war, wie das Regime sie nicht anders definierte! Von dieser Problematik kann man sich ebenso schwer befreien wie von dem Gebrauch maskuliner Sprachwendungen in einer Welt, die doch die Gleichberechtigung der Geschlechter sucht [266: U. BÜTTNER, Deutsche Bevölkerung und die Judenverfolgung, in: 265: dies. BÜTTNER, Die Deutschen und die Judenverfolgung, 67].

<small>Dichotomie</small>

III. Literatur

Die Abkürzungen der Zeitschriften entsprechen denen, welche die Historische Zeitschrift verwendet.

Weitere Abkürzungen:
LBYB
YVS

1. Übergreifende Einzelstudien und Gesamtdarstellungen

1. G. ALEXANDER, Die Entwicklung der jüdischen Bevölkerung in Berlin zwischen 1871 und 1945, in: Tel Aviver Jahrbuch 20 (1991), 287–314.
2. H. ARENDT, The Origins of Modern Totalitarianism, New York 1951.
3. S. ASCHHEIM, Brothers and Strangers: The East European Jew in German and German Jewish Consciousness 1800–1923, Madison 1982.
4. H. B. AUERBACH, Die Geschichte des Bunds gesetzestreuer jüdischer Gemeinden in Deutschland, 1918–1938, Tel Aviv, 1972.
5. O. BARTOV, Murder in our midst, Oxford 1995.
6. Z. BAUMANN, Modernity and the Holocaust, Cambridge 1989.
7. A. BEIN, Die Judenfrage, Stuttgart 1980, Bd. 2.
8. E. BENNATHAN, Die demographische und wirtschaftliche Struktur der Juden, in: 150: 87–131.
9. H. BERDING, Moderner Antisemitismus in Deutschland, Frankfurt a. M. 1988.
10. H.-J. BIEBER, Anti-Semitism as a Reflection of social, economic and political Tension in Germany 1880–1933, in: 14: 33–77.
11. G. BRAKELMANN, M. ROSOWSKI, Antisemitismus: Von religiöser Judenfeindschaft zur Rassenideologie, Göttingen 1989.

12. M. BREUER, Jüdische Orthodoxie im Deutschen Reich 1871–1918, Frankfurt 1986.
13. R. BRIDENTHAL u.a. (Hg.), When Biology became Destiny. Women in Weimar and Nazi Germany, New York 1984.
14. D. BRONSSEN (Hg.), Jews and Germans from 1860 to 1933, Heidelberg 1989.
15. J. CARLEBACH (Hg.), Wissenschaft des Judentums. Anfänge der Judaistik in Europa, Darmstadt 1992.
16. D. DINER (Hg.), Ist der Nationalsozialismus Geschichte? Frankfurt 1987.
17. Y. DORON, The Jewish Youth Movement in Germany 1909–1933 (hebr.), Jerusalem 1996.
18. D. ENGEL, Partriotism as a Shield. The Liberal Jewish Defence against Antisemitism in Germany, in: LBYB 31 (1986), 147–171.
19. P. FFREIMARK, A. JANKOWSKI, I. S. LORENZ (Hg.), Juden in Deutschland. Emanzipation, Integration, Verfolgung und Vernichtung, Hamburg 1991.
20. P. GAY, Freud, Jews and other Germans, Oxford 1978.
21. S. GILMAN, The Rediscovery of the Eastern Jews: German Jews in the East 1890–1918, in: 14: 338–363.
22. H. M. GRAUPE, Die Entstehung des Modernen Judentums. Geistesgeschichte der deutschen Juden 1650–1942, Hamburg 1974^2.
23. E. HAMBURGER, Die Juden im öffentlichen Leben Deutschlands, Tübingen 1968.
24. H.-J. HENNING, Juden in der deutschen Wirtschaft 1859–1939, in: 54: 107–124.
25. L. HERBST, Das nationalsozialistische Deutschland 1933–1945, Frankfurt a.M. 1996.
26. J. HERMAND, Judentum und deutsche Kultur. Beispiele einer schmerzhaften Symbiose, Köln/Weimar/Wien 1996.
27. A. HERZIG, Juden und Judentum in der sozialgeschichtlichen Forschung, in: 51: 108–132.
28. E. HILDESHEIMER, Cora Berliner – Ihr Leben und Wirken, in: Bulletin des Leo-Baeck-Instituts 67 (1984), 41–70.
29. G. HIRSCHFELD, L. KETTENACKER (Hg.), Der Führerstaat: Mythos und Realität, Stuttgart 1981.
30. H. HORCH (Hrsg.), Judentum, Antisemitismus und europäische Kultur, Tübingen 1988.
31. C. HOFMANN, Jüdische Geschichtswissenschaft in Deutschland, 1918–1938. Konzepte, Schwerpunkte, Ergebnisse, in: 15: 132–152.

1. Übergreifende Einzelstudien und Gesamtdarstellungen 143

32. W. JOCHMANN, Gesellschaftskrise und Judenfeindschaft in Deutschland, Hamburg 1988.
33. M. KAPLAN, Die jüdische Frauenbewegung in Deutschland, 1904–1938, Hamburg 1981.
34. M. KAPLAN, The Making of the Jewish Middle Class: Women, Family and Identity in Imperial Germany, New York 1991.
35. A. KAUDERS, German Politics and the Jews – Düsseldorf and Nürnberg 1910–1933, Oxford 1996.
36. O. D. KULKA, P. R. MENDES-FLOHR (Hg.), Judaism and Christianity under the Impact of National Socialism, Jerusalem 1987.
37. U. LOHALM, Völkischer Radikalismus: Die Geschichte des Deutschvölkischen Schutz- und Trutzbundes, 1919–1923, Hamburg 1970.
38. B. MARTIN, E. SCHULIN (Hg.), Die Juden als Minderheit in der Geschichte, Freiburg 1983.
39. P. W. MASSING, Rehearsal for Destruction: A Study of Political Anti-Semitism in Imperial Germany, New York 1967.
40. G. L. MOSSE, The Crisis of German Ideology, New York 1964.
41. G. L. MOSSE, Die deutsche Rechte und die Juden, in: 150: 183–246.
42. G. L. MOSSE, Germans and Jews: The Right, the Left and the Search for a „Third Force" in Pre-Nazi Germany, London 1971.
43. W. MOSSE, The German Jewish Economic Elite, Oxford 1989.
44. D. NIEDERLAND, German Jews – Emigrants or Refugees? Emigration Patterns Between the Two World Wars (hebr.), Jerusalem 1996.
45. D. L. NIEWYK, Solving the ‚Jewish Problem': Continuity and Change in German Antisemitism 1871–1945, in: LBYB 35 (1990), 335–370.
46. D. L. NIEWYK, Socialist, Anti-semite and Jew, Baton Rouge 1971.
47. D. PEUKERT, J. REULECKE (Hg.), Die Reihen fast geschlossen. Beiträge zur Geschichte des Alltags unterm Nationalsozialismus, Wuppertal 1981.
48. P. PULZER, The Jews and the German State. Political History of a Minority 1848–1933, Oxford 1992.
49. M. RICHARZ (Hg.), Jüdisches Leben in Deutschland, Bd. 3, 1918–1945, Stuttgart 1982.
50. E. ROSENTHAL, Trends of the Jewish Population in Germany 1910–1939, in: Jewish Social Studies 6.3 (1944), 233–274.
51. W. SCHIEDER, V. SELLIN (Hg.), Sozialgeschichte in Deutschland, Göttingen 1985.

52. U. Schmelz, Die demographische Entwicklung der Juden in Deutschland von der Mitte des 19. Jahrhunderts bis 1933, in: Zeitschrift für Bevölkerungswissenschaft 8.1 (1982), 31–72.
52a. R. Schneider, Juden in Deutschland. Lebenswelten und Einzelschicksale, St. Ingbert 1994.
53. J. H. Schoeps (Hg.), Juden als Träger bürgerlicher Kultur in Deutschland, Stuttgart/Bonn 1990.
54. R. Schörken, D. J. Löwisch (Hg.), Das doppelte Antlitz. Zur Wirkungsgeschichte deutsch-jüdischer Künstler und Gelehrter, Paderborn 1990.
55. H. J. Schütz, Juden in der deutschen Literatur, München/Zürich 1992.
56. H. Silbergleit, Die Bevölkerungs- und Berufsverhältnisse der Juden in Deutschland, Bd. 1: Freistaat Preußen, Berlin 1930.
57. E. Talos, E. Hanis, W. Neugebauer (Hg.), NS-Herrschaft in Österreich, Wien 1988.
58. R. von Thadden (Hg.), Die Krise des Liberalismus zwischen den Weltkriegen, Göttingen 1978.
59. F. A. Theilhaber, Der Untergang der Deutschen Juden, Berlin 1912 (1921).
60. H. Tramer (Hg.), In Zwei Welten. Siegfried Moses zum 75. Geburtstag, Tel Aviv 1962.
61. B. Vago, G. L. Mosse (Hg.), Jews and non-Jews in Eastern Europe, Jerusalem 1974.
62. S. Volkov, Jüdisches Leben und Antisemitismus im 19. und 20. Jahrhundert, München 1990.
63. S. Volkov, Antisemitismus als kultureller Code, in: 62: 13–36.
64. S. Volkov, Die Dynamik der Dissimilation: Deutsche Juden und die ostjüdischen Einwanderer, in: 62: 166–180.
65. S. Volkov, Das geschriebene und das gesprochene Wort. Über Kontinuität und Diskontinuität im deutschen Antisemitismus, in: 62: 54–75.
66. J. Walk, Kurzbiographien zur Geschichte der Juden 1918–1945, München 1988.
67. R. Weltsch, Deutsches Judentum, Aufstieg und Krise. Gestalten, Idee, Werke, Stuttgart 1963.
68. J. L. Wertheimer, Unwelcome Strangers. East European Jews in Imperial Germany, New York 1987.
69. A. Wiener, Das deutsche Judentum in politischer, wirtschaftlicher und kultureller Hinsicht, Berlin 1924.
70. K. Zielenziger, Juden in der deutschen Wirtschaft, Berlin 1932.

71. M. ZIMMERMANN, Aufkommen und Diskreditierung des Begriffs Antisemitismus, in: 263: 59–77.

2. Erinnerung und Bewertung

72. H. ARENDT, Eichmann in Jerusalem, New York 1963.
73. J. BAB, Leben und Tod des deutschen Judentums, Berlin 1988.
74. W. BENZ, The Legend of German-Jewish Symbiosis, in: LBYB 37 (1992), 95–102.
75. D. BLASIUS, D. DINER, Zerbrochene Geschichte. Leben und Selbstverständnis der Juden in Deutschland, Frankfurt 1991.
76. K. BLUMENFELD, Erlebte Judenfrage, Stuttgart 1962.
77. Y. M. BODEMANN, Gedächtnistheater. Die jüdische Gemeinschaft und ihre deutsche Erfindung, Hamburg 1996.
78. TH. CHILDERS, J. CAPLAN, Reevaluating the Third Reich, New York 1993.
79. B. ENGELMANN, Deutschland ohne Juden. Eine Bilanz, München 1970.
80. S. FFRIEDLANDER, Memory, History, and the Extermination of the Jews of Europe, Bloomington, 1993.
81. E. FRIESEL, A Response to the Observations of Chaim Schatzker and Abraham Margaliot, in: LBYB 33 (1988), 107–111.
82. TH. M. GAULY (Hg.), Die Last der Geschichte. Kontroversen zur deutschen Identität, Köln 1988.
83. N. GOLDMANN, Autobiographie, Bd. 1, München 1980.
84. J. GUTTMANN, Das geistige Erbe des deutschen Judentums, in: Bulletin des Leo-Baeck-Instituts 1981, 3–10.
85. Y. ILSAR, Zum Problem der Symbiose, in: Bulletin des Leo-Baeck-Instituts 51 (1975), 122–165.
86. J. KATZ, R. KALLNER, Ist das deutsch-jüdische Gespräch ein Mythos?, in: Bulletin des Leo-Baeck-Instituts 41 (1965), 150–157.
87. O. D. KULKA, Singularity and its Relativization, in: Yad Vashem 19 (1988), 151–178.
88. K. KWIET, Zur historiographischen Behandlung der Judenverfolgung im 3. Reich, in: MGM 21 (1980), 164 ff.
89. K. KWIET, Judenverfolgung und Judenvernichtung im Dritten Reich. Ein Historiographischer Überblick, in: 16: 237–264.
90. W. LAQUEUR, Was niemand wissen wollte, Frankfurt a. M. 1981.
91. F. MEINECKE, Die deutsche Katastrophe, Wiesbaden 1946.

92. J. MILFULL (Hg.), Why Germany? National Socialist Anti-Semitism and the European Context, Oxford 1993.
93. G. L. MOSSE, German Jews beyond Judaism, Bloomington 1985.
94. G. L. MOSSE, Jüdische Intellektuelle in Deutschland. Zwischen Religion und Nationalsozialismus, Frankfurt a. M. 1992.
95. A. RABINBACH, The Jewish Question in the German Question, in: New German Critique 1988, 159–192.
96. E. REICHMANN, Flucht in den Haß. Die Ursachen der deutschen Judenkatastrophe, Frankfurt a. M. 1969.
97. E. REICHMANN, Größe und Verhängnis deutsch-jüdischer Existenz, Heidelberg 1974.
98. CH. SCHATZKER, Comments on E. Friesel's Essay in LBYB XXXI, in: LBYB 33 (1988), 97–100.
99. G. SCHOLEM, Von Berlin nach Jerusalem, Frankfurt 1977.
100. G. SCHOLEM, Gedanken über die Wissenschaft des Judentums (hebr.), in: HaAretz-Kalender 1945, Tel Aviv.
101. G. SCHOLEM, Noch Einmal: Das deutsch-jüdische Gespräch, in: Bulletin des Leo-Baeck-Instituts 41 (1965), 167–172.
102. G. SCHOLEM, Wider den Mythos vom deutsch-jüdischen Gespräch, in: ders., Judaica II, Frankfurt a. M. 1970, 7–11.
103. G. SCHOLEM, Zur sozialen Psychologie der Juden in Deutschland 1900–1930, in: 58: 260–266.
104. H. STERN, Warum hassen sie uns eigentlich? Jüdisches Leben zwischen den Kriegen, Düsseldorf 1970.
105. J. WASSERMANN, Mein Weg als Deutscher und Jude, Berlin 1921.
106. R. WELTSCH, Die deutsche Judenfrage, Königstein/Ts. 1981.

3. Erster Weltkrieg und Weimarer Republik

107. G. ALEXANDER, Die Berliner Juden und ihre Gemeinde während der Weimarer Republik (hebräisch), Jerusalem 1997.
108. G. ALEXANDER, Die Wirtschaftskrise unter den Berliner Juden (hebr.), in: 128: 122–151.
109. W. ANGRESS, Juden im politischen Leben der Revolutionszeit, in: 149: 137–319.
110. A. BARKAI, Die Juden als soziökonomische Minderheitsgruppe in der Weimarer Republik, in: 122: 330–346.
111. U. BEER, Die Juden, das Recht und die Republik: Verbandswesen und Rechtsschutz, 1919–1933, Frankfurt 1986.

111a. D. BERING, Geeinte Zwienatur. Zur Struktur politischer Perspektiven im CV, in: Th. Koebner, Weimars Ende, Frankfurt a. M., 182–204.
112. M. BIRNBAUM, Staat und Synagoge. Eine Geschichte des Preußischen Landesverbandes jüdischer Gemeinden, 1910–1933, Tübingen 1981.
113. S. BOLKOSKY, The Distorted Image: German Jewish Perceptions of German and Germany 1918–1935, New York 1975.
114. M. BRENNER, The Renaissance of Jewish Culture in Weimar Germany, New Haven/London 1966.
115. M. BRENNER, ‚Die jüdische Volkspartei'. National-Jewish Communal Politics during the Weimar Republic, in: LBYB 35 (1990), 219–244.
116. Der Jud ist schuld? ... Diskussionsbuch über die Judenfrage, Basel 1932.
117. E. DOMKE, Die Hamburger Juden in der Wirtschaftskrise 1929–1933 (hebr.), in: 128: 152–180.
118. U. DUNKER, Der Reichsbund jüdischer Frontsoldaten 1919–1938, Düsseldorf 1977.
119. P. GAY, In Deutschland zu Hause ... Die Juden der Weimarer Zeit, in: 219: 31–43.
120. P. GAY, Weimar Culture. The Outsider as Insider, New York 1968.
121. J. GOLDSTEIN, Deutsche Volksidee und deutsch-völkische Ideen, Berlin 1927.
122. W. GRAB, J. H. SCHOEPS (Hg.), Juden in der Weimarer Republik, Stuttgart/Bonn 1986.
123. E. HAMBURGER, Jews, Democracy and Weimar Republik, New York, 1973.
124. E. HAMBURGER, P. PULZER, Jews as Voters in the Weimar Republic, in: LBYB 30 (1985), 3–66.
125. W. HANNOT, Die Judenfrage in der katholischen Tagespresse Deutschlands und Österreichs 1923–1933, Mainz 1990.
126. L. HEID, Ostjüdische Kultur im Deutschland der Weimarer Republik, in: 53: 329–355.
127. O. HEILBRONNER, The Role of Nazi Antisemitic Propaganda in the Party's Activity and Propaganda. A Regional Historiographical Study, in: LBYB 35 (1990), 397–439.
128. O. HEILBRONNER (Hg.), Die Juden in der Weimarer Republik 1918–1933. Eine Gesellschaft in der Krise der Modernisierung (hebr.), Jerusalem 1994.

129. J. HERMAND, Am Endpunkt der Emanzipation. Juden in der Kultur der Weimarer Republik, in: 26: 136–159.
130. E. HILDESHEIMER, Cora Berliner: Ihr Leben und Wirken, in: Bulletin des Leo-Baeck-Instituts 67 (1984), 41–70.
131. J. KATZ, Entscheidungsjahr 1932, in: Bulletin des Leo-Baeck-Instituts 55 (1979), 1–10.
132. H. H. KNÜTTER, Die Juden und die deutsche Linke in der Weimarer Republik 1918–1933, Düsseldorf 1971.
133. A. KRÜGER, Das Verhältnis der Juden zu den Olympischen Spielen von 1936, in: Menora 5 (1994), 331–347.
134. W. LAQUEUR, Weimar. A Cultural History, London 1974.
135. H. LAVSKY, Before Catastrophe. The Distinctive Path of German Zionism (hebr.), Jerusalem 1990.
136. J. LESTCHINSKY, Das wirtschaftliche Schicksal des deutschen Judentums, Berlin 1932.
137. M. LIEPACH, Das Wahlverhalten der jüdischen Bevölkerung in der Weimarer Republik, Tübingen 1996.
138. R. LILL, German Catholicism's Attitude towards the Jews in the Weimar Republic, in: 36: 169–181.
139. I. LORENZ, Identität und Assimilation. Hamburgs Juden in der Weimarer Republik, Hamburg 1989.
140. S. MAGILL, Defense and Introspection: The First World War as a Pivotal Crisis in the German Jewish Experience, Los Angeles 1977.
141. A. MARCUS, Die wirtschaftliche Krise des deutschen Juden, Berlin 1931.
142. J. MATTHÄUS, *Deutschtum* and *Judentum* under Fire – The Impact of the 1st World War on the Strategies of the CV and the *Zionistische Vereinigung,* in: LBYB 33 (1988), 129–148.
143. T. MAURER, Die Juden in der Weimarer Republik, in: 75: 102–120.
144. T. MAURER, Ostjuden in Deutschland 1918–1933, Hamburg 1986.
145. U. MAZURA, Zentrumspartei und Judenfrage 1870–1933, Mainz 1994.
146. P. R. MENDES-FLOHR, Ambivalent Dialogue: Jewish-Christian Theological Encounter in the Weimar Republic, in: 36: 99–132.
147. H. MOMMSEN, Zur Frage des Einflusses der Juden auf die Wirtschaft in der Weimarer Republik, Gutachten d. IFZG II, Stuttgart 1966.
148. W. MOSSE, German Jews: Citizens of the Republic, in: 219: 45–54.

149. W. Mosse, A. Paucker (Hg.), Deutsches Judentum in Krieg und Revolution, 1916–1923, Tübingen 1971.
150. W. Mosse, A. Paucker (Hg.), Entscheidungsjahr 1932. Zur Judenfrage in der Endphase der Weimarer Republik, Tübingen 1968.
151. D. L. Niewyk, The Jews in Weimar Germany, Louisiana 1980.
152. D. L. Niewyk, The German Jews in Revolution and Revolt, 1918–19, in: Studies in Contemporary Jewry 4 (1988), 41–66.
153. K. Nowak, G. Raulet (Hg.), Protestantismus und Antisemitismus in der Weimarer Republik, Frankfurt a. M. – New York 1994.
154. A. Paucker, Jewish Self Defence, in: 219: 55–65.
155. A. Paucker, Der jüdische Abwehrkampf gegen Antisemitismus und Nationalsozialismus in den letzten Jahren der Weimarer Republik, Hamburg 1969.
156. R. L. Pierson, German Jewish Identity in the Weimar Republic, Ann Arbor 1971.
157. C. Prestel, Bevölkerungspolitik in der jüdischen Gemeinschaft in der Weimarer Republik – Ausdruck jüdischer Identität?, in: ZfG 41 (1993), 685–715.
158. E. Reichmann, Der Bewußtseinswandel der deutschen Juden, in: 149: 512–613.
159. J. Reinharz, The Zionist Response to Antisemitism in Germany, in: LBYB 30 (1985), 105–140.
160. J. Reinharz, Ideology and Structure in German Zionism 1882–1993, in: Jewish Social Studies 42.2 (1980), 119–146.
161. C. J. Rheins, The Verband Nationaldeutscher Juden 1921–1933, in: LBYB 25 (1980), 243–268.
162. J. Rosen, Problems and Patterns of Jewish Education in Weimar Berlin (Diss.), New York University 1993.
163. Z. Rosenkranz, Albert Einstein aus der Sicht der deutschen Zionisten (hebr.), 128: 108–121.
164. K. Schwabe, Die deutsche Politik und die Juden im Ersten Weltkrieg, in: 30: 255–266.
165. L. Siegele-Wenschkewitz, The Relationship between Protestant Theology and Jewish Studies during the Weimar Republic, in: 36: 133–150.
166. H. Stöhle-Bühler, Studentischer Antisemitismus in der Weimarer Republik, Frankfurt a. M. 1991.
167. J. Toury, Gab es ein Krisenbewußtsein unter den Juden während der ‚Guten Jahre' der Weimarer Republik 1924–1929?, in: Tel Aviver Jahrbuch für Deutsche Geschichte 17 (1988), 145–168.

168. H. A. WINKLER, Die deutsche Gesellschaft der Weimarer Republik und der Antisemitismus, in: 38: 271–289.
169. H. A. WINKLER, Weimar 1918–1933. Die Geschichte der ersten deutschen Demokratie, München 1993.
170. H. G. ZMARZLIK, Antisemitismus im Deutschen Kaiserreich 1871–1918, in: 38: 249–270.
171. M. ZIMMERMANN, ‚Die aussichtslose Republik' – Zukunftsperspektiven der deutschen Juden vor 1933, in: MENORA. Jahrbuch für deutsch-jüdische Geschichte, München/Zürich 1990, 152–183.

4. Jüdisches Leben im Dritten Reich

172. H. G. ADLER, Der verwaltete Mensch, Tübingen 1974.
173. AKADEMIE DER KÜNSTE (Hg.), Geschlossene Vorstellung. Der jüdische Kulturbund in Deutschland 1933–1941, Berlin 1992.
174. W. ANGRESS, Generation zwischen Furcht und Hoffnung. Jüdische Jugend im Dritten Reich, Hamburg 1985.
175. L. BAKER, Hirt der Verfolgten, Leo Baeck im Dritten Reich, Stuttgart 1982.
176. K. J. BALL-KADURI, Vor der Katastrophe. Juden in Deutschland 1934–1939, Tel Aviv 1967.
177. A. BARKAI, Der wirtschaftliche Existenzkampf der Juden im Dritten Reich 1933–1938, in: 219: 153–166.
178. L. BAECK, Gedenken an zwei Tote, in: 67: 307–314.
179. W. BENZ, M. NEISS (Hg.), Deutsch-jüdisches Exil: das Ende der Assimilation? Identitätsprobleme deutscher Juden in der Emigration, Berlin 1994.
180. W. BENZ (Hg.), Die Juden in Deutschland 1933–1945, München 1988.
181. W. BENZ, Die Juden im Dritten Reich, in: 257: 273–290.
182. C. BLACKWELL, German Jewish Identity and German Jewish Response to National Socialism 1933–1939, Ann Arbor 1988.
183. D. BLASIUS, Zwischen Rechtsvertrauen und Rechtszerstörung, in: 75: 121–137.
184. B. BLAU, Die Juden in Deutschland von 1939–1945, in: Judaica 4 (1951), 270–284.
185. J. BOAS, German-Jewish Internal Politics under Hitler 1933–1938, in: LBYB 30 (1985), 3–25.

186. E. Brothers, The Anti-Fascist Resistance of German Jews, in: LBYB 32 (1987), 369–382.
187. V. Dahm, Das jüdische Buch im Dritten Reich, München 1993.
188. V. Dahm, Kulturelles geistiges Leben, in: 180: 75–267.
189. K. Drobisch (Hg.), Juden unterm Hakenkreuz, Berlin (Ost) 1973.
190. M. T. Edelheim-Mühsam, Die Haltung der jüdischen Presse gegenüber der nationalsozialistischen Bedrohung, in: 67: 353–379.
191. H. Eschwege (Hg.), Kennzeichen J., Berlin (Ost) 1966.
192. W. Feilchenfeld, D. Michaelis, L. Pinner, Haavara – Transfer nach Palästina und Einwanderung deutscher Juden 1933–1939, Tübingen 1972.
193. H. Focke, U. Reimer, Alltag der Entrechteten, Reinbek 1980.
194. D. Fraenkel, On the Edge of the Abyss (hebr.), Jerusalem 1994.
195. H. Freeden, Die jüdische Presse im Dritten Reich, Frankfurt 1987.
196. H. Freeden, Jüdisches Theater in Nazi-Deutschland, Tübingen 1964.
197. A. H. Friedlander, A muted protest in war-time Berlin. Writing on the legal position of German Jewry throughout the Centuries – Leo Baeck – Leopold Lucas – Hilde Ottenheimer, in: LBYB 37 (1992), 363–380.
198. G. W. Gadberry, Nazi Germany's Jewish Theatre, in: Theatre Survey 1980, 15–32.
199. H. Gärtner, Probleme der jüdischen Schule während der Hitlerjahre, in: 67: 326–352.
200. G. Ginzel, Jüdischer Alltag in Deutschland 1933–1945, Düsseldorf 1984.
201. M. Gruenewald, Der Anfang der Reichsvertretung, in: 67: 315–325.
202. K. J. Hermann, Das Dritte Reich und die deutsch-jüdischen Organisationen 1933–1934, Köln 1969.
203. E. Hildesheimer, Jüdische Selbstverwaltung unter dem NS-Regime, Tübingen 1994.
204. Y. Kochavi, Jewish Spiritual Survival in Nazi Germany (Hebr.), Tel Aviv 1988.
205. K. Koonz, Courage and Choice among German-Jewish Women and Men, in: 219: 283–293.
206. K. Kwiet, H. Eschwege, Selbstbehauptung und Widerstand. Deutsche Juden im Kampf um Existenz 1933–1945, Hamburg 1984.

207. H. LAMM, Über die innere und äußere Entwicklung des deutschen Judentums im Dritten Reich, Erlangen 1951.
208. J. LICHTER, Die Diskriminierung jüdischer Sportler in der Zeit des Nationalsozialismus, Köln 1992.
209. E. G. LOWENTHAL (Hg.), Bewährung im Untergang, Stuttgart 1965.
210. W. LÖHKEN, W. VATHKE, Juden im Widerstand, Berlin 1993.
211. A. MARGALIOT, The Political Reaction of German Jewish Organizations 1932–1935 (hebr.), Jerusalem 1972.
212. A. MARGALIOT, The Dispute over the Leadership of German Jewry (1933–1938), in: Yad Vashem Studies 10 (1974), 129–148.
213. J. MARTIN, Permanent Exiles: Essays on the intellectual Migration from Germany to America, New York 1986.
214. T. MAURER, Ausländische Juden in Deutschland, 1933–1939, in: 219: 189–210.
215. S. MILTON, Women in the Holocaust. The Case of German and German-Jewish Women, in: 13: 297–333.
216. H. MÖLLER, Exodus der Kultur. Schriftsteller, Wissenschaftler und Künstler in der Emigration nach 1933, München 1984.
217. J. MOSER, Österreichische Juden unter der NS-Herrschaft, in: E. TALOS, E. HANIS, W. NEUGEBAUER (Hg.), NS-Herrschaft in Österreich, Wien 1988.
218. F. R. NICOSIA, Revisionist Zionism in Germany – Georg Kareski and the Staatszionistische Organisation 1933–1938, in: LBYB 32 (1987), 231–245.
219. A. PAUCKER (Hg.), Die Juden im Nationalsozialistischen Deutschland 1933–1943, Tübingen 1986.
220. A. PAUCKER, Resistance of German and Austrian Jews to the Nazi-Regime 1933–1945, in: LBYB 40 (1995), 3–20.
221. A. PAUCKER, Standhalten und Widerstehen. Der Widerstand deutscher und österreichischer Juden gegen die nationalsozialistische Diktatur, Essen 1995.
222. H. ROSENKRANZ, Verfolgung und Selbstbehauptung. Die Juden in Österreich 1938–1945, Wien 1978.
223. W. ROSENSTOCK, Exodus 1933–1939, in: 67: 380–408.
224. H. R. SASSIN, Liberals of Jewish Background in the Anti-Nazi resistance, in: LBYB 37 (1992), 381–396.
225. P. SAUER, Otto Hirsch Director of the Reichsvertretung, in: LBYB 32 (1987), 341–368.
226. CH. SCHATZKER, The Jewish Youth Movement in the Holocaust Period, in: LBYB 32 (1987), 155–181.

227. H. J. SCHOEPS, Bereit für Deutschland! Der Patriotismus deutscher Juden und der Nationalsozialismus, Berlin 1970.
228. W. SELIG, Richard Seligmann, ein jüdisches Schicksal, München 1983.
229. A. SELIGMANN, An illegal way of life in Nazi Germany, in: LBYB 37 (1992), 327–361.
230. E. SIMON, Aufbau im Untergang, Tübingen 1959.
231. F. STERN, The last Jews in Germany and German Society, 1944–1945, in: Michael 13 (1993), 103–119.
232. H. STRAUSS, Jewish Emigration from Germany: Nazi Policies and Jewish Responses, in: LBYB 25 (1980), 313–361.
233. H. STRAUSS, Jewish Autonomy within the Limits of National-Socialist Policy – The Communities and the RV, in: 219: 125–152.
234. R. THALMANN, Jüdische Frauen nach dem Pogrom 1938, in: 219: 295–302.
235. J. WALK, Jüdische Schule und Erziehung im Dritten Reich, Frankfurt 1991.
236. Y. WEISS, Schicksalsgemeinschaft im Wandel. Jüdische Erziehung im nationalsozialistischen Deutschland 1933–1938, Hamburg 1991.
237. Y. WEISS, Die deutsche Judenheit im Spiegel ihres Erziehungswesens, in: ZRelGG 43 (1991), 248–265.
238. Y. WEISS, „Ostjuden" in Deutschland als Freiwild. Die nationalsozialistische Außenpolitik zwischen Ideologie und Wirklichkeit, in: Tel Aviver Jahrbuch für deutsche Geschichte 23 (1994), 215–232.
239. R. ZARIZ, Escape before the Holocaust. Migration of German Jews 1938–1941 (Hebr.), Tel Aviv 1990.

5. Diskriminierung, Vertreibung, Ermordung: „Judenpolitik" im Dritten Reich

240. U. ADAM, Judenpolitik im Dritten Reich, Düsseldorf 1972.
241. U. ADAM, Wie spontan war der Pogrom?, in: 328: 74–93.
242. W. S. ALLEN, Die deutsche Öffentlichkeit und die ‚Reichskristallnacht' – Konflikte zwischen Werthierarchie und Propaganda im Dritten Reich, in: 47: 397–412.
243. G. ALY, S. HEIM, Vordenker der Vernichtung, Hamburg 1991.

244. G. ALY, „Endlösung". Völkerverschiebung und der Mord an den europäischen Juden, Frankfurt a. M. 1995.
245. W. ANGRESS, Die Judenfrage im Spiegel amtlicher Berichte 1935, in: 264: 19–43.
246. I. ARNDT, H. BOBERACH, Deutsches Reich, in: 252: 23–65.
247. D. BANKIER, The Germans and the Final Solution: Public Opinion under Nazism, Oxford/Cambridge, Mass., 1992.
248. D. BANKIER, German society and its awareness of the extermination during the expulsion of German Jews, 1941–1943, in: Michael 13 (1993), 53–68.
249. A. BARKAI, German-speaking Jews in Eastern European Ghettos, in: LBYB 34 (1989), 247–266.
250. A. BARKAI, Die deutschen Unternehmer und die Judenpolitik im Dritten Reich, in: GG 1989 (2), 227–247.
251. E. BEN ELISSAR, La diplomatie du IIIme Reich et les Juifs 1933–1939, Paris 1968.
252. W. BENZ (Hg.), Dimension des Völkermords. Die Zahl der jüdischen Opfer des Nationalsozialismus, München 1991.
253. W. BENZ, Der Rückfall in die Barbarei, in: 328: 13–51.
254. E. BLACK, The Transfer Agreement, New York/London 1984.
255. B. BLAU, Das Ausnahmerecht für die Juden in Deutschland 1933–1945, Düsseldorf ²1965.
256. E. BÖHNE, W. MOTZKAU-VALETON (Hg.), Die Künste und die Wissenschaften im Exil, Gerlingen 1992.
257. K. D. BRACHER, M. FUNKE, H. A. JACOBSEN (Hg.), Deutschland 1933–1945. Neue Studien zur nationalsozialistischen Herrschaft, Düsseldorf 1992.
258. K. D. BRACHER, W. SAUER, G. SCHULTZ, Die nationalsozialistische Machtergreifung, Köln/Opladen 1960.
259. R. BREITMAN, The Architect of Genocide. Himmler and the Final Solution, Brandeis 1991.
260. M. BROSZAT, Hitler und die Genesis der Endlösung. Aus Anlaß der Thesen von David Irving, in: VfZG 25 (1977), 739–775.
261. C. BROWNING, The Path to Genocide, Cambridge 1992.
262. M. BURLEIGH, W. WIPPERMANN, The Racial State: Germany 1933–1945, Cambridge 1991.
263. U. BÜTTNER (Hg.), Das Unrechtsregime, Bd. 1: Ideologie – Herrschaftssystem – Wirkung in Europa, Hamburg 1986.
264. U. BÜTTNER (Hg.), Das Unrechtsregime, Bd. II: Verfolgung – Exil – Belasteter Neubeginn, Hamburg 1986.

265. U. BÜTTNER (Hg.), Die Deutschen und die Judenverfolgung im Dritten Reich, Hamburg 1992.
266. U. BÜTTNER, Die deutsche Bevölkerung und die Judenverfolgung 1933–1945, in: 265: 67–88.
267. U. BÜTTNER, Die deutsche Gesellschaft und die Judenverfolgung – Ein Forschungsproblem, in: 265: 7–30.
268. U. BÜTTNER, The Persecution of Christian-Jewish families in the Third Reich, in: LBYB 34 (1989), 267–289.
269. S. CHOLAVSKY, The German Jews in the Minsk Ghetto, in: Yad Vashem Studies 1986, 219–245.
270. L. DAWIDOWICZ, The War against the Jews 1933–1945, New York 1975.
271. D. DINER, Rationalisierung und Methode. Zu einem neuen Erklärungsversuch der Endlösung, in: VfZG 40 (1992), 359–382.
272. C. DIPPER, Der deutsche Widerstand und die Juden, in: GG 1983, 349–380.
273. K. DROBISCH, G. WIELAND, System der NS-Konzentrationslager 1933–1939, Berlin 1993.
274. J. DÜLFFER, Deutsche Geschichte 1933–1945, Stuttgart 1992.
275. A. FISCHER, Hjalmar Schacht und Deutschlands „Judenfrage", Köln/Weimar/Wien 1995.
276. G. FLEMING, Hitler und die Endlösung, München 1982.
277. N. FREI, Der Führerstaat. Nationalsozialistische Herrschaft 1933–1945, München 1993.
278. H. FRIEDLÄNDER, The Origins of Nazi Genocide, Chapel Hill 1995.
279. Y. GELBER, New Homeland. Immigration and Absorption of Central European Jews 1933–1948 (hebr.), Jerusalem 1990.
280. R. GELLATELEY, The Gestapo and German Society: Enforcing Racial Policy 1933–1945, Oxford 1990.
281. H. GENSCHEL, Die Verdrängung der Juden aus der Wirtschaft im Dritten Reich, Berlin 1966.
282. W. GERLACH, Als die Zeugen schwiegen: Bekennende Kirche und die Juden, Berlin 1993.
283. M. GETER, Die Einwanderung aus Deutschland 1933–1939 (hebr.), in: Cathedra 1979, 125–147.
284. D. J. GOLDHAGEN, Hitler's Willing Executioners. Ordinary Germans and the Holocaust, New York 1996. – Deutsch: Hitlers willige Vollstrecker. Ganz gewöhnliche Deutsche und der Holocaust, Berlin 1996.

285. S. GORDON, German Opposition to Antisemitic Measures 1933–1945, Diss., Buffalo 1979.
286. S. GORDON, Hitler, Germans and „the Jewish Question", Princeton 1989.
287. H. GRAML, Zur Genesis der Endlösung, in: 328.
288. H. GRAML, Reichskristallnacht, Antisemitismus und Judenverfolgung im Dritten Reich, München 1988.
289. H. GREIVE, Die nationalsozialistische Judenverfolgung und Judenvernichtung als Herausforderung an Christentum und Kirche, in: Judaica 35 (1979), 12–22 u. 57–62.
290. J. A. S. GRENVILLE, Die ‚Endlösung' und die ‚Judenmischlinge' im Dritten Reich, in: 264: 91–121.
291. R. GROSSMANN, Emigration. Geschichte der Hitler-Flüchtlinge 1933–1945, Frankfurt 1969.
292. R. GUTTERIDGE, German Protestantism and the Jews in the Third Reich, in: 36: 251–269.
292a. P. HAYES, Big Business and „Arianization" in Germany 1933–1939, in: Jahrbuch für Antisemitismusforschung 3 (1994), 254–281.
293. S. HEIM, G. ALY, Staatliche Ordnungen und ‚organische Lösung'. Die Rede Hermann Görings ‚Über die Judenfrage' vom 6. Dezember 1938, in: Jahrbuch für Antisemitismusforschung 2 (1993), 378–404.
294. U. HERBERT, Von der ‚Reichskristallnacht' zum ‚Holocaust', in: ders., Arbeit, Volkstum, Weltanschauung, Frankfurt a. M. 1995, 59–78.
295. U. HERBERT, Best. Biographische Studien über Radikalismus, Weltanschauung und Vernunft 1903–1989, Bonn 1995.
296. A. HERZIG, I. LORENZ (Hg.), Verdrängung und Vernichtung der Juden unter dem Nationalsozialismus, Hamburg 1992.
297. R. HILBERG, The Destruction of the European Jews, New York 1985 (= Die Vernichtung der europäischen Juden. Die Gesamtgeschichte des Holocaust, Frankfurt 1990^9).
298. R. HILBERG, Perpetrators, Victims, Bystanders: The Jewish Catastrophe 1933–1945, New York 1992.
299. K. HILDEBRAND, Das Dritte Reich, München 1980.
299a. R. HUDEMANN, Die „Reichskristallnacht" in der Politik des „Dritten Reiches", in: 52a: 9–34.
300. E. JÄCKEL, Hitlers Herrschaft. Vollzug einer Weltanschauung, Stuttgart 1986.

301. U. Jokusch, L. Scholz, Verwaltetes Morden im Nationalsozialismus, Regensburg 1993.
302. M. Kater, Everyday Anti-Semitism in Prewar Nazi Germany: The Popular Bases, in: YVS 16 (1984), 129–154.
303. I. Kershaw, The Nazi Dictatorship. Problems and perspectives of interpretations, London/New York 1993.
304. I. Kershaw, The Persecution of the Jews and German Popular Opinion in the Third Reich, in: LBYB 26 (1981), 261–289.
305. K. V. Klemperer, German Resistance against Hitler: the search for allies abroad, 1938–1945, New York/Oxford 1992.
306. A. I. Kruglov, Die Deportation deutscher Bürger jüdischer Herkunft durch die Faschisten nach dem Osten 1940–1945, in: ZfG 32 (1984), 1084–1091.
307. O. D. Kulka, The German Population and the Jews in the Third Reich: Recent Publications and Trends in Research, in: Yad Vashem Studies 1984, 421–435.
308. O. D. Kulka, Die Nürnberger Rassengesetze und die deutsche Bevölkerung im Lichte geheimer NS-Lage- und Stimmungsberichte, in: VfZG 1984, 582–624.
309. K. Kwiet, Forced Labour of German Jews in Nazi Germany, in: LBYB 36 (1991), 389–410.
310. H. G. Lehmann, M. Hepp, Die individuelle Ausbürgerung deutscher Emigranten 1933–1945, in: GWU 38 (1987), 163–172.
311. R. J. Lifton, The Nazi Doctors. Medical Killing and the Psychology of Genocide, 1986.
312. P. Loewenberg, The *Kristallnacht* as a Public Degradation Ritual, in: LBYB 32 (1987), 309–323.
313. J. Ludwig, Boykott, Enteignung, Mord: Die „Entjudung" der deutschen Wirtschaft, Hamburg 1989.
314. H. Matzerath, Bürokratie und Judenverfolgung, in: 265: 105–130.
315. J. Milfull (Hg.), Why Germany? National Socialist Antisemitism and the European Context, Providence Oxford 1993.
316. S. Milton, The Context of the Holocaust, in: German Studies Review 13.2 (1990), 269–283.
317. W. Mieder, Proverbs in Nazi Germany: The Promulgation of Antisemitism and Stereotypes Through Folklore, in: Journal of American Folklore 95 (1982), 435–464.
318. H. Mommsen, Die Funktion des Antisemitismus im ‚Dritten Reich' – Das Beispiel des Novemberpogroms, in: 11: 179–192.

319. H. MOMMSEN, Hitlers Stellung im nationalsozialistischen Herrschaftssystem, in: 29: 43–70.
320. H. MOMMSEN, Der nationalsozialistische Polizeistaat und die Judenverfolgung vor 1938, in: VfZ 10 (1962), 68–87.
321. H. MOMMSEN, Was haben die Deutschen vom Völkermord an den Juden gewußt?, in: 328: 182–199.
322. J. NOAKES, The Development of Nazi Policy Towards the German-Jewish ‚Mischlinge' 1933–1945, in: LBYB 34 (1989), 291–354.
323. G. VAN NORDEN, Die Evangelische Kirche und die Juden im Dritten Reich, in: Kirchliche Zeitgeschichte 1 (1989), 38–49.
324. K. PÄTZOLD, Faschismus, Rassenwahn, Judenverfolgung, Berlin (Ost) 1975.
325. K. PÄTZOLD, Rassismus und Antisemitismus in der Kriegsideologie des faschistischen Deutschen Reiches 1939–1941, in: ZfG (Ost) 28 (1980), 424–441.
326. K. PÄTZOLD, Verfolgung, Vertreibung, Vernichtung. Dokumente des faschistischen Antisemitismus 1933–1942, Frankfurt a.M. 1984.
327. K. PÄTZOLD, E. SCHWARZ, Tagesordnung: Judenmord. Die Wannsee-Konferenz am 20.Januar 1942. Eine Dokumentation zur Organisation der ‚Endlösung', Berlin 1992.
328. W. H. PEHLE (Hg.), Der Judenpogrom 1938, Frankfurt 1988.
329. L. POLIAKOW, J. WULF, Das Dritte Reich und die Juden, Berlin 1955.
330. K. REPGEN, German Catholicism and the Jews: 1933–1945, in: 36: 197–226.
331. K. REPGEN, 1938 – Judenpogrom und katholischer Kirchenkampf, in: 11: 112–146.
332. R. RÜRUP, Das Ende der Emanzipation: Die antijüdische Politik in Deutschland von der Machtergreifung bis zum Zweiten Weltkrieg, in: 219: 97–114.
333. W. SCHEFFLER, Judenverfolgung im Dritten Reich 1933–1945, Berlin 1960.
334. K. A. SCHLEUNES, The Twisted Road to Auschwitz, Urbana 1970.
335. H. W. SCHMUHL, Rassismus unter den Bedingungen charismatischer Herrschaft, in: 257: 182–197.
336. K. SCHOLDER, Judaism and Christianity in the Ideology and Politics of National Socialism, in: 36: 183–196.
337. L. SIEGELE-WENSCHKEWITZ, Protestantische Universitätstheologie und Rassenideologie in der Zeit des Nationalsozialismus –

Gerhard Kittels Vortrag ‚Die Entstehung des Judentums und die Entstehung der Judenfrage' von 1939, in: 11: 52–76.

338. W. STRAUSS, Das Reichsministerium des Innern und die Judengesetzgebung. Aufzeichnungen von Dr. Bernhard Lösener, in: VfZG 9 (1961), 262–313.
339. J. WALK, Das Sonderrecht für die Juden im NS-Staat, Heidelberg 1981.
340. D. WELCH, The Third Reich: Politics and Propaganda, London/New York 1993.
341. M. WILDT, Die Judenpolitik des SD 1935 bis 1938. Eine Dokumentation (Schriftenreihe der VfZ, Bd. 71), München 1995.
342. H. H. WILHELM, The Holocaust in NS Rhetoric and Writings: Some evidence against the Thesis that before 1945 nothing was known about the ‚Final Solution', in: Yad Vashem Studies 1984, 95–127.
343. M. WOLFFSOHN, Zum Widerstand gegen Hitler. Umriß eines Gruppenporträts deutscher Retter von Juden, in: Tradition und Neubeginn, Köln 1975, 391–407.
344. D. S. WYMAN, Das unerwünschte Volk, München 1986.
345. L. YAHIL, The Holocaust. The Fate of European Jewry 1932–1945, New York/Oxford 1990.
346. L. YAHIL, Madagaskar – Phantom of a Solution for the Jewish Question, in: B. VAGO, G. L. MOSSE (Hg.), Jews and non-Jews in Eastern Europe, Jerusalem 1974, 315–324.
347. D. YISRAELI, The Third Reich and the Transfer Agreement, in: JContH 6.2 (1971), 47–129.

6. Nach 1945

348. W. BENZ, Reaktionen auf die Verfolgung der Juden und den Holocaust in Deutschland vor und nach 1945, in: Das Parlament, Jg. 42, Bonn, 3. Jan. 1992, 24–32.
349. M. BRENNER, Nach dem Holocaust. Juden in Deutschland 1945–1950, München 1995.
350. M. BRUMLIK u. a. (Hg.), Jüdisches Leben in Deutschland nach 1945, Frankfurt a. M. 1986.
351. E. BURGAUER, Zwischen Erinnerung und Verdrängung – Juden in Deutschland nach 1945, Reinbeck bei Hamburg 1993.

352. U. BÜTTNER, Not nach der Befreiung. Die Situation der deutschen Juden in der britischen Besatzungszone 1945–1948, in: 264: 373–406.
353. M. COHN, The Jews in Germany 1945–1993, Westport 1994.
354. D. DINER, Negative Symbiose – Deutsche und Juden nach Auschwitz, in: 350: 243–257.
355. M. ELIAV, German Jews' Share in the Building of the National Home in Palestine and the State of Israel, in: LBYB 30 (1985), 255–263.
356. A. H. FRIEDLANDER, The Deportation of the German Jews – Post-War German Trials of Nazi War Criminals, in: LBYB 29 (1984), 201–228.
357. Y. GELBER, Deutsche Juden im politischen Leben des jüdischen Palästina 1933–1948, in: Bulletin des Leo-Baeck-Instituts 76 (1987), 51–72.
358. R. GIORDANO, Narben, Spuren, Zeugen – 15 Jahre Allgemeine Jüdische Wochenzeitung, 1961.
359. D. KUSCHNER, Die jüdische Minderheit in der BRD, Köln 1977.
360. H. MAOR, Über den Wiederaufbau der jüdischen Gemeinden in Deutschland seit 1945, Diss., Mainz 1961.
361. F. STERN, The Historic Triangle: Occupiers, Germans and Jews in Postwar Germany, in: Tel Aviver Jahrbuch für deutsche Geschichte 1990, 47–76.
362. J. WETZEL, Jüdisches Leben in München 1945–1951, München 1987.

Register

Personenregister

Abraham, Paul 35
Adam, Uwe 119, 121–124
Adler, Hans Günther 118, 134
Adler-Rudel, Scholem 92
Adorno, Theodor 37
Alexander, Gabriel 97, 111
Angress, Werner 81, 82, 89
Arendt, Hannah 85, 100, 112, 133
Arlosoroff, Chajim V. 34
Aschheim, Steven 92, 94, 103

Bab, Julius 67, 85
Baeck, Leo 33, 57, 62–64, 68, 70, 116, 121, 131, 133
Bäumer, Gertrud 41
Bankier, David 128
Barkai, Avraham 96, 97, 119, 120, 133
Baron, Salo 100
Barthels, Adolf 90
Baum, Herbert 70
Becker, Carl H. 39
Bein, Alex 119
Benjamin, Walter 37, 72
Benz, Wolfgang 123, 138
Bergmann, Hugo 34, 86
Bergner, Elisabeth 35
Berliner, Cora 11
Bieber, Hans J. 88, 102, 105, 115
Black, Edwin 133
Blasius, Dirk 116
Bloch, Ernst 37, 86, 90
Blüher, Hans 90
Blumenfeld, Kurt 33, 87, 94, 114, 133
Bolkosky, Sidney M. 91, 116
Bracher, Karl D. 138
Brenner, Michael 1, 90, 91, 93
Breuer, Mordechai 93
Broszat, Martin 122, 123
Browning, Christopher 122

Brüning, Heinrich 22
Brunner, Konstantin 94
Buber, Martin 5, 6, 25, 34, 38, 39, 68, 84–86, 93
Büttner, Ursula 122, 139
Burgauer, Eva 136

Cassirer, Ernst 37
Chagall, Marc 25
Class, Heinrich 3, 4
Cohen, Hermann 6, 83, 86

Dernburg, Bernhard 26
Deroulede, Paul 104
Diner, Dan 136
Dinter, Arthur 40, 90
Dipper, Christoph 127
Döblin, Alfred 36
Domke, Eliezer 87
Dubnow, Simon 25
Dülffer, Jost 122

Eichmann, Adolf 50, 56, 59, 133
Einstein, Albert 25, 33, 37, 59, 91, 107
Eisner, Kurt 26, 92
Epstein, Paul 63
Ettinger, Shmuel 100

Fehrenbach, Konstantin 27
Feuchtwanger, Lion 36
Fichte, Johann G. 68, 86
Fleming, Gerald 122
Flick (Konzern) 53
Förster, Bernhard 104
Focke, Harald 139
Fraenkel, Daniel 129, 130, 133
Frank, Ludwig 5
Freier, Recha 60
Freund, Ismar 18

Friesel, Eviatar 107
Fritsch, Theodor 31, 40, 104
Fritz, Georg 8, 9
Fromm, Erich 37
Fuchs, Eugen 10, 24, 30
Fulkes, Feiwel 133

Gay, Peter 86, 90, 112, 137
Genschel, Helmut 119
Gilman, Sander 93, 94
Giordano, Ralph 135
Glicenstein, Henryk 25
Goebbels, Joseph 31, 47, 54–56, 69, 124
Göring, Hermann 53, 55, 56, 119, 124
Goethe, Johann Wolfgang 35, 91
Goldhagen, Daniel J. 100, 106, 121
Goldmann, Felix 9
Goldmann, Nahum 34, 112, 115
Goldstein, Julius 31, 35, 86
Gordon, Sarah 122, 128
Graml, Hermann 105, 106, 123, 124
Greive, Hermann 101
Gropius, Walter 92
Grynzpan, Herschel 54

Haas, Ludwig 8
Haase, Hugo 25
Hamburger, Ernst 82
Harden, Maximilian 43
Heilbronner, Oded 105
Heid, Ludger 87, 92
Heller, Otto 36, 80
Henning, Hans J. 96
Hermand, Jost 87, 90, 91
Hermann, Georg 5
Hermann, Klaus 129, 131
Heuss, Theodor 114
Heydrich, Reinhard 55, 74
Heymann, Fritz 72
Hilberg, Raul 116, 119, 121, 133
Hildebrand, Klaus 137
Hildesheimer, Esriel 11, 134
Hilferding, Rudolf 27
Himmler, Heinrich 54, 55, 73
Hindemith, Paul 92
Hindenburg, Paul 48
Hinkel, Hans 67
Hitler, Adolf 1, 42, 47–51, 54, 55, 74, 75, 100, 103, 104, 115, 118, 122–124, 127, 133
Hirsch, Otto 70
Hirsch, Paul 25, 83

Holländer, Ludwig 30, 87, 114
Horkheimer, Max 37
Horwitz, Maximilian 6
Hugenberg, Alfred 47, 51

Ilsar, Yehiel 84

Jabotinsky, Zeev 34
Jäckel, Eberhard 117, 118, 121, 123
Jochmann, Werner 101–103, 113
Jünger, Ernst 86

Kantorowicz, Alfred 36
Kaplan, Marion 98, 99
Kareski, Georg 29, 65, 129, 131, 133
Katz, Jacob 100
Kerr, Alfred 35
Kirdorf (Konzern) 53
Klatzkin, Jacob 34
Klee, Alfred 29, 33
Klemperer, Otto 35
Kohn, Hans 34
Koonz, Klaudia 99
Kollenscher, Max 29, 33
Kreisler, Fritz 35
Krojanker, Gustav 34, 132
Krupp (Konzern) 53
Kulka, Otto D. 105
Kwiet, Konrad 117, 118

Landauer, Gustav 26
Landsberg, Alfred 33
Landsberg, Otto 25
Lang, Fritz 36
Lange, Helene 5
Laqueur, Walter 90, 128
Lasch, Agathe 12
Lessing, Gotthold Ephraim 35, 67, 91
Lestchinsky, Jakob 25, 80, 96
Levine, Eugen 26
Levy, Paul 25
Lichtheim, Richard 34
Liebermann, Max 35, 36
Lilien, Moses 25
Löwenstein, Leo 31
Lohalm, Uwe 94, 102, 103
Lorenz, Ina 137–139
Ludwig, Emil 36, 90
Luther, Martin 100
Luxemburg, Rosa 25

Mann, Thomas 32, 91
Mannheim, Karl 37

Marcus, Alfred 96, 99
Marcuse, Herbert 37
Margaliot, Abraham 120, 129, 130
Massing, Paul W. 104
Maurer, Trude 92, 94, 95, 129
Meinecke, Friedrich 89
Mendelssohn, Erich 92
Mendelssohn, Moses 35
Mommsen, Hans 105, 117, 122, 123
Montagu, Lili 12
Mosse (Verlag) 51
Mosse, George 88, 90, 91, 100, 127
Mosse, Werner 81, 107, 113, 120

Namier, Louis 104
Naumann, Max 26, 32, 57, 64, 94, 104, 109, 129, 131
Nicosia, Francis 133
Niederland, Doron 120
Niewyk, Donald 13, 91, 92, 101, 104, 105, 108
Nobel, Nehemia Anton 38, 39

Oppenheimer, Franz 39

Pätzold, Kurt 101, 116, 123, 125
Papen, Franz von 47, 48, 130
Pappenheim, Bertha 5, 11, 21, 39, 98
Paucker, Arnold 108, 109, 113, 114, 119, 127
Pierson, Ruth 95
Prestel, Claudia 96, 99
Preuß, Hugo 26, 83
Pulzer, Peter 100, 115

Rath, Ernst v. 54
Rathenau, Walter 2, 26, 40, 43, 92, 137
Reichmann, Eva 7, 83
Reichmann, Hans 113
Reinhardt, Max 35, 59
Reinharz, Jehuda 86, 107, 108, 115
Riesser, Jacob 26
Rosenberg, Arthur 56
Rosenblütt, Felix 33
Rosenfeld, Kurt 25
Rosenkranz, Zeev 107
Rosenzweig, Franz 8, 39, 86
Roosevelt, Franklin D. 50
Rürup, Reinhard 121, 122, 125
Ruppin, Arthur 34

Salomon, Alice 41
Sandler, Aron 29
Schacht, Hjalmar 53, 130
Schatzker, Chaim 107
Schiller, Friedrich 35, 91
Schleuness, Karl A. 88, 116–119, 121, 122, 125, 126, 132
Schneur, Salman 25
Schocken (Kaufhaus, Verlag) 15, 69
Schönberg, Arnold 35, 36, 92
Schoeps, Hans Joachim 20, 57, 66, 109, 117, 128, 129, 131
Schönewald, Ottilie 11, 26
Scholem, Gerschom 7, 83, 85, 94
Schütz, Hans J. 86, 90, 91, 128
Segev, Tom 133
Seldte, Franz 47, 52
Seligmann, Abraham 111
Seligsohn, Julius 70
Simon, Ernst 5, 39, 121, 128
Singer, Kurt 67
Sombart, Werner 34
Sterling, Eleonore 100
Stern, Heinrich 86
Stern, Otto 37
Stern, Selma 12, 39
Stoecker, Adolf 104
Strasser, Gregor 31
Strauss, Herbert 125
Streicher, Julius 47, 51
Stresemann, Gustav 26

Talmon, Jacob 100
Täubler, Eugen 39
Thalmann, Rita 99
Theilhaber, Fritz 1, 80, 84
Thyssen (Konzern) 53
Tietz (Kaufhaus) 15
Toller, Ernst 36, 137
Toury, Jacob 94, 95, 113
Tcherikover, Victor A. 25
Tschernichowski, Saul 25
Tucholsky, Kurt 36

Ullstein (Verlag) 51
Ussishkin, Menahem 130

Volkov, Shulamit 87, 93, 100, 101, 103

Warburg, Felix 2
Wassermann, Jakob 36, 86, 90, 94
Weber, Alfred 34

Weiß, Bernard 26, 111
Weiss, Yfaat 95
Weltsch, Robert 34, 82, 95, 115, 128
Weizmann, Chajim 33
Werfel, Franz 36
Wertheim (Kaufhaus) 15
Wiener, Alfred 113

Winkler, Heinrich A. 101, 102, 137
Wirth, Joseph 27
Wolf, Edith 71

Yahil, Leni 113, 115

Zmarzlik, Hans G. 101, 103

Sachregister

Aufgrund des häufigen Vorkommens der Begriffe NSDAP und Nationalsozialismus im Text sind diese nicht gesondert in den Index aufgenommen worden.

Abwehrverein gegen den Antisemitismus 3, 44
Agudat Isroel 63
Akademie für die Wissenschaft des Judentums, Berlin 39
Aktionsausschuß der jüdischen Deutschen 64, 131
Alldeutscher Verband 3, 4, 40
Alltagsgeschichte 138, 139
„Altreu" 61
Anschluß 52, 59, 120
Antisemitismus 3, 6, 24, 27, 30, 39–78, 89, 90, 94, 99–107, 112, 114, 115, 137
Arbeitseinsatz, Zwangsarbeit 62, 75
„Arisierung" 51, 55, 60, 119, 120, 126
Assimilation 1, 76, 84–89, 96, 125, 129
Aufklärung 91
Auschwitz 116, 121, 125, 126
Auswanderung, Emigration 13, 14, 22, 33, 34, 50, 52, 55–61, 65, 66, 71, 73, 108, 113, 119, 120, 130, 133

Balfour-Deklaration 6, 32
Beamtenbund, jüdischer 19
Berufsstruktur 14, 15, 23, 61, 97, 99
Bnei Brit 17, 63
Bund deutscher Frauenvereine 21, 41
‚Burgfrieden' 2, 3

Central-Verein deutscher Staatsbürger jüdischen Glaubens (CV) 4, 6, 7, 10, 16, 17, 24, 28–33, 39, 44, 45, 57, 62–65, 70, 87, 106–109, 113, 114, 130
Centralverband jüdischer Handwerker 17
Chassidismus 25, 38

Demographie 1, 12–16, 58–60, 84
Deutschvölkischer Bund 40
Dissimilation 1, 5, 93, 139
DP 76, 135

Emanzipation 1, 95, 125
„Endlösung", Holocaust 55, 72–76, 104–106, 111, 117, 118–128
Erziehung und Wissenschaft:
– Akademie für die Wissenschaft des Judentums, Berlin 39
– Erwachsenenbildung 68
– Hochschule für die Wissenschaft des Judentums, Berlin (liberal) 38, 39
– Lehrhaus, Frankfurter freies jüdisches 39
– Numerus clausus 41
– Rabbinerseminar, Berlin (orthodox) 37, 38
– Rabbinerseminar, Breslau (konservativ) 38
Evian-Konferenz 50, 54, 59, 120
Exil 71, 72

„Frankfurter Schule" 36

Frauen, Frauenbewegung 5, 20–22, 57, 59, 63, 70, 71, 98–100
Frauenbund, jüdischer 11, 12, 14, 17, 21, 26, 63
Frauenemanzipation 12
Friedensverträge:
- Brest-Litowsk 6
- Versailles 110

‚Gelber Fleck' (‚Judenstern') 73, 128
Gemeindebund, deutsch-israelitischer 10, 18
Gemeinden, Gemeindepolitik 1, 9, 17, 25, 30, 33, 37, 59, 61, 75, 81, 84, 110–112
Gemeindeaustritt 13, 81, 82
Gesetze, anti-jüdische 47–50, 52, 53, 63, 73, 74, 119, 120, 126
- Nürnberger Gesetze 48–50, 53, 58, 62, 88, 117, 119, 129, 131, 132
Gestapo 134

Hachschara 58, 60, 65, 66
Herzlbund 19
Hilfsverein der deutschen Juden 17
Holocaust 55, 72–76, 104–106, 111, 117, 118–128

Jiddisch 94
„Judenzählung" 2, 3, 5
Jugendaliyah 60
Jugendorganisationen 19–20, 64–66
- *Betar* 20, 65
- *Brit Haluzim Datiim* (Bachad) 20
- Deutscher Vortrupp 64, 66
- *Esra*, jüdisch-orthodoxer Jugendbund 20
- *Habonim* 65
- *HaShomer hazair* 20
- Kameraden, deutsch-jüdischer Wanderbund 20
- *Kadima*, jüdischer Wanderbund 20
- Jungjüdischer Wanderbund 20
- Pfadfinder, Bund jüdischer 20
- Schwarzes Fähnlein 20, 64, 66
- Wanderbund Blau-Weiß 17, 20
- Werkleute 20

Kantorenverband, Allgemeiner deutscher 17
Kartell-Convent jüdischer Studenten 17, 114

Komitee der demographischen Politik 12
Kongress, jüdischer 28, 33
Konzentrationslager 53, 76
- Bergen-Belsen 76, 77
Kulturbund, jüdischer 63, 67, 132
Kyffhäuserverband 41

Landesverband israelitischer Gemeinden, bayerischer 10, 18
Landesverband, preußischer 10, 18

Madagaskarplan 56
„Mädchenhandel" 21
Menschenrechtsliga, deutsche 44
Migrationsbewegungen:
- Auswanderung Emigration 13, 14, 22, 33, 34, 50, 55–61, 65, 66, 71, 73, 108, 113, 119, 120, 130, 133
- Einwanderung 22, 110
- ‚Esra' 58
- Hauptstelle für Wanderfürsorge 58
- Palästina-Amt 58, 63
„Mischehe" 1, 11, 13, 75, 83
„Mischlinge" 13, 60, 75
Modernisierung 1, 13, 15, 29, 36, 92
Münchner Abkommen 54, 120

Nürnberger Gesetze 48–50, 53, 58, 62, 88, 117, 119, 129, 131, 132
Numerus clausus 41

Olympiade 1936 49
„Ostjuden" 7–9, 22–25, 33, 40, 42, 48, 54, 66, 76, 92–95, 97, 103, 110

Palästina (Eretz Israel) 6, 14, 21, 33, 34, 35, 50, 52, 57–61, 65, 68, 71, 72, 76, 82, 107, 108, 113, 130, 133
Palästina-Amt 58, 63
Parteien:
- BVP 27, 28
- Deutsch-völkische Freiheitspartei 40
- DDP (ab 1930 Staatspartei) 11, 26, 28, 45
- DNVP 23, 26, 29, 32, 40, 102
- DVP 26, 45
- KPD 27
- SPD 2, 27, 28, 42, 45, 70, 102
- USPD 27
- Vaterlandspartei 3
- Zentrum 27, 28

Parteien, jüdische:
- *Achdut* 19
- *Agudat Isroel* 63
- Liberale 11, 29, 30, 114
- Jüdische Volkspartei 11, 29, 30, 33, 111
- *Poale Zion* 29, 34
- Verband Nationaldeutscher Juden 29, 32, 64, 109, 129, 131

„Polykratie" 118, 122
„Proletarisierung" 15, 95–98, 110
Pro-Palästina Komitee 33

Rabbinerverband, allgemeiner 17
Reformjuden s. Religiöse Strömungen, Liberales Judentum
Reichsausschuß der jüdischen Jugendverbände 20
Reichsbanner 31
Reichsbund jüdischer Frontsoldaten (RjF) 19, 30–32, 45, 62–65, 70, 96, 114, 131
Reichsfluchtsteuer 55
Reichshammerbund 40
Reichspogromnacht 54–56, 65, 66, 68, 73, 99, 119, 120, 123–125, 127
Reichsvereinigung der Juden in Deutschland 63, 74, 75, 76, 133, 134
Reichsvertretung der deutschen Juden 12, 18, 57, 58, 60, 61, 64–66, 109, 132–134
Reichsvertretung der Landesverbände der deutschen Juden 18
Religiöse Strömungen und Verbände:
- Bund gesetzestreuer jüdischer Gemeinden 19
- Freie Vereinigung für die Interessen des orthodoxen Judentums 17
- Orthodoxes Judentum 3, 6, 8, 10, 11, 19, 29, 37, 38, 58, 83, 93, 95, 106, 109, 131
- Liberales Judentum 5, 6, 10, 11, 19, 24, 29, 38, 95, 106, 109
- Verein für das liberale Judentum 17
Revolution:
- Februarrevolution 3
- Novemberrevolution 25, 26, 83, 89, 104
- Nationalsozialistische Revolution 46

SA 46, 47, 51, 54, 118

Säkularisierung 80
Schutz- und Trutzbund 40, 43, 102, 103
SD 50
Sportvereine, jüdische: 45, 68, 69
- *Bar Kochba* 45
- *Makkabi* 45
SS 50, 53, 54
Stahlhelm 52
Suizid 59, 70, 133
Symbiose, deutsch-jüdische 35, 84–89, 91, 136

Transferabkommen 51, 61, 65, 108, 130, 132

Verband der deutschen Juden 10, 17
Verband der Ostjuden 25
Verfassung der Weimarer Republik 9–11, 18, 19
Vichy-Regierung 56
Volkszählung 1925 22
Volkszählung 1933 14, 22, 51, 58
Volkszählung 1939 61

Wannsee-Konferenz 60
Weltbühne 36
Weltkrieg I 1–9, 29, 91, 94
Weltkrieg II 72–76, 118, 119, 125, 126
Widerstand, jüdischer 69–71, 75, 127, 128
Wirtschaftsboykott, anti-jüdischer 15, 16, 31, 39–45, 48, 51, 53, 60, 108, 119, 126, 128
- Boykott, April 33 48, 51, 108
Wirtschaftskrise 1929 16, 22, 33, 43, 95, 113, 115
„Wissenschaft des Judenthums" 85

Zeitungswesen, jüdisches 19
- Allgemeine Wochenzeitung 77
- CV-Zeitung 31, 69, 113, 114
- Israelitisches Familienblatt 69
- Der Jude 24
- Jüdische Nachrichten 73
- Jüdische Rundschau 32, 34, 68, 69
- Der Morgen 31
- Der Schild 31, 69
Zentraler Verband jüdischer Handwerker 19
Zentralkomitee der Juden in Deutschland 77

Zentralstelle für jüdische Auswanderung 56
Zentralwohlfahrtsstelle der deutschen Juden 6, 17, 20
Zionismus, Zionisten 1, 6, 16, 20, 24, 28–30, 32–35, 38, 45, 46, 52, 57, 58, 62–65, 76, 83, 86–88, 94, 106–109, 112, 114, 130, 131, 133, 135
– *Brit Shalom* 34–35

– *HeChalutz* 65
– *HaPoel Hazair* 34
– *Misrachi* 34
– *Poale Zion* 29, 34
– Staatszionisten 65, 131, 133
– Revisionisten 34, 65, 129, 133

Zwangsarbeit, Arbeitseinsatz 62, 75

Enzyklopädie deutscher Geschichte
Themen und Autoren

Mittelalter

Gesellschaft
: Demographie des Mittelalters / Neithard Bulst
Agrarwirtschaft, Agrarverfassung und ländliche Gesellschaft im Mittelalter / Werner Rösener
Adel, Rittertum und Ministerialität im Mittelalter / Werner Hechberger
Die Stadt im Mittelalter / N.N.
Armut im Mittelalter / Otto Gerhard Oexle
Geschichte des Judentums im Mittelalter / Michael Toch

Wirtschaft
: Wirtschaftlicher Wandel und Wirtschaftspolitik im Mittelalter / Ludolf Kuchenbuch

Kultur, Alltag, Mentalitäten
: Die geistige Kultur bis zur Gründung der Universitäten in Deutschland / Johannes Fried
Die geistige Kultur im späteren Mittelalter / N.N.
Die ritterlich-höfische Kultur des Mittelalters / Werner Paravicini
Die materielle Kultur des Mittelalters / Hartmut Boockmann

Religion und Kirche
: Die mittelalterliche Kirche / Michael Borgolte
Religiöse Bewegungen im Mittelalter / Matthias Werner
Formen der Frömmigkeit im Mittelalter / Arnold Angenendt

Politik, Staat, Verfassung
: Die Germanen / Walter Pohl
Die Slawen in der deutschen Geschichte des Mittelalters / Winfried Schich
Das römische Erbe und das Merowingerreich / Reinhold Kaiser
Das Karolingerreich / N.N.
Die Entstehung des deutschen Reiches / Joachim Ehlers
Königtum und Königsherrschaft im 10. und 11. Jahrhundert / Egon Boshof
Der Investiturstreit / Wilfried Hartmann
König und Fürsten, Kaiser und Papst nach dem Wormser Konkordat / Bernhard Schimmelpfennig
Deutschland und seine Nachbarn 1200–1500 / Dieter Berg
Die kirchliche Krise des Spätmittelalters / Heribert Müller
König, Reich und Reichsreform im Spätmittelalter / Karl-Friedrich Krieger
Fürstliche Herrschaft und Territorien im späten Mittelalter / Ernst Schubert

Frühe Neuzeit

Gesellschaft
: Bevölkerungsgeschichte und historische Demographie 1500–1800 / Christian Pfister
Bauern zwischen Bauernkrieg und Dreißigjährigem Krieg / André Holenstein
Bauern 1648–1806 / Werner Troßbach
Adel in der Frühen Neuzeit / Rudolf Endres

Der Fürstenhof in der Frühen Neuzeit / Rainer A. Müller
Die Stadt in der Frühen Neuzeit / Heinz Schilling
Armut, Unterschichten, Randgruppen in der Frühen Neuzeit /
  Wolfgang von Hippel
Unruhen in der ständischen Gesellschaft 1300–1800 / Peter Blickle
Geschichte des Judentums vom 16. bis zum Ende des 18. Jahrhunderts /
  J. Friedrich Battenberg

Die deutsche Wirtschaft im 16. Jahrhundert / Franz Mathis   Wirtschaft
Die Entwicklung der Wirtschaft im Zeitalter des Merkantilismus 1620–1800 /
  Rainer Gömmel
Landwirtschaft in der Frühen Neuzeit / Walter Achilles
Gewerbe in der Frühen Neuzeit / Wilfried Reininghaus
Handel, Verkehr, Geld und Banken in der Frühen Neuzeit /
  Michael North

Medien in der Frühen Neuzeit / N.N.   Kultur, Alltag,
Bildung und Wissenschaft im 15. und 16. Jahrhundert /   Mentalitäten
  Notker Hammerstein
Bildung und Wissenschaft in der Frühen Neuzeit 1650–1800 /
  Anton Schindling
Die Aufklärung / Winfried Müller
Lebenswelt und Kultur des Bürgertums in der Frühen Neuzeit /
  Bernd Roeck
Lebenswelt und Kultur der unterbürgerlichen Schichten in der Frühen
  Neuzeit / N.N.

Die Reformation. Voraussetzungen und Durchsetzung / Bob Scribner   Religion und
Konfessionalisierung im 16. Jahrhundert / Heinrich Richard Schmidt   Kirche
Kirche, Staat und Gesellschaft im 17. und 18. Jahrhundert / Michael Maurer
Religiöse Bewegungen in der Frühen Neuzeit / Hans-Jürgen Goertz

Das Reich in der Frühen Neuzeit / Helmut Neuhaus   Politik, Staat,
Landesherrschaft, Territorien und Staat in der Frühen Neuzeit /   Verfassung
  Winfried Schulze
Die Entwicklung der landständischen Verfassung / Kersten Krüger
Vom aufgeklärten Reformstaat zum bürokratischen Staatsabsolutismus /
  Walter Demel

Das Reich im Kampf um die Hegemonie in Europa 1521–1648 /   Staatensystem,
  Alfred Kohler   internationale
Altes Reich und europäische Staatenwelt 1648–1806 / Heinz Duchhardt   Beziehungen

19. und 20. Jahrhundert

Demographie des 19. und 20. Jahrhunderts / Josef Ehmer   Gesellschaft
Umweltgeschichte des 19. und 20. Jahrhunderts / Arne Andersen
Geschichte des deutschen Adels im 19. und 20. Jahrhundert / Heinz Reif
Geschichte der Familie im 19. und 20. Jahrhundert / Andreas Gestrich
Urbanisierung im 19. und 20. Jahrhundert / Klaus Tenfelde
Soziale Schichtung, soziale Mobilität und sozialer Protest im 19. und
  20. Jahrhundert / N.N.
Von der ständischen zur bürgerlichen Gesellschaft / Lothar Gall
Das Bürgertum im 19. und 20. Jahrhundert / Dieter Hein

	Die Angestellten im 19. und 20. Jahrhundert / Günter Schulz
Die Arbeiterschaft im 19. und 20. Jahrhundert / Gerhard Schildt
Die Juden in Deutschland 1780–1918 / Shulamit Volkov
Die Juden in Deutschland 1914–1945 / Moshe Zimmermann
Wirtschaft	Vorgeschichte, Verlauf und Charakter der deutschen industriellen Revolution / Hans-Werner Hahn
Die Entwicklung der Wirtschaft im 20. Jahrhundert / Wilfried Feldenkirchen
Agrarwirtschaft und ländliche Gesellschaft im 19. Jahrhundert / Stefan Brakensiek
Gewerbe und Industrie im 19. und 20. Jahrhundert / Toni Pierenkemper
Handel und Verkehr im 19. Jahrhundert / Karl Heinrich Kaufhold
Handel und Verkehr im 20. Jahrhundert / N.N.
Banken und Versicherungen im 19. und 20. Jahrhundert / Eckhard Wandel
Staat und Wirtschaft im 19. Jahrhundert (bis 1914) / Rudolf Boch
Staat und Wirtschaft im 20. Jahrhundert / Gerold Ambrosius
Kultur, Alltag, Mentalitäten	Kultur, Bildung und Wissenschaft im 19. Jahrhundert / Rüdiger vom Bruch
Kultur, Bildung und Wissenschaft im 20. Jahrhundert / Frank-Lothar Kroll
Lebenswelt und Kultur des Bürgertums im 19. und 20. Jahrhundert / Dieter Langewiesche
Lebenswelt und Kultur der unterbürgerlichen Schichten im 19. und 20. Jahrhundert / Wolfgang Kaschuba
Religion und Kirche	Formen der Frömmigkeit in einer säkularisierten Gesellschaft / Werner K. Blessing
Kirche, Politik und Gesellschaft im 19. und 20. Jahrhundert / Gerhard Besier
Politik, Staat, Verfassung	Der Deutsche Bund und das politische System der Restauration 1815–1866 / Wolfram Siemann
Verfassungsstaat und Nationsbildung 1815–1871 / Elisabeth Fehrenbach
Die innere Entwicklung des Kaiserreichs / Hans-Peter Ullmann
Die innere Entwicklung der Weimarer Republik / Andreas Wirsching
Nationalsozialistische Herrschaft / Ulrich von Hehl
Die Bundesrepublik. Verfassung, Parlament und Parteien / Adolf M. Birke
Die Innenpolitik der Deutschen Demokratischen Republik / Günther Heydemann
Staatensystem, internationale Beziehungen	Die deutsche Frage und das europäische Staatensystem 1815–1871 / Anselm Doering-Manteuffel
Deutsche Außenpolitik 1871–1918 / Klaus Hildebrand
Die Außenpolitik der Weimarer Republik / Gottfried Niedhart
Die Außenpolitik des Dritten Reiches / Marie-Luise Recker
Die Außenpolitik der Bundesrepublik Deutschland / Christian Hacke
Die Außenpolitik der Deutschen Demokratischen Republik / Hermann Wentker

(Stand: Januar 1997)